本专著由云南省基础研究项目"云南省农村贫困脆弱性及其风险管理研究"(项目编号:202101AU070052)支持出版。

乡村公共文化服务的自组织参与研究

饶蕊 著

中国社会科学出版社

图书在版编目（CIP）数据

乡村公共文化服务的自组织参与研究/饶蕊著.—北京：中国社会科学出版社，2024.1
　ISBN 978-7-5227-3100-1

Ⅰ.①乡…　Ⅱ.①饶…　Ⅲ.①农村文化—公共管理—文化工作—研究—中国　Ⅳ.①G12

中国国家版本馆 CIP 数据核字（2024）第 012908 号

出 版 人	赵剑英
责任编辑	李庆红
责任校对	周　昊
责任印制	王　超

出　　版	中国社会科学出版社
社　　址	北京鼓楼西大街甲 158 号
邮　　编	100720
网　　址	http://www.csspw.cn
发 行 部	010-84083685
门 市 部	010-84029450
经　　销	新华书店及其他书店
印　　刷	北京君升印刷有限公司
装　　订	廊坊市广阳区广增装订厂
版　　次	2024 年 1 月第 1 版
印　　次	2024 年 1 月第 1 次印刷
开　　本	710×1000　1/16
印　　张	13
字　　数	213 千字
定　　价	69.00 元

凡购买中国社会科学出版社图书，如有质量问题请与本社营销中心联系调换
电话：010-84083683
版权所有　侵权必究

前　言

　　乡村公共文化服务中自组织的参与在提高乡村公共文化服务的参与度、服务面和实效性方面作用凸显，是促进乡村文化振兴的内生力量。2022年中央一号文件《中共中央国务院关于做好2022年全面推进乡村振兴重点工作的意见》中指出，"创新农村精神文明建设有效平台载体要整合文化惠民活动资源，支持农民自发组织文体活动"。2022年8月中共中央办公厅、国务院办公厅印发的《"十四五"文化发展规划》中提出，在"提高公共文化服务面和实效性"方面，要"广泛开展群众文化活动，培育一批扎根基础的群众文艺团队"，在促进乡村文化振兴中，要培育"乡村文艺团组"和鼓励"乡村自办文化"。新时代中国乡村文化振兴面临着结构失衡、供需错位和主体缺失的结构性困境，而乡村文化自组织具有独特的内在优势：它作为乡村文化建设的内生力量，可以与政府协同建立一种上下联动的公共文化服务供给机制，有效对接农民群体的文化需求偏好，并协助政府部门建立一种良性的乡村文化治理机制，共同构建乡村社会的文化共同体，维护乡村社会发展的文化生态秩序。促进乡村文化自组织参与乡村文化振兴，对于加强乡村思想道德建设、弘扬乡村优秀传统文化和强化公共文化服务体系建设具有重要意义。云南乡村文化自组织类型多样，文化活动内容丰富，它们利用农村社区特色文化资源，充分调动农民群众文化参与和文化创造的积极性、主动性，成为激活乡村文化振兴的内生动力，是实现乡村文化振兴的重要抓手。由此，本书以云南省乡村文化自组织为研究样本，通过深度访谈和农村居民问卷调查数据，从理论和实证两方面回答以下5个核心问题：（1）乡村文化自组织的基本属性、功能定位、运行机制和发展模式是怎样的？（2）农村居民参与乡村文化自组织的意愿及其影响因素有哪些？（3）如何合理有效地评价乡村文化自组织的服务质量？（4）农村居民对乡村文化自组织文化服务质量评价如何？（5）如何提升乡村文化自组织的服务质量？

为了回答上述问题，本书研究的具体内容主要有以下5个方面：（1）基于访谈资料、相关文献资料和问卷调查，分析了乡村文化自组织的基本服务特征和功能，对当前乡村文化自组织的运行情况与发展"瓶颈"进行了阐述，并根据相关案例论述乡村文化自组织的不同发展模式；（2）构建了农村居民参与乡村文化自组织意愿的分析框架，对农村居民参与农村文化组织的意愿与主要影响因素进行实证分析；（3）基于SERVQUAL模型构建乡村文化自组织的服务质量评价模型，开发乡村文化自组织服务质量评价量表；（4）基于乡村文化自组织服务质量模型和量表评测了云南乡村文化自组织的服务质量；（5）提出了乡村文化自组织服务质量提升路径和政策建议。

通过对以上主要内容进行理论分析和实证研究，本书的主要研究结论是：

（1）乡村文化自组织具有组织自发性、内容传承性、范围地域性和方式灵活性的特点，具备休闲娱乐、文化培育、文化传承、生活引导和政策宣传等功能。乡村文化自组织广泛的群众性，是政府与农民群众的桥梁和纽带，是乡村公共文化服务体系建设和特色文化产业发展的有生力量。但目前，乡村文化自组织也存在着比较严重的发展困境，主要表现在：政府层面存在着管理体制混乱、制度保障不力、法律体系不健全等问题；乡村文化自组织层面存在着发育不完善、能力建设不足、影响力较弱等问题。针对这些发展"瓶颈"，云南乡村文化自组织也进行了发展路径的探索，存在着文化馆+乡村文化自组织、老年大学+乡村文化自组织、社会企业+乡村文化自组织、文化能人+乡村文化自组织4种基本发展模式。

（2）本书基于云南省12个村467份问卷数据，分析了农村居民参与乡村文化自组织的意愿。研究发现：90%以上农村居民愿意或条件性愿意参与乡村文化自组织，农村居民的性别、年龄和家庭年总收入及家庭年文化消费支出对农村居民参与乡村文化自组织的意愿有显著影响；农村公共文化设施覆盖率对农村居民参与乡村文化自组织的意愿具有显著的影响；农村居民对乡村文化自组织的认知情况因素和外部环境引导程度因素均对农村居民参与乡村文化自组织的意愿具有显著影响。基于此，本书提出了促进农村居民文化消费、提升农村公共文化设施覆盖率、加强乡村文化自组织能力建设和建立政府、乡村文化自组织、农村居民之间的利益联结协调机制的建议。

（3）本书界定了乡村文化自组织服务质量内涵，基于 SERVQUAL 模型构建了有形性、可靠性、响应性、保证性、移情性和价值性 6 个维度 29 个指标的乡村文化自组织服务质量模型和量表，并基于云南省 12 个村 441 份问卷数据，验证了乡村文化自组织服务质量评价量表的可靠性和有效性。在此基础上，通过云南 21 个村庄 482 份问卷数据实证分析了乡村文化自组织服务质量，研究发现：乡村文化自组织在可靠性、响应性、移情性和价值性上被农村居民所认可。但是，乡村文化自组织在有形性和保证性方面存在缺陷，很大程度上影响了乡村文化自组织的服务质量。有形性和保证性方面的缺陷是乡村文化自组织文化设施缺乏、管理松散粗放、能力建设不足所导致的。这些缺陷在某种程度上是由于乡村文化自组织所决定的，具有一定的"先天性"，因此，就需要政府提供相应的保障和政策扶持，以构成政府供给与农村民间自组织供给的综合公共文化服务供给系统，形成上下联动、融合发展的格局。

（4）本书研究认为，提高乡村文化自组织的服务质量，促进乡村文化自组织参与乡村公共文化服务，需要同时合力发挥政府的引导与扶持作用、市场的辅助作用、乡村文化自组织的自我完善作用以及打造乡村文化自组织的展演平台，形成政府—市场—群众共建共享共治的农村公共文化空间，使乡村文化自组织成为乡村文化建设的有机体。为此，本书提出了提升乡村文化自组织服务质量的七条政策建议：完善激励保障机制，加大乡村文化自组织参与的财政支持；完善规范运行机制，提升乡村文化自组织参与的管理水平；完善能力建设机制，加强乡村文化自组织的人才队伍建设；完善购买服务机制，提升乡村文化自组织的服务水平；完善平台建设机制，搭建乡村文化自组织参与的服务平台；完善资源整合机制，提高公共文化资源综合使用效益；完善考核评价机制，促进乡村文化自组织健康长远发展。

目　录

第一章　绪论 ·· 1
　　第一节　研究背景 ·· 2
　　第二节　研究价值 ·· 5
　　第三节　国内外文献综述 ···································· 6
　　第四节　研究设计 ··· 18

第二章　概念界定及理论基础 ································ 24
　　第一节　概念界定 ··· 24
　　第二节　理论基础 ··· 40

第三章　乡村文化自组织的运行机制与发展模式 ················ 59
　　第一节　乡村文化自组织的基本服务特征及功能定位 ··········· 59
　　第二节　乡村文化自组织的运行机制及发展"瓶颈" ············· 63
　　第三节　乡村文化自组织的发展模式 ························· 71
　　第四节　本章小结 ··· 76

第四章　乡村文化自组织的居民参与意愿及影响因素分析 ········ 77
　　第一节　理论分析 ··· 78
　　第二节　数据来源及变量描述 ······························· 82
　　第三节　模型选择与结果分析 ······························· 86
　　第四节　研究结论和对策建议 ······························· 95
　　第五节　本章小结 ··· 98

第五章 基于 SERVQUAL 的乡村文化自组织服务质量评价模型构建与量表开发 …… 99

第一节 基于 SERVQUAL 的乡村文化自组织服务质量评价模型构建 …… 100

第二节 乡村文化自组织的服务质量 SERVQUAL 初始量表开发 …… 106

第三节 基于 AHP 的指标权重确定 …… 127

第四节 本章小结 …… 131

第六章 乡村文化自组织服务质量评价实证研究 …… 133

第一节 研究设计及数据收集 …… 133

第二节 乡村文化自组织服务质量整体水平分析 …… 136

第三节 基于容忍区间的乡村文化自组织服务质量提升策略分析 …… 145

第四节 本章小结 …… 151

第七章 乡村公共文化服务自组织参与的服务质量提升路径和政策建议 …… 153

第一节 乡村公共文化服务自组织参与的服务质量提升路径 …… 153

第二节 乡村公共文化服务自组织参与的政策建议 …… 157

第八章 研究总结与展望 …… 161

附 录 …… 165

参考文献 …… 183

第一章 绪论

乡村文化是中华民族的根脉,也是维系乡村社会秩序的基石。早在20世纪30年代,乡村建设运动的代表人物梁漱溟先生就在《乡村建设理论》一书中指出:"中国社会是以乡村为基础,并以乡村为主体的;所有文化,多半是从乡村而来,又为乡村而设"(梁漱溟,2011)。对于乡村文化,在不同发展时期,中国知识界与政府都在积极探索符合中国特色与时代需要的建设路径。进入21世纪后,国家高度重视"三农"问题,相继推进社会主义新农村建设(2007)、美丽乡村建设(2013),在乡村文化建设方面取得了一系列成绩。但是乡村文化的多元性与系统性,使得乡村文化建设并非能够一蹴而就,"一刀切"和"复制化"的建设模式反而破坏了乡村原有的文化生态系统。而且文化发展与经济发展不协调,城乡之间发展不平衡问题日益凸显,"文化失调"现象更加突出。特别是城镇化进程推动农村人口大规模、持续性向城镇迁移,乡村文化现状呈现"空心化"与"虚无感"等特征,乡村文化生态处于结构失衡和供需错位的状态。因此,如何有效地可持续性推进乡村文化建设,合理利用乡村文化资源,保障农民的基本文化福利,满足农民的文化消费需求,是新时代乡村文化振兴亟须进行理论探讨与实践探索的重大课题。

2022年习近平总书记在党的二十大上提出"全面推进乡村振兴,加快建设农业强国,扎实推动乡村产业、人才、文化、生态、组织振兴"的乡村振兴战略导向与内涵。乡村振兴战略旨在"解决人民日益增长的美好生活需要和不平衡不充分的发展之间矛盾"[①],更加关注乡村的全面可持续发展和融合发展。乡村文化是乡村振兴的灵魂,也是乡村振兴的基础。乡村文化是农民群众的一种"生活样态",是乡村社会中的黏合剂

[①] 新华社:《中共中央、国务院关于实施乡村振兴战略的意见》,新华网,http://www.xinhuanet.com,2018年2月4日。

和催化剂，健康优质的乡村文化能够调动农民的积极性和主动性，促进乡村社会各项事业的建设。当前关于乡村公共文化服务多从文化的表象层面进行建设："一是以城市主流现代文化思想，输送和改造乡村文化建设匮乏现状；二是以文化差异性原则出发，针对快速消失和同质化现状而采取的一系列保护工程。这忽略了文化空间及其整体性的内在关联"（彭永庆，2017）。基于此，乡村文化振兴需要更加关注与重视乡村社区的文化自觉与自主文化重构过程，注重农村内生性文化力量的培育与文化空间的构建。

第一节　研究背景

本书以云南乡村文化自组织参与乡村公共文化服务为研究对象，一方面是基于笔者的"乡愁"情节和研究兴趣，多元多样的乡村文化富有魅力，特别是乡村文化的"地方感"和"体验性"尤其令人赏心悦目流连忘返；另一方面则是希望通过分析新时代中国乡村文化振兴的内涵、困境和路径，并对乡村文化自组织参与乡村公共文化服务的独特优势和现实困境进行理论和实践层次的深入研究。

一　乡村文化振兴面临结构性困境

经过 40 多年改革开放的不断纵深推进，中国社会经济得到了快速发展，农民的生活水平也有了普遍提高。农民群众对"日益增长的美好生活需要和不平衡不充分的发展之间矛盾"突出的表现在文化需求领域。新时代社会主要矛盾发生了变化，乡村文化振兴也面临着新的挑战。一是结构失衡。当代中国乡村社会正处在由农耕文明向工业文明、由传统文化向现代文化、由计划经济向市场经济三重转型相叠加的时期，再加上中国城乡社会二元结构的长期存在，城镇化加速发展，这些都使得农村社区处于快速流动之中，乡村文化变迁的速率加快，与城市文化建设相比，乡村公共文化服务处于边缘化地带。国家乡村公共文化服务的政策效应与乡村社会转型发展节奏之间呈现脱节的现象。二是供需错位。农民群体自发性与多样化的文化需求与政府"格式化"供给之间产生严重错位。目前政府所推行的一系列文化下乡活动（送图书、送电影、送戏等）并没有得到农民群众的认可和满意，政府所供给的公共文化设施

(农家书屋、文化信息共享工程、文化站等)大多处于闲置状态,农民使用效率并不高,文化参与度较弱(傅才武、许启彤,2017)。三是主体缺失。乡村公共文化服务的本质其实是要构建一种符合乡村文化生态适应农民生产生活的日常样态。但是,在政府公权力自上而下主导推行的文化供给体系中,农民群体只是处于一种被动的状态。农民群体是乡村文化的创造者和需求者,只有发挥农民群体文化创造的主动性和积极性,才能够真正实现乡村文化振兴。结构失衡、供需错位、主体缺失是当前中国乡村文化振兴所面临的根本困境。要破解乡村文化振兴的困境就必须找到乡村公共文化服务的抓手。

二 乡村文化自组织具有内在优势

乡村文化自组织所具有的内在优势能够成为乡村文化振兴的重要抓手。因为,乡村文化自组织能够回应当前乡村文化振兴面临的各种挑战:它作为乡村公共文化服务的内生力量,可以与政府协同建立一种"上下联动"的文化服务机制,有效对接不同农民群体的文化需求偏好,并协助政府部门建立一种良性的乡村文化治理机制,共同构建乡村社会的文化共同体,维护乡村社会健康长效发展的公共秩序。

首先,乡村文化自组织是乡村文化内源式发展的产物,根植于乡村社会的土壤之中,又不断创造与丰富乡村社会的具体文化形态。乡村文化自组织见证了乡村文化变迁的历程,而且其本身其实就是乡村文化变迁的表征之一。乡村文化自组织自身也在调节乡村社会转型发展的结构性问题。因此,聚焦于乡村文化自组织的发展,并研究乡村文化自组织如何调适在乡村社会转型发展中遇到的各种实际问题,或许可以找到乡村文化振兴的内在动力机制。

其次,乡村文化自组织是农民群体根据自己的文化意愿与兴趣偏好自愿联结成的一个文化共同体,能够切实感受与回应农村居民的文化需求,具有较强的认同性、灵活性与针对性。通过乡村文化自组织可以解决农民在农村社会生活中的文化福利供给和文化权益表达。除了提供日常文化娱乐活动以外,乡村文化自组织还在农村社区层次上塑造和谐、文明、互助的精神。通过和谐的人际关系的建立,提供给农民日常生活的社会意义。这与政府提供的公共文化服务供给相比,具有明显的有效性与持续性。而且随着消费文化和个人主义对农民的影响日益深入,农村社区公共性正在日益消解(吴理财,2013)。农村社区如果没有了公共生活和凝聚力，将蜕化成相互争夺私利的场所，而不能通过集体文化生活增进生活意义（仝志辉，2015）。乡村文化自组织通过营造农村社区公共文化空间为农村居民的精神生活提供了源泉，为乡风文明建设和农村社区公共秩序的构建提供了内在支撑。

再次，乡村文化自组织能够唤醒农民群体文化建设的主体性意识，调动农民参与乡村公共文化服务的主动性与积极性。农民群众不仅要享受文化发展成果带来的福利，而且还是乡村公共文化服务的主体，是激活农村民间文化资本、繁荣农村民间文化市场的重要力量，通过文化参与以获得精神文化更多满足并促进自身的发展。只有农民参与，才能真正体现农民的文化需求，引导公共文化服务供需平衡，也才能建设起真正为人民群众所认可的公共文化服务体系（戴言，2013）。

最后，乡村文化自组织能够与政府提供的公共文化服务供给形成互动与互补，实现上下联动的公共文化服务机制，共同促进乡村文化振兴。乡村文化自组织所承载的是一种对传统乡土社会生活的历史性群体记忆，本身潜藏着一种对农村居民具有较强凝聚力的机制。乡村文化自组织能够融合乡村传统文化与城市现代文化，并相互交织共同构成"社会文化网络"（仝志辉，2005）。乡村文化自组织不仅能够生产创造与农民群体生活息息相关的文艺，还能够承接政府提供的公共文化服务。政府可以通过培育乡村文化自组织的方式来促进乡村公共文化服务，实现由政府"送文化"向乡村文化土壤"种文化"的根本转变。

乡村文化自组织作为农村社区的内生发展动力，对于促进乡村文化振兴具有重大作用和巨大优势。但是，目前我国乡村文化自组织参与乡村公共文化服务还处于不成熟的阶段。一方面，由于缺少符合我国现实情况的乡村建设理论的指导，依赖于乡村外部的资源输入，对乡村内部的资源缺乏认识。另一方面，目前乡村文化自组织的发展也还处于不成熟的阶段，政府对乡村文化自组织进行引导和规范的法律与政策较为欠缺，农村社区很多草根性的乡村文化自组织并没有得到社会认同，其身份的合法性建构存在疑问。在具体实践中，乡村文化自组织的内部组织结构问题、从业性问题、可持续性发展问题都没有得到有效解决。目前关于乡村文化振兴的研究和讨论大多停滞在外在表面的探究，对于具体的建设路径缺乏实证分析，对于乡村文化自组织的学术研究更是相当匮乏。基于此，本书研究将以云南省乡村文化自组织为样本，对乡村文化自组织的基本特征、运行机制和发展模式进行深入考察，并从农村居民的视角出发，从理论和实证研究两个方面探究乡村文化自组织的居民参与意愿及服务质量，为乡村文化自组织参与乡村文化振兴提供理论和实践参考。

第二节 研究价值

一 学术价值

本书可以丰富与深入乡村文化自组织参与乡村公共文化服务的理论内涵，并提升乡村公共文化服务的实证研究水平，推动乡村文化自组织研究的学理化。一方面，目前学界对乡村公共文化服务的研究主要集中在宏观面向，主要是宏大叙事，特别是热衷于讨论国家政策，研究过于泛化和表面化。对于乡村文化自组织这一乡村公共文化服务的内生动力更是缺乏研究。本书通过分析云南省农村社区乡村文化自组织的服务特征与功能、运行机制与发展"瓶颈"，形成富有解释力与指导性的研究成果。另一方面，本书为我国乡村公共文化服务模式提供理论基础。现有研究大多在于探讨乡村公共文化服务的国家力量输入和制度性供给，对于乡村公共文化服务的主体，即乡村公共文化服务的内部文化资源缺乏梳理和研究。本书通过实地考察和问卷调查分析农村居民参与乡村文化自组织的意愿及其影响因素，并构建乡村文化自组织服务的质量评价模型和量表，以推动乡村文化自组织研究的学理化。

二 应用价值

本书通过研究乡村文化自组织，希望引起更多人关注乡村公共文化服务的内生力量，早日实现乡村文化振兴。我国正处在全面深化改革的攻坚期和全面建设小康社会的关键期，乡村振兴成为党和国家高度重视的领域。但是，自上而下的治理视域需要进行调整，更加聚焦于乡村建设的内部。乡村文化自组织在乡村社会中具有重要作用，如何利用乡村文化自组织的力量来推动乡村文化振兴值得深入探讨和研究。虽然乡村文化自组织在乡村文化振兴中具有重要作用，但是，到底乡村文化自组织参与乡村公共文化服务面临着哪些问题、如何科学评价乡村文化自组织的服务质量，如何进一步促进乡村文化自组织的发展、政府在培育促进乡村文化自组织的过程中应如何引导和支持，这些都是值得详细探讨研究的重要问题。本书将根据云南省乡村文化自组织的发展情况来实证分析居民参与其意愿及影响因素和测量乡村文化自组织的服务质量，并提出相关策略促进乡村文化自组织参与乡村公共文化服务，为政府制定相关政策提供决策咨询。

第三节　国内外文献综述

乡村文化自组织参与乡村公共文化服务虽是近年来在乡村振兴战略背景下兴起的一个研究热点，但是，聚集于乡村文化自组织的相关研究还是较为不足，尤其是相关实证研究相对缺乏。然而，关于乡村公共文化服务的研究和关于乡村文化自组织的研究一直都是国内外学界研究的重点领域。因此，有必要对国内外相关研究文献作一系统的梳理与评述，以为本研究提供分析视角和路径参照。

一　关于乡村文化建设的研究

关于乡村文化建设的研究一直是学界关注的热点，随着新时代乡村振兴战略的提出，对于乡村文化建设的研究越来越深入与细化。乡村文化建设的内容主要包括乡村公共文化服务体系、乡村文化与旅游资源产业化开发以及文化精准扶贫。乡村公共文化服务体系建设是政府为了保障农村居民文化权利、丰富农村居民公共文化生活而实行的一种文化福利工程，以推行广播电视村村通、文化信息资源共享、乡镇综合文化站和村文化室建设、农村电影放映、农家书屋等重点文化惠民工程为主要内容。乡村文化与旅游资源产业化开发基于农村特色文化资源进行非物质文化遗产与历史文化名镇名村的保护，实行有条件的产业化开发，以促进乡村文化旅游的发展。文化精准扶贫是国家为了实现全面小康社会、保障最广大群众的基本文化需求而实行的一项系统工程，文化精准扶贫实际上包含了乡村公共文化服务体系建设和乡村文化与旅游资源产业化开发，是使其项目实施、管理与监督更加精准有效的升级版。

乡村公共文化服务体系建设是乡村文化建设的重点，也是目前学界研究的重要课题。对当前乡村公共文化服务体系建设的困境与发展路径分析是近年来学界研究的主要趋势。吴理财（2013）认为，改革开放以来，我国农村文化变迁的关键问题是"公共性的消解"：农村社区文化认同日益弱化、公共文化生活日渐衰微、村庄公共舆论日趋瓦解、农民之间互助合作精神逐渐消解、村庄文化共同体也处在解体之中，乡村社会呈现个体化，农民从农村社区生活关系网络中逐渐脱离，进入一种"脱域"状态。因此，需要国家和乡村社会协同创新去重建农村社区的公共性。陈波等（2014）指出，加速城镇化背景下农村人口大规模、持续性向城镇迁移导致农村文化现状呈现"空心化"与"格式化"的特征，农村公共文化步入类型分化、分途发展的道路，因此需要设计一个社会各方力量合力参入的长效动力机制，推动农村公共文化服务体系建设。李少惠（2015）指出，建设主体缺失是当前农村公共文化服务体系建设中普遍存在的困境，提出要从根本上改变过去那种以外部单向输入为主的行政主导模式，实现以政府为主的外源性力量和以社区为主的内源性力量的有效对接与互动，合力推进农村公共文化服务体系建设。黄雪丽（2018），指出农村公共文化制度变迁过程中受到制度黏性的制约、文化断裂的挑战和思想观念的约束，导致农村公共文化政策难以落地生根而呈现"悬浮化"的困境，并认为着力制度变革、传承优秀的文化因子和转变思维意识是解决此困境的可能路径。

"公共性的消解""空心化""格式化""悬浮化"等概念基本概括了当前乡村公共文化服务体系建设的主要困境，而破解这些困境的最主要途径就是促进乡村公共文化服务供给侧结构性改革。傅才武等（2017）指出，目前农村基层出现公共服务资源的持续投入而未产生绩效增加的服务悖论，并认为这种结构性问题只能通过供给侧结构性改革而不能够仅仅凭借机制措施来解决。陈建（2017）指出，目前农村公共文化服务因不能适应需求要素多样性、需求结构整体性、需求满足便捷性的新要求而暴露出供给内容同质化、供给主体碎片化、供给方式单调化等供给侧结构性失灵问题，这种结构性失灵只能通过供给侧改革来解决，应以"自治+他治"促进农村公共文化服务治理现代化。闫小斌等（2018）指出，农村公共文化服务的供给无论是驱动还是需求引导，都存在难以克服的缺陷从而导致结构性失衡，提升农村公共文化服务供给效能需达到供给与需求的辩证统一。乡村公共文化服务的供给的模式主要有政府主导型供给模式、政府—组织合作型供给模式及社会力量主导型供给模式，史传林（2008）、李少惠（2010）、孙浩（2011）、柯平（2015）、耿达

(2015)、陈世香（2017）等认为，应建立政府、市场和社会力量多中心治理主体互动合作的供给模式，从而提高农村公共文化服务的供给效率与质量。总体而言，关于农村公共文化服务体系建设的研究大多还停留在理论论证层面，而且对于农村公共文化服务内生力量的探讨还存在很多不足。虽然李少惠、崔吉磊（2007）；王琦（2012）；陈波、刘波（2016）等也指出，要充分利用农村公共文化资源，将"送文化"与"种文化"相结合，构建农村公共文化服务内生机制。但是仍然基于应然层面对于内生力量、内生机制的一般性论述，缺乏深入的实证分析。

乡村文化与旅游资源产业化开发是乡村文化建设的另一大主题。我国乡村文化资源丰富多样，农村民间文化、非物质文化遗产众多。保护好开发好这些丰富的农村文化资源，有利于促进文化资源向文化资本、文化符号转化，成为农村文化产业与旅游发展的重要支撑。谭志云（2007）、郭玉兰（2007）、管宁（2009）、周云逸（2010）、李明宇（2014）等对农村文化产业的功能定位、发展困境与发展路径作了整体性探讨，都强调农村文化产业发展要结合自身特色文化资源不断创新内容和形式、注重村民参与、注重服务社会。当前学界关于乡村文化与旅游资源产业化方面的研究也主要集中在理论层面的探讨，大多比较空泛，缺乏具体案例的深入研究。乡村文化自组织其实也是乡村文化鲜活的载体，其不仅传承了农村民间文化，还把许多非物质文化遗产进行创造性转化创新性发展。乡村文化自组织也是乡村文化与旅游产业发展开发的载体，云南有许多少数民族的民间舞蹈团队都成为乡村文化旅游的品牌，成为旅游感知与体验乡村文化的一种重要内容和形式。

对贫困地区农村文化扶贫的研究成为当今学界的热点之一。辛秋水（2001）从文化贫困与贫困文化出发阐释了走文化扶贫之路的重要意义。边晓红等（2016）提出，文化扶贫需要充分尊重文化发展的内在规律，实现上下结合联动，构建以培育农村贫困地区自组织能力建设为中心的文化扶贫新机制。陈前恒、方航（2017）指出，打破"文化贫困陷阱"的路径在于促进贫困地区农村公共文化建设，实现城乡基本公共文化服务均等化，并认为，政府出资支持、村集体自行组织的文化活动对村民具有较高的吸引力，文化娱乐类乡村文化自组织能在一定程度上解决乡村公共文化供给不足的问题。文化扶贫是对乡村公共文化服务体系建设和文化与旅游资源产业化开发的一种精准化处理，重在以提升公共文化服务效能提升农村居民的文化福利、以发展文化产业促进农村居民的文化经济水平和文化消费能力。乡村文化自组织作为农村居民文化自组织，能够为农村居民提供个性化服务，也能够调动农村居民参与文化建设的积极性。

在国外关于乡村文化建设的理论与实践研究方面，欧洲在20世纪70年代出现乡村人口流失，乡村工业发展式微，环境破坏等发展困境，在全球化持续推进和地方自治理念兴起的影响下，学者开始反思与批判乡村发展对于外部性资源的过度依赖（Baldock D，Dwyer J et al.，2001）。在此背景下，Ray（1997）提出内源发展理论，认为应植根于农村地方性社会、文化和自然资源，激活内生力量推动农村发展，同时，地方行动者、国家权力和农村社会组织是推进农村内源式发展的关键力量。在内源发展理论的指导下，欧盟于1982年提出"一体化乡村发展"战略，强调三点原则，一是整合乡村经济、社会与环境协调发展；二是发展地方独特性资源；三是重视地方社会组织参与（Shucksmith M，Shortall S，2001）。1991年欧盟开展农村地区"发展行动联合"LEADER项目，政府通过资助和培育乡村文化等自组织，自下而上地推动农村地区在文化旅游和公共服务领域的全面发展，至此，乡村文化自组织成为欧洲乡村文化建设的主导性力量（European Commission，2006）。在西方国家乡村建设中，文化作为乡村独特的内部资源，其对农村内部文化认同的促进作用和对外部经济价值的利用开发被充分认识，Jenkins、Parrot（1998）认为，后现代主义对生活质量的关注的两个后果是，全球化可以增强种族和对文化多样性的认识，而诸如环境质量、传统和文化之类的公共物品可以成为消费者选择的一部分，经济活动在农村地区（尤其是边缘地区）的重新分配导致消费者重新寻找传统，传统和文化相关的"真实性"以及副产品和服务是地区发展和营销的潜在机会。Jenkins（2000）从行动者网络理论出发，将内生性的乡村传统文化视为创建农村发展网络的重要资源，在促进自身发展活动力的同时，使地方和地方参与者与更广泛的外部市场及发展框架相联系。

农村文化与旅游资源产业化开发也是国外乡村文化建设主要方面，2000年欧洲实施SPRITE项目（Supporting and Promoting Integrated Tourism in Europe's Lagging Rural Regions）意旨分析欧洲落后农村地区的开发潜力，"一体化乡村旅游"（Integrated Rural Tourism，IRT）被定义为乡村旅游业与地方的经济、社会、文化、自然和人文结构的协同发展。主要包括内生性、互补性、规模、内嵌性、可持续性、网络和赋权7个维度，认为乡村旅游的发展以实现旅游发展溢出效应的互补性为目标，可持续发展为原则，依托乡村的内生性资源，赋权农村居民自主治理，并将内生性资源与外来人员和企业组织形成协同合作网络系统，共同提高旅游服务能力，并逐步实现规模化发展，其中地方性组织与外部组织基于地方性社会经济资源建立的协同网络合作体系是IRT的关键作用因素（Saxena G，Clark G et al.，2007）。"一体化乡村旅游"指导发展框架被广泛运用到各国农村落后地区的乡村旅游实践与研究中，Cawley等（2007）通过对爱尔兰西部地区和法国奥弗涅地区的比较研究，探讨了横向和纵向网络在促进"一体化乡村旅游"中的作用，认为地方决策者应注重促进地方和地方范围内的合作伙伴关系的协调，更新产品和基础设施，同时需要将地方组织有效地与国家网络联系起来。为评估"一体化乡村旅游"的实践效果，Navarrom、Iglesias等（2016）构建了IRT评价模型和量表，测量与乡村旅游利益相关群体在授权性、内生性、内嵌性、互补性和网络化5个维度28个测项上的主观感知程度。

二 关于乡村文化自组织的研究

随着市场经济的深化，我国社会组织已融入经济社会发展的各个领域，在服务种类和数量上也与日俱增。目前，我国将社会组织的类型分为社会团体、民办非企业单位、基金会、外国商会、国际性团体、涉外基金会和其他类型，截至2022年1月4日，全国在政府及民政部门登记的社会组织共有90.2万个（中华人民共和国民政部，2022），主要类型有依附于政府部门的派生性社会组织（史普原、李晨行，2018）；在政府购买服务下得到发展的纯粹型专业社会组织（管兵，2015）；以及相对缺乏资源的草根型组织，卢玮静、赵小平（2016）认为，社区自组织的发展是理解我国国家—社会治理结构和方式、政府—市场—社会互动机制及演化等诸多问题的重要切口。在乡村公共文化服务中，乡村文化自组织对增进农村居民的文化获得感、传承传播农村文化具有重要的意义，同时，农村民间文化组作为乡村文化建设的治理参与主体，如何与政府协同共治，承担公共文化服务供给职能，推进乡村文化振兴是当下研究需要解决的基本问题。目前，关于乡村文化自组织的现有研究，主要从对乡村文化自组织的功能属性、多元参与治理和运行机制，发展困境几方面进行研究。

许沃伦（2011）对云南省大理白族乡村文化自组织进行田野调查，分析了乡村文化自组织的发展起源、参与者、组织方式与活动内容，认为乡村文化自组织在"无意识"中传承传播了民族文化。蒋琴（2016）将乡村文化自组织分为自娱自乐型、副业团队型和娱乐宣传型，认为其在丰富农村文化活动、提高文化艺术素养、增强邻里情感、注重健康生活方式方面具有重要作用。在乡村文化自组织的功能属性方面，赵军义等（2019）通过对 H 县 3 个乡的基层公共服务现状进行研究，研究结果表明，农村居民更青睐于以本土化为演出内容和形式的农村自发性的文化组织，而对国家提供的自上而下的标准化福利遵从弱参与策略，认为乡村文化自组织有文化群演者、舆论引导者、情感治愈者和文化旁观者等不同文化角色。在未来治理图景上要重点引导乡村文化自组织的服务型参与性、情感治愈功效功能，并重视舆论引导的正外部性，转化广大民众的群演和旁观角色等几个方面。张靖娜、陈前恒（2019）通过实证研究表明发展乡村草根组织对农村居民的幸福感有正向影响。

乡村文化自组织作为乡村公共文化服务的参与主体之一，学者主要从乡村公共文化的"供需矛盾"出发，以问题为导向、以多元参与治理为理论基础进行探讨。梁立新（2014）提出针对公共文化产品短缺、政府供给能力滞后与供给有效性不足等现状，公共文化服务供给要实现包容性的多元主体联动态势，即形成政府、公众、企业和非营利性组织多方良性互动的格局。傅才武、余川（2011）认为现阶段我国农村文化建设正经历一个由送文化模式向种文化模式转折的时期，而要实现这一模式的顺利转型，吸引农村民间力量的广泛参与以建立起国有文化单位与乡村文化自组织的契约竞争关系至关重要。陈媛、刘鑫淼（2012）指出，群众在文化建设中，乡村文化自组织组织在实现自我表现、自我教育、自我服务方面作用特殊，在维护和巩固国家政权的合法性、增强大众的认同感以及促进社会和谐等反面具有意识形态功能。林岩（2014）认为，在城乡一体化战略背景下，农村社区文化的发展应实现"送文化"和"种文化"相结合，在培育农村社区文化建设的内生机制和增强社区文化的自发展能力方面，通过建立各种文化组织丰富社会资本活动空间是打破原有社会资本网络的封闭性、滞后性，促进资源合理流动共享的重要路径，各类乡村文化自组织，为乡土文化展示存活和发展提供了重要的载体平台。

在乡村文化自组织的运行机制研究方面，唐文玉（2010）通过考察 N 镇重新整合和组建 11 个乡村文化自组织组织成立基层文联的历程，指出借助于 N 镇的文联平台，政府培植乡村文化自组织并与之建构了一种"支持与配合"的常态化合作互动关系，这种关系不同于"公民社会""合作主义""行政吸纳社会"范式下的政府与社会合作模式，而是一种新的解释模式——"行政吸纳服务"。"行政吸纳服务"的核心内涵在于融合政府与乡村文化自组织的公共资源，形成"支持与配合"的互动机制，将提高公共文化服务的供给水平作为共同目标，在此过程中，政府增强了公共治理能力，乡村文化自组织获得了发展资源与空间。姜似海（2018）对云南省元阳县良心寨村的乡村文化自组织进行参与式观察，认为乡村文化自组织是乡村社会生活与权力结构的内生力量，乡村文化自组织的发展需要嵌入乡村社会的运行机制才能获得自身的发展。郭凯钧（2019）实证调研分析了杭州市萧山区瓜沥镇乡村文化自组织与政府互动关系和合作机制。

目前，活动经费缺乏、设备设施落后、自身能力不足是乡村文化自组织发展面临的主要困境，叶敏（2015）以湖南省桃源县九溪乡农民文化艺术协会为个案，认为农村文化组织在政府宣传、会员交流、文化建设和为维护乡村秩序发挥了积极作用，但缺乏自主性、资金来源和会员素质偏低造成自身发展的局限性，在参与乡村治理方面组织力和责任心相对不足，同时存在政府管理机制建设不足，乡村文化自组织缺乏与其他社会治理主体的交流与合作等因素影响，因此政府应制定相关政策，处理好政府与乡村文化自组织之间的关系为其营造良好的发展环境，并培育乡村文化自组织自觉发展意识、建设高素质的领导队伍，多渠道开发资金来源以加强其自身能力的建设。王向京（2015）通过对云南保山市甸阳县的农村文化组织进行考察发现其存在管理服务不足、发展不均衡、欠缺经费、设备落后、指导不足、素质不高、内容陈旧、创新不足等发展困境，提出在改进策略上应加强服务管理、加大资金投入、增加专业培训、传承地方文化和创新节目内容。

三 关于公共服务评价的研究

1. 关于公共服务质量评价的研究

20 世纪 80 年代，新公共管理（NPM）理念在美国、英国等多数西方发达国家广泛兴起，政府部门开始重视对公共服务的评价。新公共管理理论的关键要素包括职业经理人负责；明确的标准和绩效措施；强调结果而不是程序；强调竞争以提高生产力；私营部门的管理模式，设置绩效奖励计划；开明的财务管理制度，有效利用资源而不是花每年的特定预算（Hood C，1991）。新公共管理理念主张公共管理领域应以市场及顾客为导向，实行绩效管理，提高服务质量和有效性（欧文·E. 休斯、沈卫裕，2002）。在新公共管理理念的影响下，政府进入了全面质量管理时代。自新公共管理理念提出以来，科学合理地对政府及相关组织在公共服务领域的绩效评价成为探索公共服务供给机制、提升公共服务效能重要路径（Moynihan D P，Pandey S K，2010）。目前公共服务质量的评价体系主要由两种模式构成：一是基于投入—生产的经济效率与效果评估公共服务绩效评价，代表评价理论有 3E 理论、数据包络分析（DEA）理论等；二是基于公众感知的公共服务质量评价，代表性理论有公众满意度评价理论、服务质量理论等。公众是公共服务接受和参与的主体，满足公众的公共服务需求，提高公众生活质量是公共服务价值实现的既定目标。以公众感知为导向的公共服务质量评价在西方学界得到广泛认同，构建有效测量公众需求和满意度的评价指标体系成为公共服务绩效核心的研究内容（Michael K，Brady J，2001），同时运用于私人部门的期望确认服务质量评价理论被学者引入公共服务领域并开展了大量研究的研究 De 和 Ruth（1990）基于服务质量理论提出公众对公共服务满意度受到期望与实际感受的影响。Kelly（2005）认为，以公众对服务期望与实际服务的差距比较评价公共服务绩效相比衡量投入—生产的效率更具有实际意义。

在新公共管理的背景下，我国学者对公共服务的绩效评价展开了研究。主要包括公共服务的绩效评价，公共服务的制度绩效，公共服务的多元参与和公共服务的居民满意度研究等，曾莉（2015）等通过实证分析检验发现，基于公众感知的评价与实际绩效之间存在显著相关性，认为应设计科学合理的公众参与公共服务绩效的评价机制，回应公众的外部性需求。李燕凌（2016）在理论分析的基础上实证考察了中国农村公共产品供给模式对农村居民的感知绩效的影响作用，结果显示，不论生产方式和市场化程度如何，政府投入规模的适度性仍然是改进农村公共产品供给模式绩效的根本方法。蔡长坤（2016）认为，制度绩效与政治制度权力结构的开放程度、产权体系的完备程度、制度环境中结构性社会资本的丰富程度和认知性社会资本的丰富程度呈正相关影响。范柏乃、金洁（2016）通过实证分析发现，政府形象与公众的深度参与对提高公共服务的感知绩效具有显著影响。

2. 关于公共文化服务质量评价的研究

在关于公共文化服务绩效评价的研究方面，主要包含公共文化服务评价的理论研究、公共文化的投入—产出绩效评价和基于公众满意度的评价。在公共文化服务评价的理论研究方面，蒋建梅（2008）在政府公共文化服务体系内涵的基础上，建立政府公共文化服务绩效评价指标体系，包括对文化经济、社会发展反映的总体指标、公共文化服务的有效供给指标和公共文化服务的保障指标。焦德武（2011）对公共文化服务绩效评价指标的设置作了探讨，认为指标第一层级考虑公共文化服务对国民经济发展的贡献，并从"社会公正"出发进行设计。王学琴、陈雅（2015）对公共文化服务绩效评价的基本概念、评价对象、评价主体和评价动因和评价运作过程进行了详细的分析。在公共文化服务绩效的研究方面，胡税根、李幼芸（2015）以省级文化行政部门为对象，在对其公共文化服务职责进行分析的基础上，借鉴投入—过程产出—成果模型、4E 评价模型及 360 度评价模型，并结合省级文化行政部门职责特点与实际情况分析，构建基于公共文化服务投入、公共文化服务过程、公共文化服务产出和公共文化服务效果四维度评价理论模型。朱旭光、王莹（2016）以公民基本文化权益为逻辑起点，结合公共文化服务的内容和属性，借鉴 4E 原则和投入—产出模型构建起公共文化服务绩效评价体系基本框架，对公共文化服务绩效评价的主体、对象、范围、方法做出了界定。在以公众满意为导向的公共文化服务质量评价研究方面，向勇、喻文益（2008）提出了基于满意度评价的公共文化服务绩效测评应用模型。解学芳（2011）运用满意度分析模型对上海公共文化产品供给绩效进行分析，认为公共文化供给要立足公共文化产品消费动向与规律，满足多层次人群的文化需求；另外，需完善公共文化产品供给体系，提高供给绩效；此外，要优化公共文化消费生态布局，积极培育居民的文化消费理念。熊文靓、王素芳（2020）基于期望确认理论，从基础设施、质量提升、个性服务和服务保障 4 个维度构建公众活动感知确认模型，对公众的期望和感知差异进行测量。

在农村公共文化服务的绩效评价研究方面,关于农村公共文化的评价机制、评价体系和评价方法的研究还处于初步探讨阶段,鲜有文章基于农村居民参与视角对农村公共文化质量进行相关的评价研究。李宁(2009)认为,公共文化服务在乡村建设中占有重要地位,构建农村公共文化服务绩效评价机制是改革农村公共服务供给体制,优化公共服务资源配置,提高公共服务在农村公共文化服务质量的有效途径。李少惠、余君萍(2009)等认为,我国农村公共文化服务绩效评价研究的缺失,在一定程度上导致了公共文化供求错位和农村居民文化参与程度低。基于此,构建了多元化评价主体的复合指标体系,包括专家评价指标:农村公共文化基础设施和场所、农村公共文化活动、农村公共文化信息发布部门和管理部门;农村居民评价指标:文化服务质量和农村公共文化服务保障指标:资金、技术、人才保障、组织管理保障和社会参与保障。张楠(2012)对江苏乡镇文化站进行考察,发现农村公共文化服务绩效评价的主要缺失在于绩效评价体系建构不完整、绩效评价机制不完善、绩效评价的效率不高等问题,应将农村公共文化服务绩效评价指标纳入乡镇绩效考核体系,进行多元化绩效评价,并推进公共文化服务绩效评价的法制化建设。彭益民(2013)指出,农村公共文化服务体系由文化投入、服务项目以及服务绩效这三个方面组成,因此分别从政府投入、队伍建设、社会参与、服务项目以及服务绩效几个层面对我国农村公共文化服务水平进行评价。

3. 关于 SERVQUA 模型评价公共服务质量的研究

SERVQUAL 质量评价模型经过学者的多次改进,已在商业领域如银行服务、交通、高等教育、网上购物等得到广泛的运用(Yuan Q, Gao Q, 2019)。Donnelly M(1995)、Dalrymple J(1995)、Curry A C(1999)论述了 SERVQUAL 质量评价模型在公共服务领域的可行性和优势,认为服务差距理论比满意度评价更能清晰地了解公众的期望服务和实际服务间不平衡的影响因素,是发现公共服务质量不足和深层次问题的有效工具,但在使用时需要根据研究对象对量表进行修正。英国在《公民宪章》中对改善各个领域的公共服务做出承诺声明,要求地方政府的公共服务设计和交付必须围绕地方相关利益群体的服务期望展开。在此背景下,测量实际感知绩效与服务期望差距的权威服务质量评价的 SERVQUAL 模型被英国多数公共部门用于公共服务领域的评价。Brysland、Curry

(2001)运用在英国北拉纳克郡议会社区部建议使用的 SERVQUAL 模型评价模型对该社区的餐饮和场地维修服务进行了评价,认为可作为公共服务领域的运营管理和战略规划工具,但在使用时需适当修正测项的陈述。Guenoun、Jean 等(2015)结合 SERVQUAL 模型维度和公共服务法定模型维度,从服务可靠性与透明性、服务人员与公众的互动性与友好性、有形性和公共服务价值伦理 4 个维度构建了公共服务感知服务质量模型。Ocampo、Alinsub 等(2017)运用层次分析法(AHP)和逼近理想解的排序方法(TOPSIS)对 SERVQUAL 模型的维度进行修正,对 SERVQUAL 模型的有形性、保证性、可靠性、响应性和移情性评价维度进行修正建立指标体系,对于菲律宾的 5 个政府服务机构的就业服务质量进行了实证研究。Averin、Grigorieva(2018)运用 SERVQUAL 方法对莫斯科中小型商业组织提供的公共服务质量和效率进行了评价。

SERVQUAL 模型经国内学者修正被广泛运用在公共服务领域的评价中。施国洪、王晓燕等(2011)分析了 SERVQUAL 模型评价非营利组织服务质量存在的缺陷,基于非营利组织的服务特征,对评价维度和测项进行修正,构建了有形性、可靠性、响应性、情感性和社会责任 5 个维度 20 个测项的 SERVQUAL 非营利性组织服务质量评价量表。章晓懿(2011)运用修正的 SERVQUAL 模型从可靠性、保证性、响应性、可感知性和移情性 5 个维度对社区居家养老服务中的助餐服务、助洁服务、助医服务和康乐服务 4 个方面进行评价。睢党臣、张朔婷(2015)等对 SERVQUAL 模型的评价农村公共服务质量的适用性进行分析,修正和构建了有形性、可靠性、响应性、保证性、移情性、透明性 6 个维度 25 个测项的 SERVQUAL 农村公共服务评价模型,对陕西省农村地区的农村公共服务水平进行实证研究,结果表明农民对公共服务实际感知绩效与期望还存在较大差距,农村公共服务质量水平亟待改善。范悦谦(2015)基于 SERVQUAL 模型构建了新信息环境下我国高校图书馆服务质量评价量表,将可靠性设为结果质量,保证性、响应性和移情性设为过程质量构建了新信息环境下我国高校图书馆服务质量的多层次评价模型。范倩文、王礼力(2018)基于河南、山西两省部分地区农民专业合作社的样本调查数据,从提高农民专业合作社服务质量的目的出发,利用 SERVQUAL 模型,结合农民专业合作社服务质量的特征和表现形式,筛选出了 21 个具有代表性的评价指标,构建了农民专业合作社服务质量评价体系，并对合作社的服务质量进行了差距分析和评价。杨帆、曹艳春等（2019）根据我国老年护理的特点，基于 SERVQUAL 模型构建有形性、响应性、保障性、有效性和移情 5 个维度的老年长期护理服务质量评价指标体系，运用 AHP 分析法指标体系进行权重赋值，并对我国多地区的老年长期服务质量进行了实证研究。汤慧莹（2019）对公共文化服务人员和居民进行访问调查，基于 SERVQUAL 模型修正和构建了有形性、可靠性、响应性、移情性和便捷性 5 个维度 22 个测项的公共文化服务满意度评价体系。

　　总之，通过对乡村文化建设研究、乡村文化自组织以及公共文化服务评价的研究文献现状进行梳理，发现目前关于乡村文化建设的研究主要是整体性探讨、一般性论述与理论性分析，缺乏对乡村公共文化服务内生力量与机制的案例探讨、深入论证与实证分析；关于乡村文化自组织的现有研究表明，目前乡村文化自组织已融入社会发展的各个领域，乡村文化自组织在参与社会治理和促进社会发展上具有合理性和必要性，在乡村文化建设方面，乡村文化自组织呈现出多元化、专业化等特征，在丰富群众文化生活和推进乡村公共文化服务上具有积极的作用，但目前关于乡村文化自组织参与乡村公共文化服务的研究和讨论大多停滞在外在表面的探究，对于具体的建设路径缺乏实证分析，对于乡村文化自组织的学术研究更是相当匮乏；在农村居民参与乡村公共文化服务的研究方面，多数学者已注意到目前乡村的文化参与表现出参与程度低，积极性差，缺乏文化参与机制，以政府为主导的公共文化服务供给不能满足农村居民的内在文化需求，造成乡村传统文化发展式微、政府信任危机等问题，但在如何调动农村居民参与乡村文化活动和文化建设方面缺乏具有可操作性的理论指导；在关于乡村公共文化服务绩效评价研究方面，基于顾客满意度的公共文化服务绩效评价，结合了公众认知与情感等因素进行综合评量，能有效反映公众对文化产品的参与意愿和文化需求，对进一步提高公共文化服务的精准供给和可持续发展具有重要意义。在目前的研究中基本上是对现有实践的总结，缺乏有深度的理论研究和实证研究成果，且未有运用 SERVQUAL 模型基于居民满意度来设计评价量表和模型对乡村文化自组织提供农村公共文化服务进行绩效评价的实证研究。

第四节 研究设计

一 研究内容

乡村文化自组织是农村社区的内生资源,是乡村文化振兴的重要抓手,也是重塑农村社会公共文化空间的重要力量。本书聚焦于农村社区乡村文化自组织来探讨新时代乡村公共文化服务的发展路径,为乡村文化振兴寻找内在动力是本研究的目的所在。因此,本书将以公共物品理论、文化场景理论、公共治理理论和服务质量理论为指导,通过实地调研云南省农村社区乡村文化自组织的发展情况,详细剖析乡村文化自组织的特点与属性,实证分析乡村文化自组织的居民参与意愿及影响因素、服务质量评价,并提出相应的策略与政策建议。本书将重点探讨以下几方面内容。

第一,乡村文化自组织的基本属性与功能定位。云南农村社区普遍存在形式各异的乡村文化自组织,类型多样,有舞蹈类、唱歌类、体育类、乐队类、棋艺类等。乡村文化自组织为丰富农村社区的精神文化生活发挥了重要作用。但是,目前学界并没有对乡村文化自组织进行清晰的属性界定,对其功能定位也不明确。在确定乡村文化自组织基本属性和功能定位的前提下,才能够准确分析乡村文化自组织参与乡村文化振兴的模式与路径。本书研究认为,乡村文化自组织具有休闲娱乐功能、文化培育功能、文化传承功能、生活引导功能和政策宣传功能。乡村文化自组织生成于农村社会结构,来源于农村居民群体,其服务内容与形式贴近农村生活,符合农村居民的文化需求。乡村文化自组织具有组织者、供给者和参与者多重身份,既是农村公共文化服务的奉献者又是享受者。农村文化组组织是农村公共文化服务的内生性参与力量,契合政府的基层多元化治理路径。

第二,乡村文化自组织的运行机制与发展模式。与官办文化组织相比较,乡村文化自组织是群众自发组织的文化团队,自下而上自发形成是其基本的生成途径。本书通过调研发现,乡村文化自组织也存在发展困境,主要表现在:政府层面,存在管理体制混乱、制度保障不力、法律体系不健全;乡村文化自组织层面,发育不完善、能力建设不足、影响力较弱。本书归纳出云南乡村文化自组织的4种基本发展模式:文化馆+乡村文化自组织、老年大学+乡村文化自组织、社会企业+乡村文化自组织、非遗传承+乡村文化自组织,并对每种发展模式进行了论证。

第三,农村居民参与乡村文化自组织的意愿与影响因素分析。乡村文化自组织是乡村社会中的内源式组织,是农村艺人自娱自乐并为农村社区带来欢乐祥和的自愿组织。在乡村文化振兴中,农村居民参与乡村文化自组织的真实意愿如何,有哪些因素限制或制约了其参与程度?本研究将设置调查问卷对农村社区居民和乡村文化自组织进行深入访谈,运用二元 logistic 模型进行实证分析,了解其参与意愿与影响因素。只有真正考虑到农村居民参与乡村文化自组织的意愿,并弄清楚影响其文化参与的制约因素,才能够对乡村文化自组织参与乡村公共文化服务的发展前景做出预设,也才能够找到合理合适的途径来促进乡村文化自组织参与乡村文化振兴。

第四,乡村文化自组织参与乡村公共文化服务的文化服务质量评价模型及测量量表建构。作为内生力量,农村居民对乡村文化自组织文化服务质量的评价到底如何?这需要做定性定量的合理评价。因此,本书将对乡村文化自组织提供农村公共文化服务特征和内涵进行分析,基于农村社区居民对乡村文化自组织公共文化服务的感知要素,依据 SERVQUAL 模型构建一套服务质量评价指标体系,对乡村文化自组织供给公共文化服务的质量水平进行实证分析,运用 SPSS 和 AMOS 结构方程软件进行探索性因子分析和验证性因子分析,以及信度、效度分析和拟合度检验,为乡村文化自组织参与乡村文化振兴提供理论和实证依据。

第五,乡村文化自组织的服务质量提升路径与政策建议。在前述内容的基础上,本书将提出乡村文化自组织的服务质量提升路径,需要同时合力发挥政府的引导与扶持作用、市场的辅助作用、乡村文化自组织的自我完善作用以及打造乡村文化自组织的展演平台,形成政府—市场—民众共建共享的公共文化空间,使乡村文化自组织成为乡村文化振兴的有机体。并提出相关政策建议:通过完善法律体系,为乡村文化自组织发展提供法律保障;把乡村文化自组织纳入政府购买公共文化服务范畴;加强乡村文化自组织管理,建立自律机制,增强服务能力;引入监督机制,进行绩效考核等。

二 研究方法与技术路线

要对乡村文化自组织的居民参与意愿、参与方式、参与效果以及参与机制进行全面深入的研究，就需要深刻理论指导、大量相关文献支持、大量调查数据佐证。因此，本书坚持实证分析与规范分析相结合的方法进行综合研究，具体研究方法如下：

（一）文献研究法

通过搜集国内外关于乡村文化自组织参与乡村公共文化服务的理论研究文献及实践经验材料、各级政府部门关于乡村文化振兴的相关政策文件与调研报告以及调查地点的文献搜集与乡村文化自组织的发展介绍，对乡村文化自组织的特征、类型、价值取向、发展历史与现状进行全面梳理和总结。这方面的文献主要涉及管理学、政治学、社会学等专业学科。在此基础上，本书综合运用公共物品理论和公共治理理论，系统归纳出乡村文化自组织的基本属性和功能定位，以及乡村文化自组织在乡村社会中发挥的重要作用。

（二）问卷调查法

为分析乡村文化自组织的参与意愿与基于农村居民感知的服务质量评价，本书设计了针对乡村文化自组织的运行现状调查问卷和农村居民对乡村文化自组织参与意愿和服务质量评价调查问卷。在实地调研中，对农村文化组织管理者、农村民间艺人、农村居民、村镇干部进行访谈。访谈内容包括农村民间艺人的参与或组建乡村文化自组织的现状和问题、农村居民参与乡村文化自组织的意愿和乡村文化自组织服务质量评价的维度设计。通过调查问卷和访谈数据，获取了一手资料，并基于问卷和访谈数据对乡村文化自组织进行定性和定量研究。

（三）定性与定量分析结合法

本书运用定性研究法，在梳理相关文献和理论的基础上，设计针对乡村文化自组织的调查问卷，对云南省不同禀赋的农村文化组织进行调研，分析了乡村文化自组织的服务特征、服务功能、运行机制、发展模式，进而分析对农村居民参与乡村文化自组织的影响因素，并构建了乡村文化自组织的服务质量评价模型，在乡村文化自组织的量表开发中，结合焦点小组访谈、专家访谈生成了评价乡村文化自组织的初始量表。基于定性研究的结论，本书设计了乡村文化自组织的居民参与意愿和基于农村居民感知的乡村文化自组织服务质量调查问卷，选取云南省的部分农村进行数据采集，运用多元统计分析法对问卷数据进行定量研究，包括 logit 回归分析法、探索因子分析法、信度分析法、结构方程分析法、层次分析法、重要性—服务绩效（IPA）分析等分析方法等，深入分析了农村居民参与乡村文化自组织的意愿与影响因素，验证了乡村文化自组织服务质量评价量表的合理性和有效性，并运用所构建的乡村文化自组织评价模型和量表对云南省乡村文化自组织服务质量进行实证研究，基于以上研究结果，对提高乡村文化自组织的服务质量，促进乡村文化自组织参与乡村文化振兴提供有针对性的具体策略和政策建议。

本书研究的技术路线如图1-1所示。

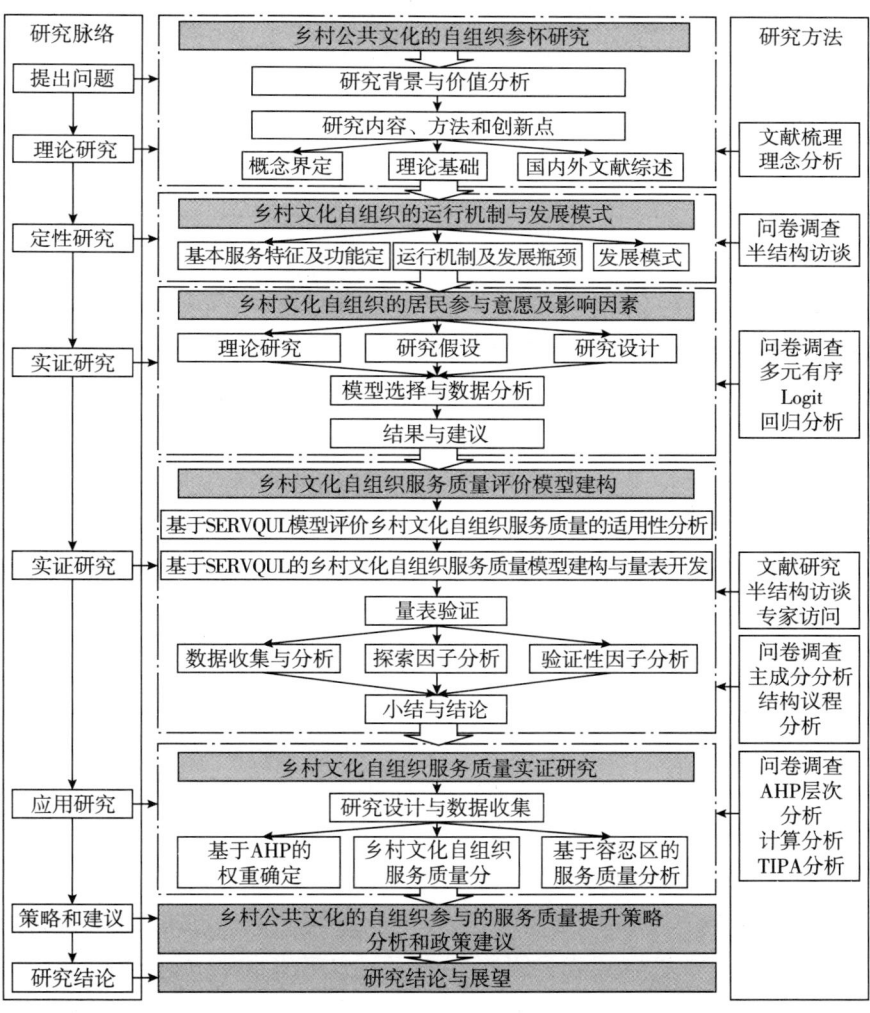

图1-1　本书研究的技术路线

三 研究创新点

第一，在研究视角上，本书坚持微观研究与宏大叙事相结合，试图通过乡村文化自组织作为内生力量来探究乡村文化振兴的内在理路。研究乡村文化自组织的发展是贯彻落实党的十九大提出的乡村振兴战略、实现农村地区脱贫攻坚任务的一个新视角，是丰富和完善我国乡村公共文化服务研究的新领域。目前，我国学术界对多元参与、共治共享农村公共文化服务的理念已达成共识，但对农村文化组织参与乡村公共文化服务的理论研究还处于探索阶段，本书通过研究乡村文化自组织参与乡村公共文化服务的服务特征与功能、运行机制与发展模式以及乡村文化自组织的居民参与意愿及评价，初步建立了乡村文化自组织的理论分析框架，试图找到乡村文化振兴的内在动力。

第二，在研究结论上，本书提出乡村文化自组织是集生产、供给、分配和消费为一体的有机体，具有多重属性和多种功能，是农村公共文化服务体系建设和特色文化产业发展的重要载体。本书基于公共物品理论和实证调研情况，将农村社区乡村文化自组织提供的文化产品（服务）界定为准公共产品，具有可伸缩性和延展性：某些形式和场合属于纯公共产品的范畴，为农村社区集体居民提供免费无偿的公共文化服务；某些形式和场合也属于私人产品的范畴，为私人提供有偿文化服务。乡村文化自组织的这种混合属性，决定了其可以进行两种途径的开发：一是政府为乡村文化自组织提供补偿机制，通过契约的形式进行项目购买，将其纳入农村公共文化服务供给的多元主体范畴，对农村社区居民进行免费服务；二是将乡村文化自组织发展成为演艺组织甚至壮大为文化企业，通过市场化的运作，进行文化产业化的开发，为私人或乡村游客进行有偿服务。

第三，在研究范式上，本书改变了以往偏重质性研究的范式，注重量化研究，通过相关理论模型和调研数据进行实证分析。首先，本书构建了农村居民参与乡村文化自组织意愿的分析框架，实证分析了农村居民参与农村文化组织的意愿与主要影响因素，为引导农村居民参与乡村公共文化服务提供参考依据。其次，本书在确定了乡村文化自组织的公共服务属性，将乡村文化自组织作为农村公共文化服务主体的基础上，构建了乡村文化自组织服务质量评价理论模型和指标体系。本书以农村居民为评价主体，实现农村居民对文化服务的期望为目标，将管理科学中的服务质量管理理论引入农村公共文化服务领域，首次将 SERVQAUL 评价模型运用于乡村文化自组织的服务质量的评价，从有形性、保证性、可靠性、响应性、移情性和价值性 6 个维度构建了乡村文化自组织的服务质量评价理论模型和量表，其合理性、有效性和稳定性得到了基于云南 12 个村、441 份问卷数据的实证研究验证，为科学评价乡村文化自组织的服务质量提供了有力工具。最后，本书运用所构建的乡村文化自组织服务质量评价模型和量表，实证分析了云南 21 个村的乡村文化自组织服务质量，发现了乡村文化自组织在可靠性、响应性、移情性和价值形 4 个维度上评价较高，但在有形性和保证性上存在局限，这是多数乡村文化自组织难以形成具有影响力的文化场景，处于农村公共文化服务的边缘地带的根本原因。基于以上实证研究结果，本书有针对性地提出了乡村文化自组织服务质量提升路径与政策建议。

第四，在研究方法上，本书以问题为导向，立足于新时代乡村文化振兴工作的需要，将基于定性的理论研究与基于定量的实证研究相结合，涉及和融合管理学、社会学、统计学、计量经济学等多学科理论和视角，运用实地调研、深度访谈、焦点小组访谈、问卷调查等多元方法，从多视角、多层面深入探索了乡村文化自组织服务乡村，促进乡村公共文化服务的角色定位、作用机理、现实效果和提升路径，为助推乡村振兴提供理论与实践指导。

第二章 概念界定及理论基础

乡村文化自组织参与乡村公共文化服务是新时代乡村文化振兴的有效途径。乡村文化自组织作为中国广大农村地区普遍存在的文化传承传播载体，具有"乡土味"与"草根性"，其组织形式既包括组织松散、形式单一、发展较为初级的农村民间艺人、文化中心户，又包括发展相对较为成熟的群众文化组织与社区文化协会。中国乡村文化底蕴深厚、内容丰富，乡村文化自组织作为乡村公共文化服务的内生自组织，具有独特的属性与功能，是乡村公共文化服务和乡村社会治理的重要资源。另外，在国际上，社区自组织作为处于国家和市场之间的"新型中间道路"和"第三种力量"，20世纪80年代以来，在世界各个国家发展迅速，甚至爆发了所谓的"全球结社革命"。国家与社会的相互增权、协同发展成为国际学界共同关注的话题（顾昕、王旭等，2006）。因此，如何根据中国农村发展经验总结乡村文化自组织的实践，并与国际有效对接与开展对话，需要扎根中国乡土社会、放眼全球现代化进程，总结提炼中国乡村文化自组织的概念内涵与理论基础，站在学界前贤的研究基础上进一步拓展与深入探索。

第一节 概念界定

本书所涉及的核心概念主要有3个：乡村文化自组织、社区参与和公共文化服务。乡村文化自组织是本书的主要研究对象，厘清其概念是进行本书研究的基础，并且把握乡村文化自组织的属性与特征，是进行下一步研究的前提。乡村文化自组织参与乡村公共文化服务是农村社区参与的重要维度。乡村文化自组织通过公共文化参与可以传承传播乡村传统文化、强化农村居民的情感联结、促进农村社区的公共治理，是农村居民社区参与产生文化自觉、文化自信和文化认同的重要表征，也是文化乐民、文化育民与文化富民的基本路径。公共文化服务是乡村文化自组织社区参与的主要表现形式与内容，当前政府主导提供的农村公共文化服务供给存在"内卷化"与"无主体"的困境（韩鹏云，2018），而乡村文化自组织的内部自发供给具有结构优势也存在发展"瓶颈"，政府行政供给与农村民间自组织供给相融合将成为农村公共文化服务体系建设未来发展的趋向。厘清这三者的概念内涵有助于本研究正本清源与按图索骥，并结合中国农村社区实际，扎根乡土社会，形成具有中国特色的概念话语建构。

一 乡村文化自组织

乡村文化自组织属于农村自办组织的一种类型，要界定乡村文化自组织的概念，首先必须要了解明晰乡村文化自组织的内涵与外延。因此，本书通过梳理和分析"乡村文化自组织"这一术语及其理解范式来界定乡村文化自组织的概念内涵。

20世纪80年代以来，在世界各个国家不同的社会领域发生了"结社革命"，各种以公民社会为目标以非营利组织为形式的"第三部门"如雨后春笋般涌现出来。其实，自组织是人类社会生活交往的一种生存需要和情感需要，人们通过结成各种各样的群体、组织来维护或表达成员的需求以及公共利益。自组织在传统农业社会中就大量存在，主要是为了弥补国家功能的不足；而在现代社会中，自组织不仅能弥补国家功能不足，同时还能纠正市场缺陷。陈媛、刘鑫淼（2012）指出，自组织的社会结构经历了由"国家—社会"向"国家政府—市场企业—社会组织"的转型。自组织相较于公部门和私部门的属性功能比较如表2-1所示。

表2-1　　　　　　公部门、私部门与社区自组织之比较

比较内容	公部门（政府）	私部门（企业）	自组织（非营利组织）
哲学基础	公正	营利	慈善
代表性	多数	所有者和管理者	少数
服务基础	权利	付费服务	赠予
财源	税收	顾客与团体所支付的费用	捐赠、奖励、报酬、补助金
决策机制	依法行政	所有者或管理者决定	领导群（董事会）决定

续表

比较内容	公部门（政府）	私部门（企业）	自组织（非营利组织）
决策权威来源	立法机关	所有者董事会	依组织章程所成立的董事会
向谁负责	选民	所有者	拥护者
服务范围	广博的	有限的	只限于付费者
行政架构	大型官僚结构	官僚结构或其他特许的层级	小型（弹性的）官僚结构
行政的服务模式	一致的	变化的	变化的
组织和方案规模	大	小至中	小

自组织的概念来源于复杂系统的理论，物理生物学家普里高津（Ilya Prigogine）在建立"耗散结构"理论过程提出自发有序结构，并将自发生有序结构的生成过程定义为自组织（叶侨健，1994）。随着复杂系统理论的发展，物理学家哈肯（H. Haken）（1988）研究激光理论时突破学科边界，提出了协同论，认为自组织是系统在获得空间、时间或功能的结构过程中，没有外界的特别干预。社会经济生活中同样存在自组织现象，如哈耶克（F. A. Hayek）提出的"自发秩序"，米尔格兰（Milgram）提出的"小世界"理论，社会网络研究中的"小团体"概念。社会场域中的自组织是相对于他组织和被组织的概念，他组织和被组织是基于外部力量，诸如权力、指令被动地组织起来的过程和行为，而自组织是为共同愿景自发自愿地组织实现有序化的结构。在社会科学视野下的"自组织"研究，既关注实体"自组织"（self-organization），也关注形成和组织过程的动态"自组织"（self-organizing）。

Ostrom（1992）认为，自组织由社区居民自我组织、自建制度、自主监督，其有效运作对于社区公共事务的治理具有重要的作用。Wolf（1990）认为社区自组织须具有公共服务的使命，须在政府立案并接受相关法规政策的管理，须具有非营利性和慈善性，在经营上，捐助者或赞助者享有相关的税费免（减）政策。杨贵华（2007）认为，自组织是社区公共生活有序化的基础。罗家德（2010）认为，自组织是基于自愿和信任结合，根据组织目标产生自我发展的集体行动，是除层级和市场之外的第三种社会治理机制。综合以上相关论述，可以归纳出，社区自组织的定义须符合以下几个条件：一是自发构建、自愿参与、自我管理；二是组织成员有共同愿景，相互信任并付诸集体行动；三是具有公益性和非营利性。

社区自组织最早是以"第三部门"的名称出现，主要是与政府部门及企业部门有所区别。而"非营利组织"是比较广泛的学术性名词，在国外与其意义相当或近似的名词包括：第三部门（the third sector）、独立部门（independent sector）、志愿组织（voluntary organization）、慈善组织（philanthropic organization）、基金会（foundation）、社会组织（community organization）、民间组织（civil organization）等。在我国政府单位、学术研究与媒体报道中经常使用的名词有：第三部门、社会组织、社会团体、民间社团、民办非企业单位、非营利组织、非政府组织等。目前对于这些组织名称的使用存在着一些困境，缺少名称上的共识，一个组织在某个国家被称作"非政府组织"，而在另一国家则被称为"非营利组织"或"志愿性组织"，没有一个简单的方法可以区别。这些名称可追溯各国独特的政治、经济和社会的差异。各个国家或地区存在着文化认知的问题，其中尚须包含组织资源及政策实践，因此存在着对组织名称认知差异以及对组织习惯性使用、称呼而有所不同。例如，在英国由于强调宗教精神，较常使用的是"志愿性组织""慈善团体"，美国则是因商业市场主导力强，为区别商业营利团体，因而常使用"非营利组织"。在许多发展中国家则认为志愿（voluntary）这一名词偏离了它们的专业特质，因此比较倾向于使用"非政府组织"。概念上的多样性表明自组织作为一种存在于人类社会中的历史事物所具有的复杂性。不同的提法与所处的社会历史条件，特别是社会经济的发展状况、现实的政治制度和政治运行机制是密切相关的（张海军，2012）。

在中国官方文件中使用"社会组织"来统称一切非官方的组织，包括在各级民政部门登记注册并纳入登记管理范围的社会团体、民办非企业单位和基金会三类组织形态。因此，相对应的中国文化行政部门将文化类社会组织也分为三种类型：一是文化社会团体，由公民自愿组成，按照社团章程开展活动，包括学术性、行业性、专业性的文化社团；二是文化民办非企业单位，主要是公共文化类、文化教育类、科研类等；三是文化基金会（见表2-2）。根据国务院《社会团体登记管理条例》《基金会管理条例》《民办非企业单位登记管理暂行条例》等文件，2013年5月，为加强文化部业务主管社会组织的管理，文化部专门出台了《文化部社会组织管理暂行办法》，初步建立了文化部主管的社会团体、民办非企业单位和基金会的治理体系，对各自申请设立的条件要求做了明确规定。

表 2-2　中国文化行政部门对文化社会组织申请条件的要求

类别	发起人及成员	基本要求	注册资本要求
文化社会团体	文化企业、事业单位、团体法人、在文艺界有较高知名度的个人自愿发起；以个人为会员达50人以上，以单位为会员达30个以上；以个人和单位混组成达50个以上	业务范围属文化部主管；名称规范；组织机构规范；有固定的住所和专职工作人员；有独立承担民事责任的能力；有代表本社会团体成员意志的合法章程	有合法的资产和收入；注册资金达10万元人民币
文化基金会	符合成立要求的	为促进文化事业繁荣发展的公益目的设立；业务范围属文化部主管；有规范的名称、规范的组织机构；规范的章程草案；有固定的住所和专职工作人员；有独立承担民事责任的能力	公募基金会的原始基金达800万元人民币，非公募基金会的原始基金达2000万元人民币，原始基金必须为到账货币资金
文化民办非企业单位	企业、事业单位；社会团体；其他社会力量；公民个人；利用非国有资产申请	为从事非营利性文化服务活动而设立；业务范围属文化部主管；拟定名称须经审批通过	有与业务活动相关的合法收入；非国有资产份额占总财产的三分之二以上；开办资金达30万元人民币

资料来源：根据《文化部社会组织管理民政部预暂行办法》，http://www.cfdsc.com.cn/1225699/相关条例整理。

但是，政府官方对社会组织的定义与概括不足以涵盖当前我国经济社会发展过程中出现的大量"无害""无证""无登记"的松散的、流动的社会团体与组织（邓伟志、陆春萍，2006）。从民法的角度来讲，在政府的社会组织体系中，社会组织是具有非政府、非营利性的民事主体，而多数"松散组织"并非民事主体，政府并没有将这些"松散组织"纳入官方体系的社会组织。但是在中国城市及农村社区存在大量的由自然人结成的"松散组织"，其团体性质较弱，均是脱离了个人后存在性极其薄弱的团体，其意志、财产及责任不能独立于成员或者发起人，难以作为权利义务的归属点（陈媛、刘鑫淼，2012）。这类组织由社区居民自发形成、组织、运作，涉及社区公共事务、文化、娱乐、教育、生态、调解、健康、产销、互助、养老等与居民生活密切相关领域。

在社区自组织和政府之间的关系方面，根据往来沟通的程度（主要在分析社区自组织与政府之间所建立的互动关系，若社区自组织与政府之间的沟通密集而深入，则二者关系较为融洽，配合程度较高，反之则二者不常沟通，则难有业务交流）和财务的依赖于控制程度（主要是在分析社区自组织对政府的财务需求及受政府法令规章控制的程度）两个层面可以分为4种模式：一是整合依附型，指社区自组织和政府沟通频率密集，接触密切，同时社区自组织在财务与法规上受到相当严密的监控；二是分离依附型，指社区自组织在财务上依赖政府的支持程度较高，受到广泛的法令约束，但和政府间的来往并不频繁；三是整合自主型，指社区自组织和政府关系网络密切，但在财务上并不依赖政府，同时政府的法令规范亦有限；四是分离自主型，指社区组织对政府的财务依赖和受控制的程度低，往来也不密切，组织拥有极大的自主权（见表2-3）。

表2-3　　　　　　　　　　　社区自组织与政府关系结构

		往来沟通程度	
		亲密	疏离
受控制程度及财务依赖度高低	依赖	整合依附型	分离依附型
	独立	整合自主型	分离自主型

其实，政府与社区自组织之间是一种合作互动的关系，"在合作主义的理念下，国家与社会民主协商，合作治理，国家通过社区自组织整合社会利益，透过社区自组织汲取社会资源"（伍治良，2014）。社区自组织在公共服务领域可以弥补政府功能的不足，而政府对社区自组织的培育和支持在一定程度上影响了社区自组织是否能健康长效发展（Yang、Gangqiang et al.，2019）。

中国优秀传统文化中的"仁义""慈善"等观念孕育滋养了农村民间社会互助与志愿的精神传统，这种传统对农村民间公益组织的诞生、发展奠定了基础。在中国传统农业时代，乡村是一种"熟人社会""礼俗社会"，乡村社会依靠自我结社组织进行自治以维护乡村社会公共秩序的稳定。梁漱溟先生（2011）指出，乡村社会秩序所赖以维持的几个要点是教化、礼俗与自力，"因为我们过去的社会组织构造，是形著于社会礼俗，不形著于国家法律，中国的一切一切，都是用一种由社会演成的习俗，靠此习俗作为大家所走之路（就是秩序）"。因此，在传统乡村社会中有许多农民自发自愿组织的农村团体。

近年来，各种农民自发成立的乡村文化自组织蓬勃兴起，例如各种书画社、诗社、棋类协会、曲艺社、舞狮舞龙队、舞蹈队、乐鼓队以及农村老年协会、红白理事会、农民文艺队等成为活跃在农民屋前田间地头的一道亮丽的风景线，内容健康、形式多样的群众性文化活动成了农民群众的"家常便饭"，活跃了农民的精神生活，使乡村劲吹文明和谐新风。乡村文化自组织作为社会组织的一种重要类型，与官办的文化艺术表演团体和企业组建的文化艺术团体有本质不同：它是农民群众自发组织的农村民间文化艺术团体，官办院团有服务政府中心工作，行业宣传服务的功能，是一种官僚管理体系结构；而乡村文化自组织则有农民自娱自乐、自我展示、自我教育的功能，它是农民群众在生产劳动之余的一种娱乐消遣方式，是不计报酬，不计名利，直接服务群众的乡村文化自组织。这些乡村文化自组织大多由农村一两个文化能人牵头，联络组织当地热爱文艺的积极分子参加，农忙季节以农耕为主，农闲季节则聚在一起开展活动。活动范围在田间地头、农家院落，其服务半径是有一定局限性的。但乡村文化自组织的作用不比专业院团逊色。他们自编自演的文艺作品，都是发生在农民群众身边的故事，反映农民群众的喜怒哀乐与悲欢离合，有鲜明的地域特征，有浓厚的泥土芳香，农民群众往往钟情和欢迎这些乡村文化自组织（穆平潮，2014）。

乡村文化自组织是承担农村公共文化服务供给、活跃公共文化、丰富文化市场的重要力量，也是乡村文化旅游产业发展繁荣的重要社会基础，还是政府改变传统文化管理方式的主要驱动者和功能承载者（解学芳、臧志彭，2017）。杨宏郝、陈媛（2011）曾对"乡村文化自组织"做出过界定："有相同兴趣爱好的公民为实现其共同意愿而自愿组成，以开展文化和娱乐活动为主的非营利性和非官方性的社会组织。其基本特征是组织性、农村民间性、非营利性、文化性、自愿性、自治性和公益性。"

通过对乡村文化自组织的内涵外延进行梳理，并与官方界定的社会组织相对比，本书将乡村文化自组织的概念界定为：依据本地特色文化或自身的专业技能，自发组织，自愿兴办，自主经营，以满足农民在日常生活中的社会性、文化性、群体性需要的组织团体。乡村文化自组织是农村社区文化的"领导者"和"组织者"，对活跃农村文化生活和传承发展农村民间文化做出了巨大贡献，是开展群众性文化活动的一股重要力量（罗俐琳、胡扬名编著，2012）。

二 公共文化服务

《中华人民共和国公共文化服务保障法》中公共文化服务定义为"由政府主导、社会力量参与，以满足公民基本文化需求为主要目的而提供的公共文化设施，文化产品、文化活动以及其他相关服务"（陈威，2006）。明确了我国公共文化的参与主体，服务目的和内容。公共文化服务具有公共性、公益性、正外部性、多样性等特征（中华人民共和国中央人民政府网，2016）。

要准确把握公共文化服务的概念，首先需要厘清公共文化的内涵。公共文化最显著的特征在于其文化的公共性，万林艳（2006）认为，"在公共文化的外延方面，是具有群体性、共享性等外在公共性特征的文化；在内涵方面，是具有整体性、公开性、公益性、一致性等精神内在性特征的文化"。而哈贝马斯（1999）通过对欧洲近代社会公共领域结构转型的探究，则认为公共文化注重的是其"意识形态"，即"公共意见""公共舆论"的"公共表达"，是市民群体"话语权利"和面向多元的开放性体现和批判性的构建。美国学者凯文·马尔卡希（2017）在《公共文化、文化认同与文化政策》一书中认为，公共文化（public culture）是文化政策依托的基石，形塑公共文化的是历史、信念和一般政治文化的价值观。他将文化政策配置形式分为两种：满足表达需求的民主形式和值得公共支持的文化政策形式。这两种政策可以二分为文化民主（可获得性的偏好）和文化民主化（代表性的偏好）（见图2-1）。

文化民主化（democratization of culture）通过计划使艺术性出色的作品送达公众，这些计划使更多的人能参观社区的博物馆，能享受到表演艺术团；这些计划能确保对文化艺术组织继续不断的支持。文化民主化还创造机会去开发和维持社区标杆的机构。文化民主化是自上而下的路径，本质上使某些文化节目优先，让被视为公共善举的项目享有特权。这是一种文化精英主义的视角，它意在为某些审美表现形式天生优越的预设。"从根本上说，这一政策的问题是，它意在为某些演出培育观众，

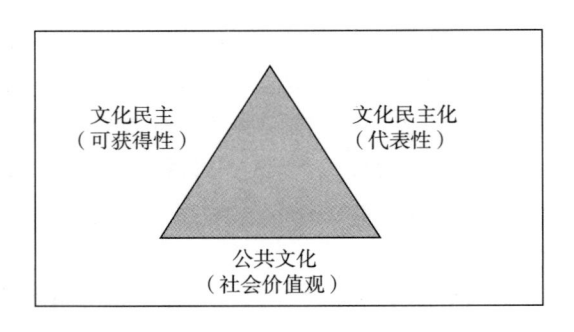

```
                    文化民主           文化民主化
                   （可获得性）         （代表性）


                              公共文化
                            （社会价值观）
```

图2-1 平衡的文化政策模型

资料来源：[美] 凯文·马尔卡希：《公共文化、文化认同与文化政策：比较的视角》，何道宽译，商务印书馆2017年版。

节目的内容是基于社会特权群体的经验。总之，它视之为当然的预设是：所有社会成员的文化需求是一样的"（Langsted Jorn，1990）。从总体上讲，文化民主化反映在民族历史的共识中，民族历史含有珍宝和价值，被视为社会结构和历史记忆的关键要素。而文化民主（cultural democracy）确认文化艺术表征各种活动的功能，尤其是表征并非最广泛共同爱好的活动。目的是支持广义的非商业文化和业余活动，如庙会、节日和遗址的活动，以及教育和科学机构的活动。文化民主是自下而上的路径，政府的责任是为公民提供平等机会，让他们自己积极自主组织参与文化活动。这些包括大众娱乐、农村民间节日、业余运动、农村民间社团。这是一种平民主义大众文化主义的视角，文化民主为国家补贴原理提供更有力的合法性，使其补贴更具代表性和参与性，其文化概念是"我们大家都参与的过程"（PeterDuelund，2001）。这样的规划重点确认地区文化差异，即城乡差异、社会群体差异。文化民主强调文化去中心化的战略，用多元文化的观念替代单元文化的观念。"国家文化政策里有两种张力：一是卓越目标与获取目标之间的张力，二是政府促进者角色和设计师角色之间的张力"（Jennifer Craik，Libby McAllister et al.，2003）。

当代中国文化政策的历史进程经历了从文化事业—文化产业—公共文化的发展路径。文化事业、文化产业和公共文化的发展形态各有所异（见表2-6）。而公共文化政策有效地将文化民主和文化民主化这两种认识观念综合，可称为文化政策的"宽松路径"（latitudinarian approach），这是审美观包容、能被人广泛获取的路径。宽松路径的公共文化政策忠于宽广审美表达的高标准,同时尽可能广泛地使人能获得卓越的文化,为不同地区、社会阶级阶层和教育背景的人服务(Mulcahy、Kevin V, 1991)。

表 2-6　　　　　　　　　文化领域发展形态对比

文化领域	话语体系	制度设计	组织形态	管理形式	绩效评测	开发程度
文化事业	国家话语	国家配置	行业体制	单位组织	社会效益	半封闭系统
文化产业	市场话语	市场配置	产业体制	市场组织	经济效益	开放系统
公共文化	公众话语	社会参与	对话机制	非营利性组织	社会效益	开放系统

资料来源:耿达、傅才武:《公共文化服务体系建构:内涵与模式》,《天津行政学院学报》2015 年第 6 期。

当前中国文化政策制定者和研究者过分强调政府主导在公共文化服务体系建设中的作用,而相对忽略了市场力量和农村民间力量的作用。其实,目前关于公共文化服务的概念界定存在诸多不足:一是过于强调"公共性的文化",对于"文化的公共性"重视不足,认为"公共文化"是指相对于国家层面上的社会或公民的文化,是一种公民文化权益;二是当前的公共文化服务概念中从文化服务主体界定"公共性"剥离了公共文化的产业属性;三是"公共文化"的界定给我国公共文化服务体系建设和发展造成困境,主要表现在:一方面,公共文化服务与文化产业相互独立,融合发展不足;另一方面,因为"公共文化"是政府主导下"公共性文化",是由政府供给可免费享有的公民权益,形成了作为"旁观者"身份的公共文化服务参与范式,进而导致普遍存在的"弱参与"现象。四是在区域文化发展战略方面,基于"公共性的文化"对于公共文化服务的理解,不利于地方有机整合相关文化资源对接公共文化服务体系建设(吴福平,2014)。耿达、傅才武(2015)指出,"公共文化服务不是单一、固定的,而是多样、流动的,它是一个立体化的综合体,包含了国家与民众以及市场上一切可供利用和补充的有益元素"。因此,按照公共文化服务供给主体所起到的作用,可以将公共文化服务的供给模式分为政府主导型、市场竞争型和民间组织志愿型。

政府主导型供给模式是统治型政府理论指导下的一种实践行为,其特点是将政府作为公共文化服务的唯一供给主体，政府在其中扮演着与其有关的政策制定者、资金提供者和生产安排者等多重角色，发挥着决定性的作用。首先，政府在公共文化服务供给的过程中负责制定相关的制度性规范、建立完善的法律体系；其次，保障公共文化服务资金的充足和到位，确保其供给资金的合理配置和利用；最后，保障公共文化服务在生产标准和服务质量两方面进行必要的管理和监督。该模式的优点是政府能够在短期内为民众建立最基本和最广泛的公共文化服务。其缺点是加重政府的财政负担和行政成本，引发机构膨胀、滥用职权和利益寻租空间不断扩大等问题。同时，随着经济水平的提升，政府的非专业性将导致其难以提供个性化和差异性的公共文化服务，其供给能力也将越来越不能满足人民日益增长的文化需求。

市场竞争型供给模式是在管理型政府理论下指导的一种实践行为，其特点是将新公共管理理论中所倡导的市场竞争机制引入公共文化服务的供给模式中来，将政府在公共文化服务供给中的角色剥离出来由市场来接替。其优点在于可以打破政府一元主导的垄断地位，减少政府对市场的干预，并且在一定程度上可以提升公共文化服务供给的质量和效率。其缺点是过分依赖市场规律可能导致企业在"经济人"逐利性的驱使下丧失公共文化服务的公益性和公平性（张震，2018）。

自组织志愿型供给模式强调公共文化服务的公益性，主要是通过以私人付出的方式来换取公益价值，将那些不以营利为目的的民间组织引入公共文化服务的供给事业中。其优点是在自发公益性的支配下所提供的公共文化服务可以弥补政府与企业的不足，在保证公益性的同时可以回应社会公众多层次、多样化的文化需求。其缺点是目前民间组织的能力建设还有待提升，运行经费严重不足，缺乏内部管理和自律机制，人才队伍建设面临断层等发展瓶颈。

这三种公共文化服务供给模式的采用与社会经济发展水平和政府治理理念密切相关，这三种模式也并不是独立存在的，它们之间也可以相互交织和联合（见表2-7）。2015年中共中央办公厅、国务院办公厅发布了《关于加快构建现代公共文化服务体系的意见》，指出要以人民为中心，坚持政府主导、坚持社会参与、坚持共建共享、坚持改革创新，政府以基层为重点，促进基本公共文化服务标准化、均等化，并鼓励和引导社会力量参与，培育和规范文化类社会组织，鼓励群众自办文化，支持成立各类群众文化团队,活跃群众文化生活。党的十九届四中全会指出,政府要加强治理体系和治理能力现代化建设,要明确市场的决定性作用,并激发社会组织活力。因此,在新时代,政府倡导的是构建公共文化服务的多元供给模式以及上下联动的运行机制。

表 2-7　　　　　公共文化服务供给模式之间的比较

项目	模式		
	政府主导型供给模式	市场竞争型供给模式	自组织型供给模式
规范的基础	权力分配	契约精神	服务意识
沟通的手段	例行程序	价格机制	关系网络
提供的方式	行政命令	讨价还价	声望关注
灵活性的程度	低	高	中
民众参与的程度	低	中	高
风气或氛围	正式的官僚的	精确性或怀疑	无明确的限制、互利
行动者偏好或选择	从属	独立	相互依存

三　社区参与

社区参与是一个政治学概念,其既属于公民的基本权利,又是政府公共政策制定的方向。社区参与在社区发展、社区营造或相关社区工作与政策的推动等方面都扮演了关键角色。袁方成(2019)认为,社区居民主体参与的增能机制表现在:意识培育催生参与行动、民主协商提升参与能力、协作互动塑造参与组织、技术创新提升参与效能,并指出在政府、社区、社团及居民等多元主体的复合性互动过程中,优化资源配置、开发专业技术、完善组织网络及实化自治权利是促成居民主体性"复位"的彰显,从而推进社区参与的可行路径。

随着社会多元化发展,社区参与的概念也呈现多元化。学界经常使用公民参与、公共参与、公众参与等与社区参与的概念相关的词组。社区参与虽和公民参与、公共参与、公众参与等相关的名词有交互,但其共同的着眼点都是希望通过公民、公共、公众或社区等多方不同的参与主体对公共事务进行意见表达和行动参与,以达成自身利益。其中,社区参与则主要是指基于一定的地理区域,结合相关利益群体的组织团体,在有目标、组织和行动导向的过程与投入下,凝聚社区力量,解决社区存在的困难及问题，提高社区的运营效力，满足社区成员对生活及品质的需求（施教裕，1997）。其特点是由社区成员参与组成草根性团体组织，贯彻自下而上的运行模式。所以，社区参与应该是一种自发性、自主性的过程，其核心要素为居民的认同感。本书将其概念间的差异厘清，如表2-4所示。

表2-4　　　　　　　　　　　参与概念的差异表

参与概念	差异的关键	参与主体	运作特色
公民参与	范围界定	无权无势，且在决策过程中较无专业知识的一般居民	参与的范围较小
公共参与		官方与非官方、有权者和无权者	参与的范围较大
公众参与	参与议题的范围与性质	全国国民	着眼于全国性的参与议题，属于全国性的民主自决运动
社区参与		社区居民	着眼于地方性的参与议题，属于草根性的觉醒运动

社区参与不仅关注地方的发展议题，还是国家现代治理体系的重要构成部分。近年来，随着福利国家意识的终结，政府的焦点逐渐转向如何将各部门的力量纳入国家的政策施行当中。"治理吸纳民主"成为当代世界民主治理的发展趋势（佟德志，2019）。因此，在建立合作伙伴关系理念的倡导下，社区对于国家政策的参与便成为一股不可或缺的力量。

在社区参与的发展历程中，由过去政府自上而下主导的依附式参与正在向现代社区参与转变。现代的社区参与，在参与的机会和管道增加下，民众不再只是扮演配合政府政策制定与执行的配合者角色，而是将社区参与视为一种权利与义务，积极参与并贡献其中（陈钦春，1999）。此外，现代社区参与更加强调社区居民的自力自助和企业精神，动员社区居民，并结合国家的力量，以塑造社区成为地方治理上具有高度机能的自治单位，来追求地方于社区的高度发展（廖石，2003）。社区参与的理念转变是对政府参与角色的反思，过度的科层与集中化，缺乏人性的制度规章，不但无法解决问题与满足个人的需求，更让民众对于其切身相关的事务产生疏离，民众习惯于等待政府提供的权利，却忘了去表达或贡献个人心力的义务（黄源协，2007）。在这样的情况下，社区参与便为了革除这样的弊病而被提倡，不仅期待透过社区的参与使科层体制更加人性化，更能够协助个人与社区动员既有的资源，提升自立自助的能力，相对而言，人们对于国家的依赖程度便因此而降低，潜存于社区内的合作与互惠的力量便能够因此而彰显（Mideley J，1986）。施教裕（1997）强调，社区参与在于社区居民能够参与社区资源分配方案的决策过程，承担执行和管理角色，并确保方案成果服务于原定相关群体。由此，我们可以发现，社区参与不仅关注到方案成果的共有共享，且其实施的过程对于社区增权（community empowerment）及社区能力（community capacity）的建构与塑造而言，更是不可或缺的重要方式与积极过程。

  联合国人类居住委员会（UNCHS）则将社区参与的目的做了最好的归纳与整合，并提出4项主张来说明社区参与为何重要：一是社区参与是一种权利。人们有权参与直接影响他们生活事务的相关决策，因此社区参与是一种草根（grassroots）民主的展现。二是社区参与是增权的策略。社区参与必须扩及社区生活的所有层面，同时包含发展成果的共享。透过社区参与的过程，弱势者能够对他们的处境有所觉醒，并建立自信以及明白他们所拥有的权利。三是社区参与促进计划成效（effectiveness）。透过社区参与的机制，公共计划的成果将更加完善，同时社区生活品质亦获得提升。因为社区最了解自身的需求及限制，因此政府透过与社区的合作，计划的实施将更具备效能。四是社区参与促进计划效率（efficiency）。社区参与是促进计划实施的一种方式，若官方能够让社区明白计划目标，并切实指导相关执行方式，便能够有效促进计划的实施过程（YAP K S，1989）。

  总之，对于社区参与的目的与功能，可以从3个层面进行阐述：就国家而言，社区参与有利于居民民主素养的提升，并且在政策的规划与实施的阶段充分运用社区的力量，减少政府的涉入与负担；就政策与方案而言，社区透过参与的过程，便能够更精确地界定社区的问题与需求，并发展出为社区量身定做的计划，进而提升方案成效与降低方案成本；就社区自身而言，社区参与能够促进社区增权的营造和社区能力的建构，并透过社区自主的过程，进而提升社区的生活品质，达到永续发展的目的。唐有财、王天夫（2017）研究指出社区参与式治理的实现路径包含社区认同、骨干动员和组织赋权3个环节（见表2-5）。

表 2-5　　　　　　　　社区参与式治理的分析框架

影响因素	解决问题	作用机制	主体	依赖条件
社区认同	能做；愿意做；自愿做	自发参与；社区居民拥有资源	社区居民	利益相关；社区意识；公民意识；社会资本
骨干动员	被邀请做	动员、激励机制；从自发到自觉	居委会、社区骨干	社区威望；基层政府；社区信任
组织赋权	使能够做；作为回应做	组织化制度化建设；创造参与平台；作为回应和支撑	地方政府	培育民间组织；赋予组织权利和义务；合作治理；政府放权

资料来源：唐有财、王天夫：《社区认同、骨干动员和组织赋权：社区参与式治理的实现路径》，《中国行政管理》2017 年第 2 期。

厘清社区参与的概念，除了其所具备的意涵和达成的目的外，需要回答 3 个问题：第一，谁来参与？即参与的主体为何；第二，参与什么？即社区参与的内容包括哪些；第三，社区参与的程度如何？一般而言，社区参与的主体基本上是指社区居民或社区内相关的团体组织；参与的内容就乡村文化建设而言，主要是公共文化服务供给和社区文化治理；参与的程度，学界有不同的划分。Eidsvik（1978）提出，社区参与有以下 5 种模式：通告模式（information model）、说服模式（persuasion model）、咨询模式（consolation model）、合作模式（partnership model）、人民控制模式（citizen control model）。Johnson（1984）认为，社区参与程度可以分为构成式参与（constituent participation）、咨询式参与（consultative participation）、界定式参与（definitive participation）、执行面参与（implementer participation）、评估面的参与（evaluative participation）。Plummer 和 Taylor（2004）则以决策的程度，将社区参与由低至高划分为 6 个层级：告知（notification）、出席（attendance）、表达（express）、讨论（discussion）、决策（decision-making）、倡议与自我管理（initiative self-management）。而 Fraser（2005）则以意识形态将社区参与归纳为 4 种不同的取向：经济保守取向（economic conservative approach）仅将社区视为一种象征，偏好自上而下的决策过程；管理取向（managerialist approach）以较为工具性的观点来看待社区参与，期待透过社区参与的方式减少成本及增加效率，但社区参与的理念并非其考量的重点；增权取向（empowerment approach）主张社区资源的共享以及社区共同决策以因应社区问题的权力；改革取向（transformative approach）以一般大众（ordinary folk）为中心，更强调社区自身力量的彰显。

对社区参与的测量是学界研究的一个重点。对于社区参与的评估面向，主要是基于社区居民参与程度的多寡，或者其所拥有的决策权力的高低而定，即是以具体的社区参与行为或社区增权的观点，以进行社区参与的评价或测量。Burns 和 Taylor（2000）制定了评价社区参与的手册，当中涉及的评价面向相当广泛，包括地方社区参与的历史、社区参与过程中伙伴关系建立策略的品质、组织协助社区参与的能力、社区有效参与的能力以及社区参与所带来的影响五个面向。因为各面向的评价问题不仅涉及事实的陈述，同时更必须运用主观的判断，因此实际具体的测量方式除了以量化的问题进行勾选外，大多数的评价内容仍必须仰赖结构式的访谈，以求全面完整地了解社区参与的内涵。Bjaras、Haglund 和 Rifkin（1991）运用需求、领导、组织、资源动员以及管理五项指标来评价影响社区参与过程的重要因素。一般而言，对于社区参与的评价测量主要可分为质性研究与量化研究两种取向。质性的评价方式主要是针对社区人士，像社区领袖、社区团体成员或社区居民等对象，进行深度访谈了解其动机、经验或历程等资讯；而量化取向则多是发展量表，以问卷调查的方式，针对所探究的人口群体进行有关社区参与的动机、态度、方式或成都进行研究。无论是质性或量化取向，都是评价社区参与的可行方式，而评价测量方式的选择，以及所欲观察的重点，则是基于研究问题及旨趣而定。

文化参与是社区参与的重要内容。联合国教科文组织在《文化统计框架 2009》中将文化参与定义为"既包含可能涉及消费的文化实践，也包括在社区中开展、能够反映生活质量、传统和信念的活动"（李强，2009）。文化参与决定了文化生产的价值，同时驱动了公共文化事业的发展。文化参与是可以进行测量的。王永章、胡慧林（2016）将文化参与指数分为文化消费需求、文化活动参与、文化活动供给 3 个维度来进行测算。其中，农村文化消费需求指标通过文化娱乐消费支出、农村文化娱乐消费性支出占比来衡量；文化活动参与指标通过县级图书馆流通服务总流通人次、县级艺术表演团体观众人次、县级艺术表演场馆观众人次、乡镇文化站举办参看参观人数、乡镇文化站组织文艺活动参加人数、乡镇文化站培训人次、县级文物业参观人数来衡量；文化活动供给指标通过县级艺术表演团体演出场次、县级艺术表演场馆演出场次合计、县级艺术表演场馆艺术演出次数、乡镇文化站举办展览个数、乡镇文化站组织文艺活动次数、乡镇文化站举办训练班班次、群众文化馆为农民工组织专场来衡量。因此，如何测量社区乡村文化自组织的文化参与以及构建公共文化参与机制将是本书要探究的重点内容。

通过对乡村文化自组织、社区参与和公共文化服务3个核心概念的探讨，本书形成了以这3个概念为基础的研究框架（见图2-2）。

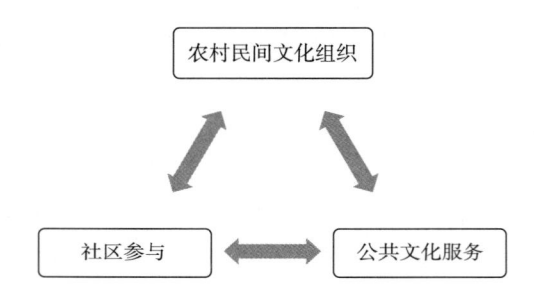

图 2-2　本书核心概念之间的结构关系

本书以乡村文化自组织为切入点，探讨乡村文化自组织在农村社区的文化参与情况，重点研究乡村文化自组织在农村公共文化服务供给中的作用和效能，以及其供给服务质量的评价测量。在此基础上，本书探讨农村社区乡村文化自组织与社区公共文化参与的本土化策略与方法。通过分析农村居民参与乡村文化自组织的意愿及其影响因素、乡村文化自组织的运行管理模式、乡村文化自组织提供公共文化服务的质量评价，来阐述乡村文化自组织如何通过挖掘农村社区的优势地方性文化资源，在组织与参与的过程中激发与提升农村居民的文化素养与能力，构建农村居民的社区公共文化参与机制，促进乡村文化自组织参与乡村公共文化服务可持续健康发展，以实现乡村文化振兴的目标。

第二节　理论基础

本书的理论基础主要是公共物品理论、文化场景理论、公共治理理论和服务质量理论。其中公共物品理论主要解决乡村文化自组织所开展的文化活动与提供的文化服务的属性问题，以为把乡村文化自组织纳入农村公共文化服务体系作理论准备；文化场景理论主要是论述乡村文化自组织是乡村公共文化服务的场景驱动因素，场景中所体现出的文化价值观、生活方式与生活质量对乡村社会发展具有推动作用，以为如何进行乡村文化自组织的场景打造作理论准备；公共治理理论旨在阐述乡村文化自组织是乡村社会网络治理的一个支点，具有内在优势，以为乡村文化自组织参与社区治理作理论准备；服务质量理论重点分析评价与测量乡村文化自组织提供农村公共文化服务的方式与效果，以为如何进行乡村文化自组织的提质增效作理论准备。四大理论为本书的具体深入探讨打牢基础，也为本书提出问题与解决问题提供了理论支持。

一 公共物品理论

公共物品是公共经济学的基础概念，研究集中于对公共性的探讨。古典经济学家大卫·休谟（David Hume）、亚当·斯密（Adam Smith）、林达尔（Erik Lindale）、约翰森（Leif Johansen）、鲍温（Howard Bowen）都对公共物品进行过研究。对于公共物品的定义，美国著名经济学家萨缪尔森（Paul Samuelson）（1954）从现代经济学意义上严格区分了公共物品（public goods）与私人物品（private goods）这两个概念，他指出"相对私人物品，公共物品是将商品的效用扩展于他人的成本为零，无法排除他人参与共享，具有非竞争和非排他性"。基于萨缪尔森对公共物品的界定，研究者延伸了公共物品的概念，巴泽尔（Barzel）指出其中一类物品，具有非排他性或非竞争性，介于公共物品与私人物品之间称为准公共物品（Peter J. Boettke, 2017）。对于准公共物品的研究，詹姆斯·M. 布坎南（James M. Buchanan）提出俱乐部物品的概念，认为公共物品是任何由集体或社会团体决定，通过集体组织提供的物品或劳务，具有可排他性和非（弱）竞争性（Y. Barzel, 1969）。奥斯特罗姆从非排他性和消费共同性的视角对公共资源进行研究，提出公共池塘资源概念，认为公共池塘资源具有难以排他，且受益人群扩大消费的减损性增大的特征（董礼胜，2007）。

公共物品具有3个基本特征：一是效用的不可分割性，相对于私人物品的消费受益原则，公共物品是向全体社会成员供给，其效用为全体社会成员共消费、共享用、共拥有，不向任何成员单独提供商品；二是受益的非排他性，公共物品一旦向社会供给，很难从技术或制度设计上将消费者排斥在共享该物品和服务的受益之外，三是消费的非竞争性，即增加任何消费者对公共物品的消费都不会减少其他消费者的受益，公共物品和服务的边际生产和拥挤成本为零（巴兹尔，2006）。

在市场经济条件下可以将社会产品划分为私人物品、纯公共物品和准公共物品（见表2-8）。私人物品是以私人为主体为满足个人需要的物品，具有排他性和竞争性，它涉及非公共用途的一切商品、私人企业等，主要由市场来提供。纯公共物品具有非排他性、非竞争性和效用不可分割性。准公共物品是介于私人物品和纯公共物品之间的一类物品，它包括两种：一是消费上具有非竞争性和排他性的"俱乐部物品"；二是消费上具有竞争性和非排他性的"公共资源"。"俱乐部物品"与"公共资源"因其内在特性的束缚是无法单纯由市场或政府单一供给的。一般它们是由政府提供为主，乡村文化自组织和市场企业提供为辅。

表2-8　　　　　　　　　　公共物品分类

类别	纯公共物品	准公共物品	私人物品
提供主体	政府	政府或委托于社会组织、市场企业	市场
特性	（1）效用不可分割 （2）受益非排他性 （3）消费非竞争性	（1）消费具有非竞争性和排他性的俱乐部物品 （2）消费具有竞争性和非排他性的公共资源	（1）效用可分割 （2）受益排他性 （3）消费竞争性
有效配置标准	社会效益最大	社会、经济效益兼顾	经济效益最大

根据公共物品的定义、特征及其分类，我们可以发现乡村文化自组织提供的文化服务属于准公共物品的范畴，是农村公共文化服务的形式之一，其公共性表现在，首先，乡村文化自组织是农村居民基于共同兴趣爱好自愿集结成的文化类自组织团体，以组织的形式向农村居民提供文化服务，由农村居民共同提供、共同消费和共同享有，其效用不可分割，具备布坎南提出的公共物品属性；其次，农村文化组织提供的文化服务不具备严格意义上的非排他性和非竞争性特征，在农村居民参与组织方面，乡村文化自组织排除了两类人群，一是无法承担参与成本人群，主要表现在机会成本和支付成本上，参与乡村文化自组织需要承担一定的责任和义务，付出时间与精力参与组织活动，并且参与组织需要支付

一定装备、场地等费用成本；二是无兴趣参与人群，乡村文化自组织具有俱乐部物品属性。在农村居民参与农村文化组织活动方面具有非排他性，即每个农村居民参与乡村文化自组织的文化活动且不影响他人受益，若服务人群扩大，场地受限或乡村文化自组织的能力受限，则会造成"拥挤"，产生负外部性效应，呈现出竞争性和非排他性特征，具有公共池塘物品的属性，这就需要增加公共设施的投入和提高乡村文化自组织的服务能力才能满足农村居民的文化需求。

农村公共文化产品类型可以分为公共文化设施和公共文化活动两种类型，根据抽象层面和实体层面特征程度划分农村公共文化服务产品性质（见表2-9），农村大多数公共文化服务产品具有准公共物品的性质。针对农村公共文化服务的性质，大部分属于准公共物品，对于农民个人来说，由于外部性的存在，政府提供的公共文化服务容易出现"政府失灵"，不能有效对接农民个体的需求偏好；而市场提供则容易出现"市场失灵"，造成效率损失与服务的均等性缺失。理想的方式是将农民组织起来，建立乡村文化自组织，将外部性内在化，提高农村公共文化服务的供给效率。

二　场景理论

20世纪90年代以来，随着后工业社会的到来，知识经济成为城市创新发展的新动力，城市形态开始由生产型向消费型转变（吴军，2014）。休闲娱乐、文化创意、公共服务等第三产业迅速崛起，城市新型公共空间成为吸引人力、资本与消费的磁场。因此，过去以土地与劳动为代表的"生产要素说"和以人力资本为代表的"人力资源说"已经不适用于解释新的城市发展模式。针对新的社会发展趋势，以美国学者特里·克拉克（Terry N Clark）教授为代表的新芝加哥学派对美国1200多个城市和国际上38个国际性大都市成千上万种的设施与活动进行分类统计、整理与比较研究，提出了城市发展的场景理论模式（见图2-3）。2016年芝加哥大学出版社出版了由丹尼尔·西尔（Daniel Aaron Silver）和特里·克拉克（Terry Nichols Clark）合著的《场景：空间品质如何塑造社会生活》（*Scenes Capes: How Qualities of Place Shape Social Life*），该书集中讨论了文化艺术和人与地之间的互动关系，以及如何构成一个文化场景，从而影响地区的经济、政治以及其他社会活动。场景理论的提出为人们认识城市形态提供新的视角，以文化作为城市发展动力基础，以文化消费

表 2-9　农村部分公共文化服务产品性质特征比较

公共文化产品类型		抽象层面特征									实体层面特征						基本结论
		公共所有程度			排他性程度			收益预期稳定程度			可经营性程度			可交易性程度			
		弱	中	强	弱	中	强	弱	中	强	低	中	高	低	中	高	
公共文化设施	图书馆			√	√			√			√			√			准公共物品
	博物馆			√	√			√			√			√			准公共物品
	文化广场			√	√			√			√			√			准公共物品
	广播电视网		√			√				√			√		√		准公共物品
	棋牌室		√				√			√			√		√		准公共物品
	网吧、电影院		√				√			√			√			√	准公共物品
	体育馆（场）		√			√				√		√			√		准公共物品
	剧场（院）		√			√				√			√			√	准公共物品

续表

公共文化产品类型	抽象层面特征									实体层面特征									基本结论
	公共所有程度			排他性程度			收益预期稳定程度			可经营性程度			可交易性程度			受益主体可区分程度			
	弱	中	强	弱	中	强	弱	中	强	低	中	高	低	中	高	低	中	高	
公共文化活动	送戏下乡		√			√			√			√			√				√	准公共物品
	农村民间文化活动		√		√				√		√						√			准公共物品
	乡镇文化人才培训		√			√			√		√			√				√		准公共物品
	农村电影放映		√			√			√		√					√		√		准公共物品
	农民读书活动	√					√	√			√			√				√		准公共物品
	乡土文化遗产保护			√		√			√			√			√		√			准公共物品

属性把城市的城市空间看作不同符号价值的富集区，从消费、生产和人力资本三者来解释都市社会，把不同社会符号或纽带（邻里关系、阶级、社区等）中的个体（居民与劳动者）看作消费者。场景理论把对城市空间的研究拓展到区位文化的消费实践层面，文化娱乐休闲设施的不同排列组合形成特定的文化场景，文化场景中蕴含着场景的价值取向，吸引着不同的群体来此进行文化消费和生活，从而推动区域经济社会的发展。

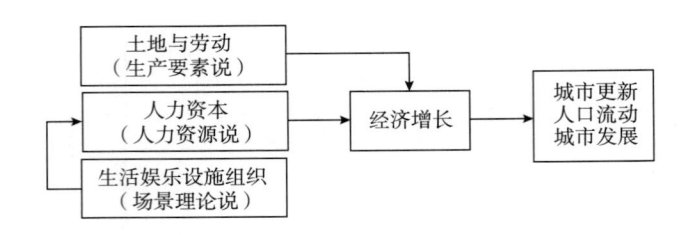

图 2-3　推动城市发展的三种动力学说

资料来源：Clark T N, "The City as an Entertainment Machine", *Research in Urban Sociology*, 2010, 6 (6): 357-378.

场景是由多样性身份与背景的居民，在相应设施或场所进行文化、消费等实践活动，并表现出一定文化价值倾向的社会空间（庞春雨、李鼎淳，2017）。场景包括5个要素：邻里，社区；物质结构，城市基础设施；多样性人群，如种族、阶级、性别、教育等；前三个要素及活动的组合；场景中所孕育的价值。价值观及生活方式是场景的核心要素（吴军，2017）。场景理论以特定人群的文化消费实践整合场景要素，形成富集意义的多样化场景。场景理论的孕育路径是：都市设施与市民组织组合成特定场景—孕育价值取向—吸引人力资本—进行消费实践—驱动城市发展（见图2-4）。

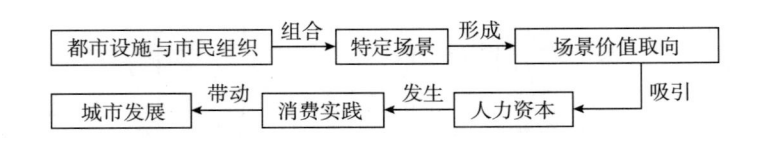

图 2-4　场景理论逻辑思维导图

资料来源：吴军、夏建中、特里·克拉克：《场景理论与城市发展——芝加哥学派城市研究新理论范式》，《中国名城》2013年第12期。

场景理论不仅建构了一套理论体系，还提供了一套具体可操作的实证分析框架。在祁述裕、吴军等将文化场景理论引介中国后，该理论迅速在学界引起极大反响，相关研究成果层出不穷。傅才武、侯雪言（2016）等还将文化场景理论引入中国农村公共文化空间的研究，借鉴克拉克教授的维度指标体系构建了一套当代中国农村公共文化空间的解释维度，并按照物理空间、精神空间、机制空间的研究理路来分析农村居民公共文化参与的情况，进而提出完善公共文化空间、提高公共文化参与率的相关政策建议（陈波、侯雪言，2017）。

本书认为，文化场景理论视角下的乡村公共文化服务，需要以农村居民的文化需求为导向，通过建设满足农村居民文化生活需要的设施、组织与活动，构建具有乡土特色的文化场景，以彰显乡村文化价值，不断吸引城乡居民的文化参与和文化消费实践，进而吸引城市文化资本下乡，实现城乡文化资源要素的双向流动；并通过政府资源输入和制度供给，推进农村公共文化服务体系建设和特色文化旅游产业发展，最终实现乡村文化振兴（见图2-5）。

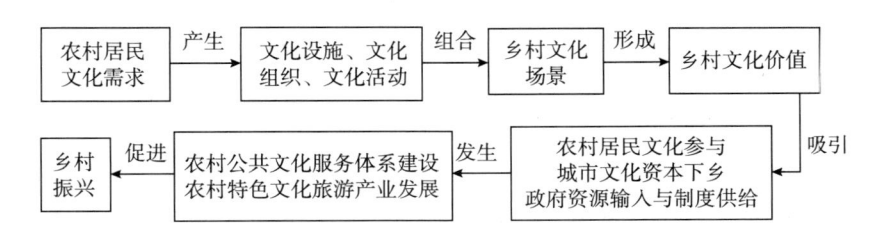

图 2-5　文化场景理论视角下乡村公共文化服务模式

乡村文化自组织是集文化生产、供给与消费为一体的有机体，是形成农村社区文化精神与价值观的重要推手。乡村文化自组织开展的文化活动所展示出来的文化内涵与生活意义是农村居民产生共同体意识与文化认同的重要纽带。因此，乡村文化自组织及其所开展的文化活动就是农村社区的文化场景，既能成为农村公共文化服务供给的内生力量，又能成为农村特色文化旅游产业的重要资源，还能成为农村社会公共文化治理的有机主体，是促进农村社会经济文化全面发展的载体。

三　公共治理理论

20世纪80年代，西方"新公共管理运动"在实践中出现了与公民权益不调配、公益性缺失等市场失灵困境。政府失效和市场失效使西方政治学家意识到需要从公共治理层面配置社会资源（俞可平，1999），社会迫切需要新的调节机制来解决政府失灵和市场失灵的问题。公共治理理论的兴起是对政府—公民、政府—社会、政府—市场这三对基本关系的反思与重新定位，通过政府、市场、公民、社会的有效互动，形成多元化的组织形式，通过设立调节机制有效调配社会资源解决有限财政资源下的公共性需求问题，以更加民主、和谐、有效的方式整合多元化的利益诉求和复杂问题（何翔舟、金潇，2014）。如何突破政府失灵和市场失灵困境，公共治理的目的在于更好地协调政府、市场和社会三者之间的有效互动，实现多元化利益的有效整合，达到善治。

公共治理是指由开放的公共管理与广泛的公众参与整合而成的公共领域治理模式，走过了"统治—管理—治理"的演进路径。公共治理理论鼻祖詹姆斯·罗西瑙（James Rosenau）（2001）于1995在《没有政府的治理》中把"治理"定义为未授权且产生作用的一系列活动领域里的管理机制，既包括政府机制，也包含非正式、非政府的机制。1995年联合国全球治理委员会（2001）在《我们的全球伙伴关系》中指出："治理即公私机构管理其共同事务的诸多方式的总和。"罗伯特·罗茨（Rhodes R A W）（1996）提出了治理的6种形态论，即"作为最小国家的治理、作为公司治理的治理、作为新公共管理的治理、作为善治的治理、作为社会控制系统的治理、作为自组织网络的治理"。中国学者陈振明（2003）指出，治理理论主要有三种研究途径，即政府管理、公民社会的和合作网络途径（见表2-10）。

表2-10　　　　　　　　　　治理理论的三种研究途径

分析的角度	政府管理的途径	公民社会的途径	合作网络的途径
对象	政府部门—市场力量	公民社会—政治国家	多中心的公共治理体系
特征	掌舵与划桨	自治与认同	相互依存
行为假设	理性的、自私的	利他的、人道主义的	具有反思理性的复杂人
政策方案	私有化、工商业的管理手段	授权社团和公民，自我管理、服务	通过信息、资源和目标的互相共同规划、共同学习
成功标准	政策目标的实现	自组织的自由	联合行动的实现

续表

分析的角度	政府管理的途径	公民社会的途径	合作网络的途径
失败原因	模糊的目标，缺乏资源、监控不力	缺乏资源、沟通的阻塞，得不到政治上的认可	缺乏集体行动的动机，利益、目标和策略上的冲突
补救措施	加强协调和监控	提高公民组织的动员管理能力	加强网络管理，优化公共行动者的互动环境

资料来源：陈振明：《公共管理》，中国人民大学出版社2003年版。

公共治理是治理体系中的一部分，公共治理理论相信社会的自我导航和自我组织能力，"公共治理是政府与市场和社会部门的协同生产、协同管理、协同合作的复杂网络的管理"（Jan Kooiman，1993）。公共治理理论把非政府公共组织和公民放在与政府对等的地位上，强调组织自主性、合作性与竞争性，是一种多中心的治理体系。

公共治理理论作为一种超越于传统公共行政理论和新公共管理理论的新理念范式，主张多元主体参与、强调平等协商、重视公开透明、创新体制机制（李强，2014）。其中，公共治理的基础是建构多中心主体秩序，支持和培育公民社会的发展，规范和引导社会组织参与公共活动，政府与社会组织平等合作、共同治理。公共治理的过程是各主体协同参与，建立相关机制协调多主体在公共治理过程中的有效合作与互动。公共治理的目标是达致善治，实现公共利益最大化（见图2-6）（李雪萍，2015）。

公共治理理论是不断发展完善的，目前在国际上，公共治理有五大前沿理论。一是以美国学者登哈特夫妇为代表提出的新公共服务理论，从治理理念层面批判了新公共管理的市场化和民营化的政府重塑路径，主张政府的职责是公共服务而不是掌舵（Denhardnt，2004）。新公共服务理论秉承责任中心主义，复归"公民权优先"与"公共服务"的本原性、应然性价值，认为政府应该重视建立一种集体的、共同的公共利益观念，坚守政府的公共性、服务性本质，而非掌舵和效率，摒弃"企业家政府"，主张将公民置于首位并建立具有完整性和回应性的公共机构，从而回归政府的"公共服务"本质。二是美国学者斯蒂芬·戈德史密斯（Stephen Goldsmith）和威廉·埃格斯（William D. Eggers）提出的网络化治理理论，网络化治理从政府、市场等治理主体关系结构层面批判了新公共管理的科层僵化、民主缺失的弊端，主张多中心的行动主体自治平等、相互依赖、合作互动，通过信息、资源和目标的互相共同规划、共同学习，来实现共同目标（陈剩勇、于兰兰，2012）。三是以英国学者安德鲁·邓西尔（Andrew Dunsire）和佩里·希克斯（Perrisix，2002）为代表的整体性治理理论，从治理结构层面批判新公共管理的分权化和分散化导致机构分裂化和公共服务碎片化，主张机构间的协调、政府功能的整合、行动的紧密化和提供整体性的公共服务。四是以美国学者曼纽尔·卡斯特（Manuel Castel，2003）和英国学者帕切科·邓利维（Patrick Dunleavy，2006）为代表的数字治理理论，从治理手段层面批判新公共管理理论指导下过度化权力与效率追求导致的政府治理碎片化、职责同构等管理乱象，主张利用互联网、大数据技术等工具来促进治理主体之间信息和知识共享，提升公共服务效能。五是以美国学者马克·穆尔（Maek H. Moore，2013）等为代表的公共价值管理理论，从治理目标批判新公共管理对规范性价值的忽视，强调民主与效率，主张公共部门管理工作的目的是创造公共价值。

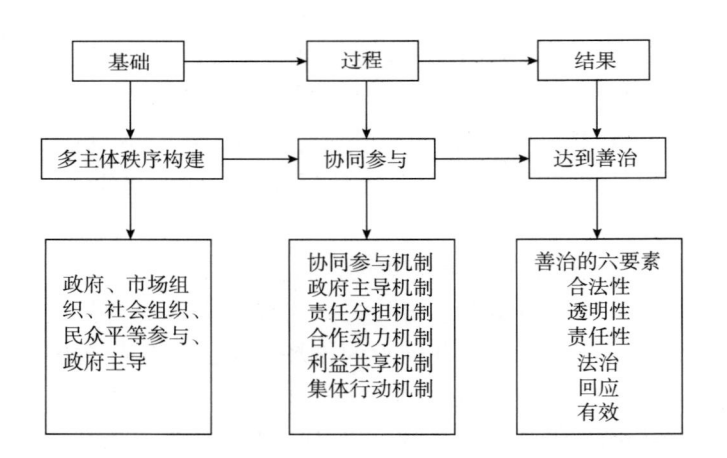

图 2-6 公共治理的基础、过程与结果

资料来源：雪萍：《社区参与在路上》，中国社会科学出版社 2015 年版。

综上所述，新公共服务、网络化治理、整体性治理、数字治理和公共价值管理五大前沿理论构成了公共治理理论体系，从治理的理念、结构、方法、手段等层面构建了现代公共治理体系（韩兆柱、翟文康，2016）。本书的核心研究对象乡村文化自组织在农村社会公共治理中的作用是多方面的，既能弥补政府公共文化服务供给的不足，发起自身灵活、精干、专业、高效的优势，激活农村公共文化建设的内在活力；又能扎根乡土，凝聚社会资本，构建自组织网络，提高治理绩效，很多乡村文化自组织以社会弱势群体和边缘群体为服务对象，它能在政府和市场之外，增进社会福利，促进农民群众的幸福感、获得感；还能促进农村社会公共秩序的生成，协助政府探索新的合作路径。在公共治理理论视角下，政府行政供给与市场自由供给都不是农村公共文化服务供给的唯一有效解决方案，应当在政府和市场之外寻求以社群组织自发秩序形成的多中心自主治理结构，并支持和发展，推进合法化。将适合由乡村文化自组织供给的公共产品和公共服务以及待解决的事项交由其负责，提升其自我管理和服务能力以及自治能力，建立起以政府及社会组织为中心的多中心自组织协同网络治理结构，建立相关机制，加强政府与社会组织、公众之间需横向协同与沟通，形成多层次、立体化的社会治理复杂网结构（范如国，2014）。同时引入市场机制，融合政府、市场、社会部门三种供给机制优势，促进国家—社会、政府—市场、公共部门—私营部门之间的形成多中心协同合作的供给模式（高秉雄、张江涛，2010）。

四 服务质量理论

服务质量是服务性行业管理的核心，良好的服务质量是赢得客户满意和顾客忠诚的源泉，也是服务性行业健康持续发展的根本保证（鲁守东，2012）。服务具有无形性、不可储存性、差异性以及服务和消费同时性（韩经纶、董军著，2006），当顾客在购买一项服务时，常常不仅直接接触服务组织的员工，而且直接接触到服务组织所拥有的设施和设备，此外，顾客还会直接接触到服务的环境气氛，所有这些因素的结合才能创造出顾客满意的服务。基于此，美国服务业管理学的权威学者卡尔·艾伯修提出了"服务金三角"的概念。"服务金三角"是一个以顾客为中心的服务质量管理模式，由服务策略、服务组织和服务人员三个因素组成（见图2-7）。"服务金三角"的观点认为，无论任何服务业，如果想获得顾客的认可，就必须具备三大要素：一套完善的服务策略；一批能精心服务顾客，具有良好素质的服务人员；一种既适合市场需要，又有严格管理的服务组织。

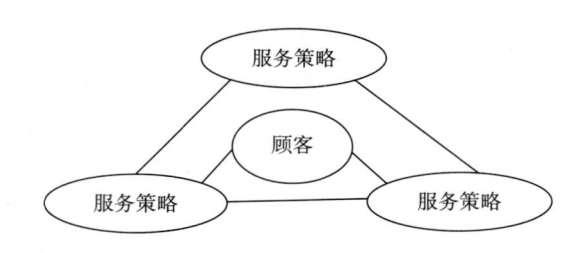

图 2-7 "服务金三角"结构

资料来源：Gronroos C "A service quality model and its marketing implications", *European Journal of Marketing*, 1984, 18 (4): 36-44.

服务质量是服务水平的反映，由于不同行业的服务特性不同，对于服务质量的定义也难以统一。Oliver（1980）提出了期望确认理论，认为顾客期望对满意度产生影响。Rohrbaugh（1981）将服务质量划分为人员质量、过程质量和结果质量三部分。Churchill（1982）等将服务质量定义为顾客的服务满意程度，由实际服务与期望服务之间的差异决定。1984年，克里斯丁·格罗鲁斯（Christian Gronroos）第一次提出感知服务质量理论，并科学界定了服务质量的内涵，认为服务质量是顾客对服务的期望，是实际服务绩效之间的比较，实际服务绩效大于期望服务则服务良好；反之亦然。之后，美国三位学者 Parasuramn、Zeithaml 和 Berry（1985）提出，服务质量是实际感知绩效与服务期望的比较。Garvin（2000）认为，服务质量是顾客主观感知性质量，不以事物性质或特性进行衡量。因此，顾客与服务供给方之间的服务接触和过程，会对顾客感知服务质量产生影响。服务质量是一个复杂多维的概念，对于服务质量的定义尚未统一，结合多数学者对服务质量的界定，服务质量是以顾客感知为导向，对服务的预期与实际感受比较的结果（尤建新，2014）。

在服务质量模型的研究方面，学者从不同维度对服务质量模型进行建构，其中影响较大的是格罗鲁斯模型和 PZB 模型。格罗鲁斯第一次推出顾客感知服务质量模型是在 1984，他将顾客感知服务质量模型分解为技术质量和功能质量。后来，格罗鲁斯对这个模型进行了两次修正，更加强调组织形象的作用，包括对感知服务质量形成的"过滤"作用和顾客感知服务质量对企业形象形成的反作用（见图 2-8）。格罗鲁斯从结果质量和过程质量划分和界定技术质量和功能质量，从差距视角比较顾客期望的服务质量与感知服务质量，奠定了服务质量理论的基础，但是格罗鲁斯模型并没有对顾客感知服务质量与顾客满意、顾客忠诚之间的关系作进一步的探讨。

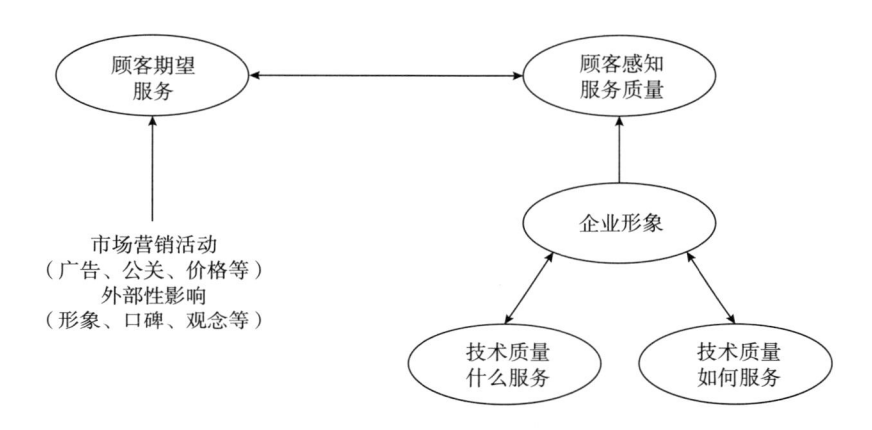

图 2-8　格罗鲁斯顾客感知服务质量模型

资料来源：Gronroos C, *Service Management and Marketing: A Customer Relationship Management Approach*, England: John Wiley & Sons, Ltd. 2000: 67.

在格罗鲁斯研究的基础上，美国学者帕拉休拉曼（Parasuraman A.）、赞瑟姆（Zeithamal V A）和贝利（Berry L L）（以下简称 PZB）于 1985 年提出了服务质量差距模型。他们认为，企业管理人员、企业员工和顾客之间对服务质量的期望和心理方面存在差异，具体存在 5 个差距：一是管理者对顾客的期望存在感知差距；二是将管理者对顾客的期望感知转化为服务标准过程中产生的差距；三是服务传递中产生的绩效差距；四是服务外部性产生的差距；五是顾客对服务期望与实际感知绩效间的差距（朱立恩，1997）（见图 2-9）。

1993 年，PZB（1985）对服务质量差距模型进行了修正，提出了服务容忍区概念（Zone of Tolerance），认为服务期望可以分为理想服务（Desired Service）和适当服务（Adequate Service），理想服务与适当服务之差为顾客容忍区域，理想服务与感知服务绩效之差为感知服务优异差距（Measures Service Superiority，MSS），适当服务与感知绩效服务之差为服务适当差距（Measures Service Adequate，MSA）（见图 2-10）。顾客的满意度受预期服务和适当服务的影响，适当服务对感知服务质量产生影

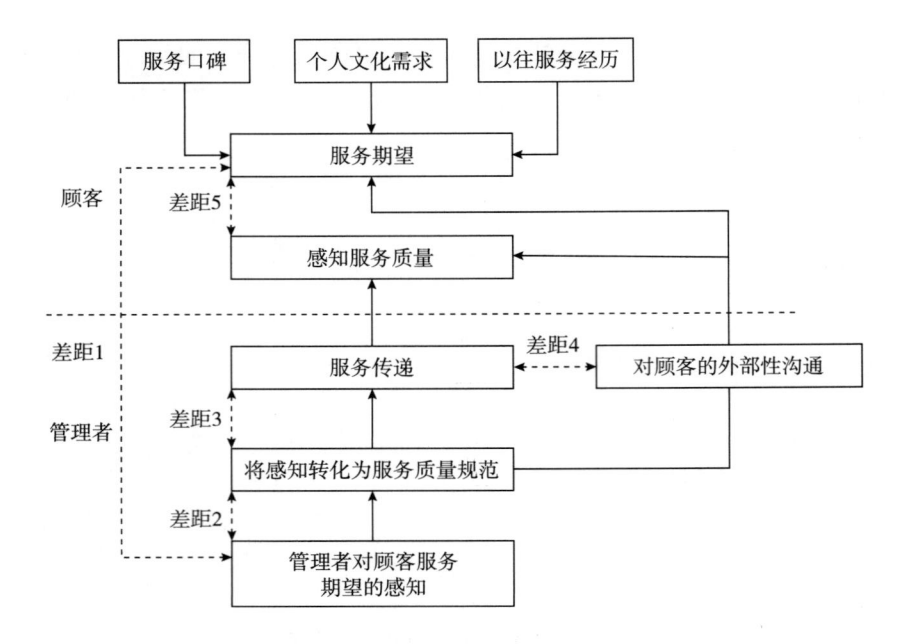

图 2-9 服务质量差距模型

资料来源：Parasuraman A, Zeithamal V. A, Berry L. L, "A conceptual model of servce quality and its implications for future research", *The Journal of Maketing*, 1985, 49 (4): 41-50.

响。基于服务容忍区的顾客感知服务质量模型，管理者能发现服务差距和引致质量问题的根源，并围绕顾客的期望服务制定相关战略提高顾客满意度，缩小顾客所期望的服务质量和实际服务质量的差距，为提高服务的供给质量和效率，提供一种有效可操作的分析工具和理论基础，在学界产生了巨大影响（Parasuraman A, Zeithamal V A 等，1993）。PZB 运用基于容忍区的服务质量模型进行了大量非得数据采集和分析，证明了该模型的稳定性和有效性，被广泛运用于私人部门和公共服务部门的服务质量评价。

对服务质量进行评价是学界研究的一大难点和重点。服务质量评价需要对顾客感知服务质量进行调研、测算和认定。1988 年，PZB 在顾客感知服务质量模型的基础上，设计出了著名的 SERVQUAL（Service Quality 的缩写）量表，其理论核心是比较顾客实际感知服务质量与服务期望的差距测量服务质量水平，实际感知服务质量超过顾客期望值则服务优质，低于顾客期望值，则服务需要改进（韩经纶、董军，2006）。SERVQUAL 量表最初

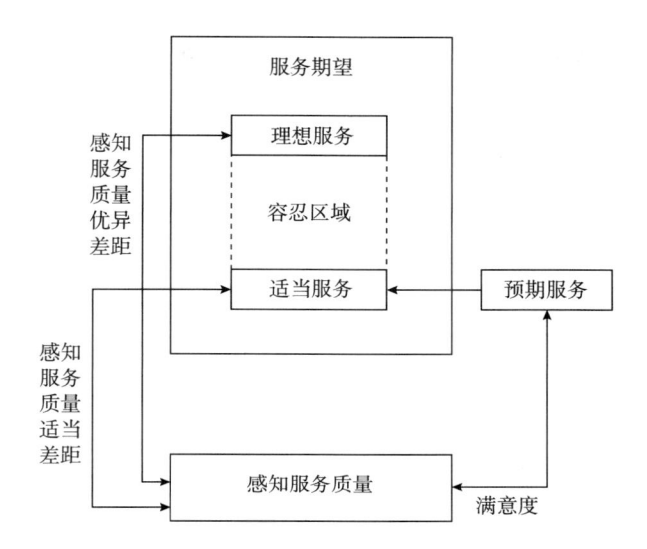

图 2-10　PZB 基于容忍区的顾客感知服务质量模型

资料来源：Valarie A, Zeithaml, Leonard L. Berry and Parasuraman A, "The nature and determinants of customer expectations of service", *Journal of the Academy of Marketing Science*, 1993（21）：1-12。

由 10 个维度 97 个测项，通过大量统计分析、心理测试和检验，最终归纳和萃取出有形性、可靠性、响应性、保证性与移情性 5 个维度、22 个服务质量测项来进行服务质量评价，1991 年 PZB 根据 SERVQUAL 模型在实践和理论研究中存在的一些问题，对 SERVQUAL 量表测项的表述进行修正，在期望测项问句中将"必须"改为"会""将"，在感知测项中将负向问题改为正向问题，修正后的量表信度和效度优于之前的量表（尤建新，2014）（见表 2-11）。

表 2-11　SERVQUAL 量表定义及测项

维度	定义	测项
有形性（tangibles）	可以提供优良服务的有形证明，如设施、设备、人员、器材	1. 有现代化的服务设施 2. 服务设施具有吸引力 3. 员工服饰外表整洁 4. 有形设施与所提供服务相匹配

续表

维度	定义	测项
可靠性（reliability）	一贯的、可靠的、准确地履行服务承诺的能力	5. 公司能及时兑现对顾客的承诺 6. 顾客遇到困难能及时关心和帮助 7. 公司是值得信赖的 8. 提供服务准时守信 9. 正确记录相关服务
响应性（responsiveness）	帮助顾客并迅速的提高服务水平的意愿	10. 告诉顾客提供服务的时间 11. 服务人员能及时提供服务 12. 服务人员愿意帮助顾客 13. 服务人员不会因为忙而无法及时提供服务，满足顾客需求
保证性（assurance）	员工所具有的知识、礼节以及表达出自信与可信的能力	14. 服务人员是值得信任的 15. 在交易过程中顾客能感到放心 16. 服务人员是有礼貌的 17. 公司能给予服务人员支持以提供更好的服务
移情性（empathy）	关心并为顾客提供个性服务	18. 公司能为顾客提供个性化服务 19. 服务人员能给予顾客个别关怀 20. 服务人员了解顾客的需求 21. 公司把顾客的利益放在第一位 22. 营业时间符合所以顾客的需求

在问卷设计上；SERVQUAL 量表为李克特 7 点评分法，1 表示非常不同意，7 表示非常同意，顾客分别对服务的期望值和实际感知绩效值进行打分，并计算服务期望值与实际感知绩效值间的差距，计算公式为：

$$SQ = \sum_{i=1}^{22} (P_{jk_j}^i - E_{jk_j}^i) \qquad (式2-1)$$

其中：SQ 为感知服务质量总分，$P_{jk_j}^i$ 为用户 U_i 对一级指标 C_j 中的第二级指标 C_{jk_j} 的实际感知服务评价分数，$E_{jk_j}^i$ 为用户 U_i 对二级指标 C_{jk_j} 的理想服务期望评价分数，考虑权重的服务质量计算公式为：

$$SQ = \sum_{j=1}^{5} W_j \sum_{i=1}^{n} (P_{jk_j}^i - E_{jk_j}^i) \qquad (式2-2)$$

其中：W_j 表示一级指标 C_j 的权重，n 为一级指标 C_j 的数目，$P_{jk_j}^i$ 为

用户 U_i 对一级指标中 C_j 中第二级指标 C_{jk_j} 的实际感知服务评价分数，$E^i_{jk_j}$ 为用户 U_i 对二级指标 C_{jk_j} 的理想服务期望评价分数。

1994 年，PZB 针对提出的服务容忍区概念，改进了 SERVQUAL 模型的评价方法，在问卷设计上，分别设计三套问卷对用户的理想服务（desired service）、适当服务（adequate service）和实际感知服务质量（P only）进行测量，将理想服务界定为顾客所渴望的服务，适当服务界定为用户能接受的最低服务，并根据理想服务和适当服务计算感知服务优异差距（MSS）、服务适当差距（MSA），为更加准确地测量服务容忍区差距，PZB 将 7 点打分制调整为 9 点打分制，并进行了大量的实证研究，验证了服务容忍区理论对于服务管理领域的意义。

进过多次的修正和实践论证，SERVQUAL 模型在服务领域得到了广泛的认可和运用，SERVQUAL 服务质量评价模型为全面衡量和管理组织服务质量提供了一个基本的理论分析框架。当然，这一方法在之后的一系列应用中也暴露了一些问题，如信度被高估、缺乏结构效度、维度不稳定、差距型还是感知型不明等（Parasuraman A，Zeithamal V A，1991），因此，在具体应用 SERVQUAL 模型评价特定对象的服务质量时，可以做必要的修正、调整和补充，以适应评价对象的特定需要。PZB 也意识到了这一点，他们反复强调两点：一是将 SERVQUAL 应用于不同行业组织时，必须对量表中的测项依据不同组织的服务情景和现实需要修正 SERVQUAL 量表，以保证 SERVQUAL 模型的科学性；二是在必要时，SERVQUAL 的 5 个维度也可以根据评价对象适当调整，以满足对不同行业组织进行服务质量评价的特殊要求（张新安、田澎，2006）。

综上所述，本书的研究主题乡村文化自组织参与乡村公共文化服务主要基于公共物品理论、文化场景理论、公共治理理论和服务质量理论（见图 2-11）。公共物品理论为确定乡村文化自组织所提供的产品与服务的属性类别进行界定，以为把乡村文化自组织纳入政府购买农村公共文化服务体系提供理论基础；文化场景理论为确定乡村文化自组织的功能特征与价值内涵进行分析，以为把乡村文化自组织作为乡村公共文化服务的内生力量提供理论基础；公共治理理论为明确乡村文化自组织的社区参与进行指导，以为把乡村文化自组织作为农村社区治理的多中心主体之一提供理论基础；服务质量理论为分析乡村文化自组织的服务感知绩效进行论证，以把乡村文化自组织作为农村公共文化服务自组织供给的主体，为提升乡村文化自组织的服务质量提供理论基础。这四大理论为本书提供了开阔的理论研究视角，为深入分析论证乡村文化自组织的属性、功能、价值取向、参与意愿、参与行为和参与服务质量评价提供了理论支撑。

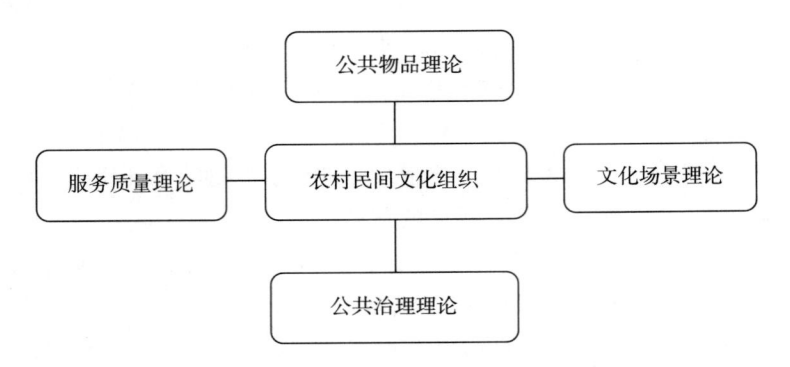

图 2-11　乡村文化自组织参与乡村公共文化服务的理论基础分析框架

第三章 乡村文化自组织的运行机制与发展模式

文化中心户、文化社团、文化协会等组织形态都是乡村文化自组织的有机构成。近年来，随着国家政策环境参与空间的逐步开放和农村文化市场的日益完善以及农村居民文化需求的不断增长，乡村文化自组织作为乡村公共文化服务的主体角色更加明显。国家统计局的数据显示，群众业余文艺团体数从 2010 年的 304505 个发展到 2017 年的 417000 个，增长了 36.94%。其中，乡镇群众业余文艺团体数从 2010 年 155806 个发展到 2017 年的 249000 个，增长了 59.81%（中华人民共和国国家统计局，2021）。乡村文化自组织的迅猛发展，为乡村文化振兴提供了坚实的支撑。2018 年 9 月，中共中央、国务院印发的《乡村振兴战略规划（2018—2022）》指出，要"完善群众文艺扶持机制，鼓励农村地区自办文化"。随着乡村振兴战略的推进，乡村文化自组织这一群众性基层文化工作队伍的发展将更加有力有序。乡村文化自组织由于其自愿性、自发性、自办型、自治性等特点，成为乡村文化振兴的内源性力量。乡村文化自组织在加强农村思想道德建设、践行社会主义核心价值观、弘扬优秀传统文化、保护利用乡村传统文化、丰富乡村文化生活等方面发挥了重要作用。但同时应该看到，乡村文化自组织在管理、运行等方面还存在诸多问题，发展还很不完善。本章将在阐述乡村文化自组织的基本服务特征与功能定位的基础上，结合实地调研的案例经验，重点分析乡村文化自组织的运行机制与发展模式，为进一步研究打下坚实基础。

第一节 乡村文化自组织的基本服务特征及功能定位

改革开放 40 多年来，中国乡村社会文化结构发生了巨大的变迁。当前，乡村社会文化结构正处于一个由传统形态向现代形态转变融合的过渡阶段。乡村社会文化结构的转变在根本上是为了适应新型城镇化的发展和农村居民的文化需求。文化结构的转变，在一定程度上也打破了原来计划经济体制下文化由政府大包大揽的事业单位管理格局，开始转向社会主义市场经济条件下乡村公共文化服务由政府和农村民间社会共同协商解决（李凤新，2006）。随着乡村社会的发展，乡村文化自组织不断成长壮大，比以往有了更加适应的发展空间和社会需要，越来越显示出它在解决社会公民参与文化管理、文化活动上的优势。在乡村振兴战略的发展目标下，乡村文化自组织的成长发展是否符合当前乡村社会治理的需求，其中乡村文化自组织的基本服务特征和功能定位是衡量的基础。

一　乡村文化自组织的基本服务特征

乡村文化自组织是农民群众为了共同的兴趣爱好、围绕实现相同的目标自发结成的团队组织。从乡村文化自组织的组成来看，各个专业社团均由不同行业的人员组成，并在自己的岗位中发挥所长。乡村文化自组织多以不同行业分为各个专业社团，如舞蹈、音乐、书法、绘画、摄影、民俗等专业团队，也有一些综合类社团。乡村文化自组织既是农村居民的兴趣爱好和文化需求的表达载体，通过农村内部社会资源网络特别是农村精英和能人的参与联结起来的产物，又是政府不断优化政策导向，为乡村文化自组织的发展提供基础条件和制度供给的结果。因此，乡村文化自组织既有专业文化队伍公益性、服务性的共同特征，又有其符合自身发展规律的个性特点。

一是组织自发性。乡村文化自组织的成员来自社会各行各业，来自不同阶层和岗位，因为有相似的爱好、相同的意愿，为了一定的利益而自发聚拢一起开展活动。乡村文化自组织一般没有特别的要求与限制，组织相对松散，活动安排也较自主，因人而异，因景而异，人员不是很固定，往往会因为组织者或中心人物的离开而解散。其也没有硬性的规章制度的限制，成员的文化素质也参差不齐。"草根性"是乡村文化自组织充满生机活力的根本所在，活动开展也随时而定，一般多在农闲时节，或者伴随传统习俗和节日而进行活动。如遍及云南农村社区的花灯队，参加人员很多，既没有强制性政策，也没有工资报酬，皆因文化而聚集，随音乐而起舞，充分体现出乡村文化自组织自发、自愿的原则。

二是内容传承性。乡村文化自组织成员大多来自农村民间，是一群土生土长的文化能人，他们经常演农村民间戏曲，跳农村民间舞蹈，唱农村民间歌谣，说农村民间故事，是真正的民族农村民间民俗文化的守望者与传承者。乡村文化自组织活动不少有传承性特征，活动往往表现为继承和弘扬农村民间优秀地方传统文化。特别是非物质文化的活态保护与传承最直接最主要的主体就是乡村文化自组织。乡村文化自组织开展活动反映的内容都不由自主地展示传统的习俗，从各地非物质文化遗产保护成果来看，很多有价值的文化艺术项目都是靠乡村文化自组织成员在挖掘、守护与传承。

三是范围地域性。乡村文化自组织活动形式多样、内容丰富，很多是结合各类节庆和当地特色文化资源开展的文化活动。活动内容是围绕着当地的文化特质，反映当地的风俗人情，具有强烈的民族农村民间特色和地域特色。乡村文化自组织服务的对象一般是当地的农村居民，限于各种条件束缚，活动的场所一般在农村文化广场，具有较强的地域性。

四是方式灵活性。各地乡村文化自组织在政府主导的前提下，积极吸纳当地社会资源，如通过采取政府出资、企业冠名赞助及社会、个人捐助等方式，不断拓宽社会文化活动的举办途径，多渠道、多形式开展各类文化活动，确保各地群众文化活动经常性地深入开展。以群众为主体组织的农村民间文化活动更容易得到广大群众的响应和支持，也更方便参与农村民间的文化交流活动。乡村文化自组织开展的文化活动灵活机动、充满活力、富有效率。乡村文化自组织以其灵活性、多样性、群众性等特点，在实现乡村文化振兴的过程中展示出旺盛的生命力和活力。

二 乡村文化自组织的服务功能定位

乡村文化自组织所具有的组织自发性、内容传承性、范围地域性和方式灵活性的基本服务特征，表明乡村文化自组织是政府与农民群众之间文化表达和文化展示的有效媒介，是农村公共文化服务的有生力量。乡村文化自组织既是群众文化的提供者又是参与者，能够使政府的公共文化服务理念与群众对多元文化的需求形成有效对接，较好地实践了乡村文化自组织与农民群众文化需求、文化表达和文化创造的契合点。通过实地调研，我们发现乡村文化自组织具有以下几个功能：

一是具有休闲娱乐功能。随着物质生活条件的日益改善，农村居民对精神文化生活的需求日益增加。他们渴求文化生活、渴望参与文化活动。乡村文化自组织就是他们参与建构自主文化生活的重要形式。通过参与乡村文化自组织，农村居民在劳作之余消除了身心疲惫、增强了生活动力。这对于农村老年人和妇女有着特别的意义。由于城镇化的发展，农村青壮年劳动力大多常年外出务工，农村留守的老年人和妇女极度缺乏健康的文化生活方式。因此，参与乡村文化自组织是农村老年人老有所乐的重要形式，他们通过参与文化活动来调适心理、维护健康心态。对于农村妇女来说，她们渴望交流、渴望健康、时尚的生活方式，通过参与乡村文化自组织，她们能够获得精神上的享受。在广大农村，大多数乡村文化自组织的主力都是老年人和妇女，他们在文化活动中获得了满满的幸福感。

二是具有文化培育功能。乡村文化自组织虽然具有朴素的草根性，但其自发组织创造的文化内容和文化形式却具有浓郁的地方感，是培育地方特色文化的重要载体。乡村文化自组织培育了乡村文化艺人、展示了民族农村民间特色的文化活动项目。例如杨丽萍编导的大型舞台艺术节目《云南印象》中的文化艺人都是来自云南各民族的乡村文化自组织，他们通过表达、展示和创造具有民族民间特色的文化内容和符号，来反映风土人情，歌颂人性善良。通过乡村文化自组织我们可以欣赏到丰富多彩的民族农村民间乡土文化生态图景。

三是具有文化传承功能。乡村文化自组织发挥了保护和传承民族农村民间非物质文化遗产的职能。非物质文化遗产具有鲜明的民众色彩和浓郁的乡土气息，乡村文化自组织对于传承非物质文化遗产具有地利人和的优势，有利于保护非物质文化遗产的原真性，有利于将非物质文化遗产进行生活性保护传承，拥有官方组织所不可替代的独特作用（张笃勤，2005）。

四是具有生活引导功能。乡村文化自组织开展的活动具有在地性、参与性和体验性，其活动内容健康积极向上，对参与者或观看表演的群众来说都是有益身心健康的。乡村文化自组织所开展的文化活动还发挥着改变农民群众思想观念和生活方式，引导乡风文明建设的作用。在广大农村地区，农民群众的日常文化娱乐生活主要就是打牌赌博，但通过乡村文化自组织的引导，农民群众愿意积极参与乡村文化自组织活动，参加丰富多彩的文化活动，潜移默化地改善了打牌赌博的陋习，使农民群众的文化生活更加健康积极、丰富多彩，从而营造了文明的社会风尚，促进了乡风文明。

五是具有政策宣传功能。乡村文化自组织通过创编群众喜闻乐见、通俗易懂的文艺节目，宣传党的方针政策、报告最新时事新闻、传播科技信息、揭露邪教组织罪恶，弘扬社会主义核心价值观，以真切、自然、有亲和力的方式，能够有效地感化、教育农民群众，从而有利于构建社会主义和谐社会。

乡村文化自组织在社会体系结构中有着不同于市场和政府的社会功能，能弥补"市场失灵"和"政府失灵"（王名，2006）。乡村文化自组织可以发挥群众性强、社会性广的优势进行有效弥补。将乡村文化自组织纳入农村公共文化服务体系建设之中，能够有效弥补农村公共文化服务供给机制单一，村民文化活动内容单调，公共文化服务人才队伍匮乏等问题。政府提供农村公共文化服务供给的主要形式是通过"送文化下乡"的外部补给型和"文化阵地建设"外部嵌入型两种途径。但是"送文化下乡"无法常态化，无法满足农村居民的文化需求，也无法促进农村公共文化队伍建设；"文化阵地建设"虽然从公共文化基础设施方面有所改善，但是存在"有设施无人才无管理"的困境。而乡村文化自组织能够以"自组织"的方式形成自我管理、自我服务和自我发展的能力，提供效能更优的公共文化服务。因此，政府可以将部分公共文化服务职能让渡给乡村文化自组织，形成政府行政主导供给与乡村文化自组织"自组织供给"的合作格局，以满足农民群众多元的文化需求。

从发挥乡村文化自组织的服务功能来看，乡村文化自组织是农村公共文化服务体系的重要组成部分，可以有效改善政府公共文化服务行政供给效率低下的困境。随着新时代人们对精神文化需求的日益高涨，乡村文化自组织在不断发展壮大，在构建和谐社会、乡村文化振兴中发挥了不可或缺的作用。

第二节 乡村文化自组织的运行机制及发展"瓶颈"

乡村文化自组织是在农村社区开展文化活动、满足农民群众多元文化需求的草根性文化组织，是农民群众自发组织的文化团队，自下而上自发形成是其基本的生成途径。分析乡村文化自组织的运行机制及其存在的主要问题，能够为进一步促进乡村文化自组织健康长效发展打下坚实的基础。

一 乡村文化自组织运行基本情况分析

为深入了解云南乡村文化自组织的发展情况，笔者组织调研团队于2018年6月20日至2019年2月25日，对云南省6个市县256个乡村文化自组织进行了问卷调查。总体来看，云南省乡村文化自组织正处于迅速发展阶段。云南省几乎每个农村社区都有一个乡村文化自组织，类型主要有民族农村民间歌舞类、体育健身类、地方曲艺类、民俗表演类、技艺表演类等，民族农村民间乐团类及合唱类。其中地方曲艺类和民俗表演类是云南乡村文化自组织的主要形式，这与云南农村居民喜爱花灯、民歌和舞龙舞狮等民族农村民间民俗文化相关。特别是花灯戏作为云南的地方剧种，具有200多年的流传历史，融合了民族舞蹈、民歌小调和传统戏剧，极富表演性。在云南全省16个州市都有风格各异、形式多样的花灯戏，尤以呈贡、玉溪、弥渡、姚安、大姚、楚雄、禄丰、元谋、建水、蒙自、嵩明、曲靖、罗平、文山、邱北等地有着广泛的分布与深厚的发展，形成了边疆地区花灯十大支系，2006年花灯戏还入选了国家级非物质文化遗产。因此，以花灯戏为主题内容的乡村文化自组织普遍流行于汉族集居区和汉族、少数民族杂居区，在广大农村尤为流行，深受老百姓的欢迎和喜爱。下面本书将结合问卷调查数据和实地搜集的资料，针对云南乡村文化自组织的基本发展情况进行阐述。

一是从组织成立的情况来看，云南省乡村文化自组织大多数体现出应有的自发性和自愿性。这主要表现在：（1）组织负责人绝大部分是长期以来自然形成的领头人或团队活动的组织者或团队的创建者或是团队具有一定号召力的人，政府主管部门任命的负责人所占比例不大；（2）在组织成立的出发点方面，兴趣爱好和自娱自乐占了绝大多数，而且大多数都是非营利性的社团组织；（3）从组建方式来看，地方政府主导组建的仅占4.21%，文化馆（站）指导组建的占14.89%，村委会推动组建的占7.30%，农户自发组建的占73.60%（见图3-1）。从这些信息综合来看，云南省乡村文化自组织在自发性和自愿性特征方面表现得较为充分，发展的群众基础较为厚实。

第三章　乡村文化自组织的运行机制与发展模式 / 65

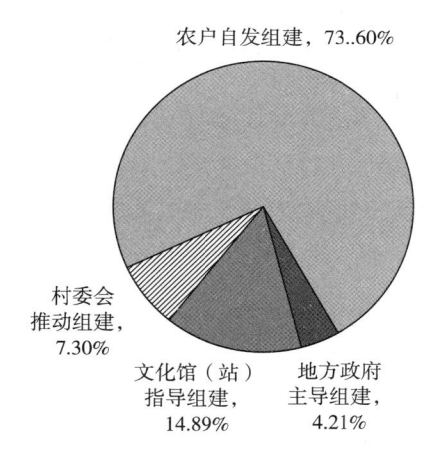

图 3-1　乡村文化自组织的组建方式

（农户自发组建 73.60%；文化馆（站）指导组建 14.89%；村委会推动组建 7.30%；地方政府主导组建 4.21%）

二是从组织的人员构成来看，云南乡村文化自组织偏向小型化、老龄化和女性化。调查数据显示，云南乡村文化自组织的成员人数主要集中在 8—20 人，占 59.13%，8 人以下的组织也占 17.72%，而 50 人以上的组织仅占 4.23%；从成员的年龄结构来看，云南乡村文化自组织的成员主要以中老年人群为主体，45 岁以上的群体占 71.9%，而 18—45 岁的青壮年群体只占 22.78%；在男女比例方面，男性成员约占 37%，女性成员占 63%（见图 3-2）。

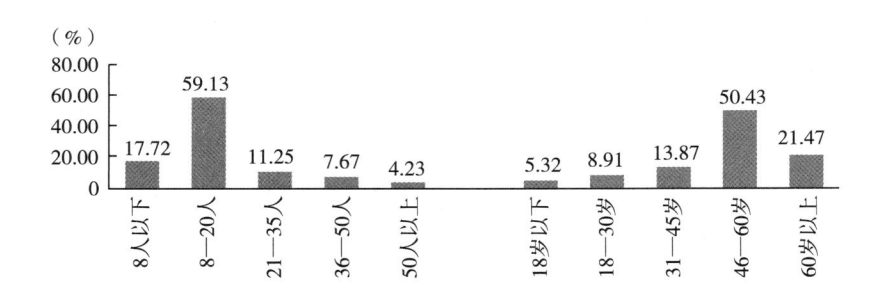

图 3-2　乡村文化自组织的成员人数及年龄构成

（8人以下 17.72；8—20人 59.13；21—35人 11.25；36—50人 7.67；50人以上 4.23；18岁以下 5.32；18—30岁 8.91；31—45岁 13.87；46—60岁 50.43；60岁以上 21.47）

乡村文化自组织的小型化有其合理性和客观条件制约。一方面，乡村文化自组织的专业分工相对简约，一般 8 个人左右就能完成所有表演任务，规模小型化有利于组织的灵活性，也可以节省成本与开支。另一方面，农村社区的人口规模相对较少，经济发展水平也相当有限，小型化的乡村文化自组织也基本能够满足农村社区居民的文化需求。乡村文化自组织的老龄化和女性化目前来说是一种常态，由于城市化的快速发展，农村大量青壮年劳动力都外出务工，农村人口以老年人和妇女群体为主。实地调研也发现，连需要极强体力和技能的舞龙舞狮社团组织都是以老年人和妇女为组织者。老年人和妇女已成为现阶段乡村公共文化服务的主体。同时，乡村文化自组织偏向小型化、老龄化和女性化的发展趋势，也使得乡村文化自组织具有极强的流动性和不稳定性，发展极其脆弱，容易受到外部环境的影响。但是，乡村文化自组织通过为老年人和妇女赋能，在一定程度上激活了乡村公共文化服务的主体性，进而重构了乡村社会的公共文化空间，为退守乡村的老年人和妇女群体提供基本的秩序感和意义感（李永萍，2019）。

三是从组织的登记注册情况来看，云南乡村文化自组织在民政部门注册的有19.74%、在工商部门注册的有15.45%、在文化主管部门登记备案的有37.62%，但未登记注册的也有27.19%（见图3-3）。注册的乡村文化自组织主要是作为社会团体或民办非企业，有相当一部分乡村文化自组织只是在文化主管部门登记备案。而对于没有登记注册的乡村文化自组织，我们通过进一步的调查询问，发现其未注册的主要原因是：组织目前规模太小，没有注册的必要，占33.18%；缺乏资金或办公场所等方面的注册条件，不达标，占31.47%；不知道如何办理注册，不了解或没有这个意识，占23.12%（见图3-4）。因此，云南乡村文化自组织的发展还相当不成熟，大多数还处于发展的初级阶段或原始状态，没有明确的管理意识和发展目标，缺乏愿景规划。

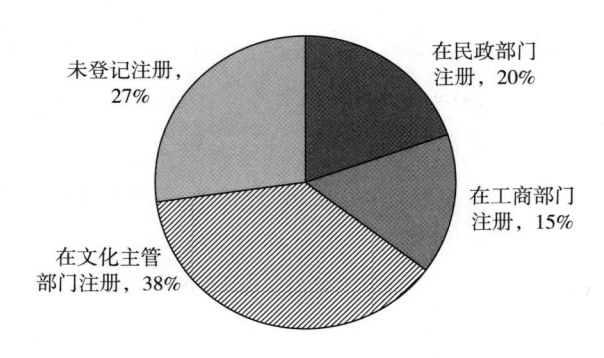

图3-3 乡村文化自组织的登记注册情况

其他	2.50%
缺乏资金或办公场所等方面的注册条件，不达标	31.47%
被有权办理注册手续的有关部门拒绝	9.73%
组织目前规模太小，没有注册的必要	33.18%
不知道如何办理注册，不了解或没有这个意识	23.12%

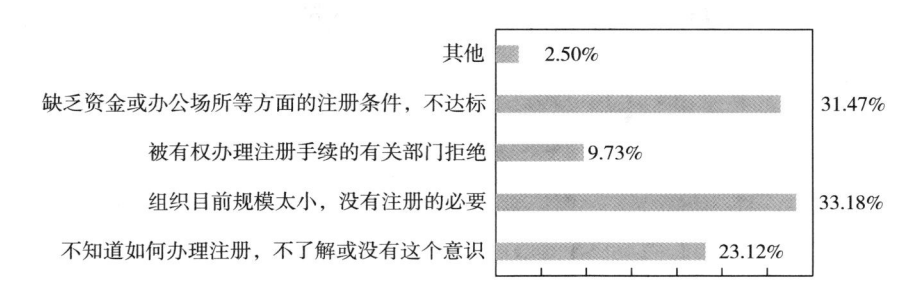

图 3-4　乡村文化自组织未注册的主要原因

四是从组织具体的运行情况来看，其生存与后续发展面临一些困难和挑战。（1）乡村文化自组织一般都没有固定的活动场所，缺乏专业设施和设备；乡村文化自组织开展活动的区域也主要局限在本村或本乡镇之内，与其他乡村文化自组织很少开展交流合作。（2）从内部组织结构来看，42.5%的乡村文化自组织没有明确的职责划分，57.86%的乡村文化自组织没有形成正式的、书面的组织章程和规章制度。（3）乡村文化自组织的创收能力较低，资金来源渠道也单一，组织的活动资金80%以上为自筹，主要来源于成员的"凑份子"。（4）乡村文化自组织对政府行政部门的依赖较强，76.82%的文化活动开展依赖于政府部门的安排或邀请。同时，23.18%的乡村文化自组织的文化演出也受到"群众邀请"和"企业邀请"，表明乡村文化自组织的市场化发展也在进步。（5）乡村文化自组织的活动内容较为单一，内容陈旧，文化创新不足。乡村文化自组织的活动内容73.97%来自"老一辈的口耳相传"，而选择"政府主管部门相应辅导人员的传授"的占32.16%，选择"组织成员从视频上学来的"占19.64%，选择"组织成员创作的"占24.53%，说明目前乡村文化自组织的表演内容还是以继承和学习他人为主，文化创新能力不足。（6）乡村文化自组织因为如资金短缺、设备缺乏等种种因素，走出去的能力仍然薄弱，在演出设施、演出场地方面仍需政府部门大力支持。乡村文化自组织的活动地点主要是在村文化活动室、活动中心和文化广场，也有部分在组织成员家中进行排练，仅有13.15%的乡村文化自组织有专门的活动排演场地。另外，乡村文化自组织的活动范围在本村（社区）的占91.67%，跨村参加活动的有27.15%，跨乡镇参加活动的有14.83%，超出本县市范围参加活动的仅占5.37%。

总之，云南省乡村文化自组织虽然整体发展水平还不高，很多乡村文化自组织已经意识到参与乡村公共文化服务过程中与政府部门的关系是平等合作的伙伴关系，而并不是依附服从关系，可依然对政策的敏感度较大，部分乡村文化自组织的市场化取向已经较为明显，市场意识正在逐步增强。

二 乡村文化自组织的发展瓶颈与制约因素

通过对云南省乡村文化自组织的实地调研和问卷调查分析发现，当前乡村文化自组织面临着一些发展"瓶颈"，制约了乡村文化自组织的健康长效发展（见图3-5）。当前乡村文化自组织的发展"瓶颈"主要体现在以下几个方面：

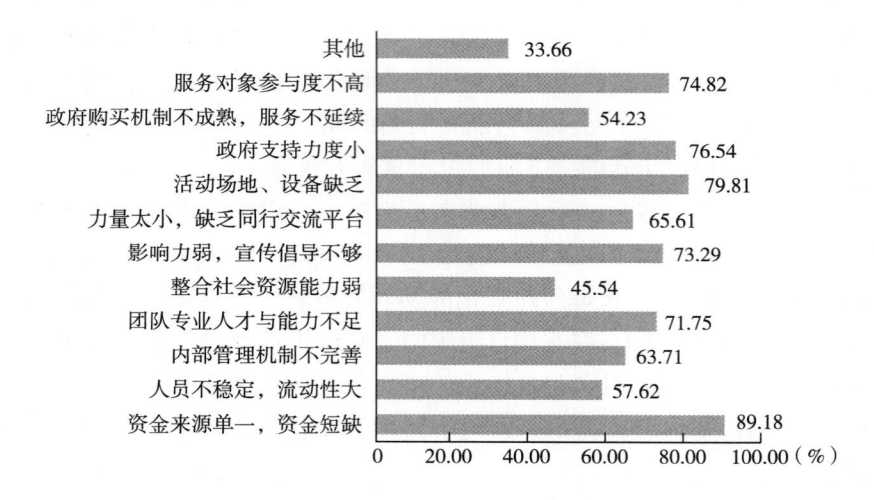

问题	百分比
其他	33.66
服务对象参与度不高	74.82
政府购买机制不成熟，服务不延续	54.23
政府支持力度小	76.54
活动场地、设备缺乏	79.81
力量太小，缺乏同行交流平台	65.61
影响力弱，宣传倡导不够	73.29
整合社会资源能力弱	45.54
团队专业人才与能力不足	71.75
内部管理机制不完善	63.71
人员不稳定，流动性大	57.62
资金来源单一，资金短缺	89.18

图3-5 乡村文化自组织在运行和管理过程中遇到的主要问题

一是乡村文化自组织的组织结构较为松散，自治能力较弱、凝聚力不强。根据调查的情况来看，42.5%的乡村文化自组织没有固定的职责分工，且成员的流动性较大。虽然对于自发性的乡村文化自组织来说存在非固定成员是正常现象，但是，当职责分工不明确、成员不固定时，组织的凝聚力就会受到影响。自发、自办、自治是乡村文化自组织的重要特点。是否具有自治能力是决定乡村文化自组织自发组织、自办活动得以实现的重要保证。但组织经费、活动场地、活动设备和人才队伍的缺乏导致乡村文化自组织的自治能力较弱，很多公共文化服务功能无法得到有效发挥。

二是乡村文化自组织的活动内容较为单一，部分团队的创新能力缺乏、吸引力较小。活动内容陈旧，文化活动的形式和内容从未更新，文化活动项目的创新能力缺乏，不能长期吸引农民群众的关注，满足其需求。

三是乡村文化自组织的覆盖范围较为狭小，活动空间较小、影响力偏弱。

四是乡村文化自组织的社会认同较为局限，部分团队的社会需求不高、号召力偏低。群众支持、认可和积极参与是乡村文化自组织生存与发展的根本。虽然云南大多数农村都有一个乡村文化自组织，但是，乡村文化自组织的参与人数一般仅有8—20人，农民群众的文化参与程度并不高。目前乡村文化自组织大多还处在一种自娱自乐的状态，难以引起农民群众的认同。

分析乡村文化自组织发展"瓶颈"的原因，主要有两个方面。

一是政府层面，管理体制混乱、制度保障不力、法律体系不健全。首先，乡村文化自组织的身份合法性和管理归属不够明晰，"挂靠单位"管得过多、组织机构重叠、职能交叉导致管理体制较为混乱。我国乡村文化自组织由负责登记的民政部门和政府业务指导部门共同管理。但在具体实践中，有的政府业务指导部门把乡村文化自组织作为其派出机构，运用旧的观念、旧的方式去管理，这不利于乡村文化自组织的长效健康发展。乡村文化自组织具体文化活动的开展要向多个部门申请、汇报，不利于有效统一管理，限制了正常业务的开展，进而阻碍了乡村文化自组织的成长。其次，政府部门也没有专门制定用来规范、扶持乡村文化自组织的制度，导致其组织性质、功能定位、人才保障、扶持措施等政策环境不明。例如大多数乡村文化自组织没有固定的活动经费，经费大部分靠自筹，来源紧张。制度保障不力和政策不明导致乡村文化自组织科学化、规范化发展难以实现。最后，法律体系的不健全导致乡村文化自组织的身份合法性存在问题。我国乡村文化自组织的存在缺乏法律依据，社会合法性不足。我国关于乡村文化自组织的专门法律法规到目前为止还属于空白，对乡村文化自组织的资质没有进行必要的法律意义的界定，使得乡村文化自组织的职责和功能定位不清。乡村文化自组织的合法性不足，使得组织缺乏感召力、不便于工作开展。此外，一些不具备资质条件的、行为有失公正的、违规运作的乡村文化自组织不能及时而有力地被监管。

二是乡村文化自组织层面，发育很不完善、能力建设不足、影响力较弱。由于乡村文化自组织大多是群众自发组织，带有浓厚的草根性，其发展很容易遭受各方面的条件限制，也很容易在一定时期内就消亡。因此，乡村文化自组织大多需要政府的支持才能有效运转（见图3-6），有着严重的行政烙印，对政府主导的"路径依赖"十分突出。由此，一些乡村文化自组织具有很严重的"等、靠、要"思想："等"政府部门给予支持性政策，"靠"给职能、给工作任务，"要"人、财、物。其工作模式行政化，工作手段落后，不利于乡村文化自组织自身的发展壮大。由于乡村文化自组织发育不完善，导致行业组织规模小、人员老化、服务能力低、资金来源单一、渠道不畅通。活动经费不足，主要由政府提供财政拨款、补贴，而会费、服务性收入和募捐收入所占份额相当少。乡村文化自组织资金压力很大，能力建设不足使发展陷入了恶性循环。

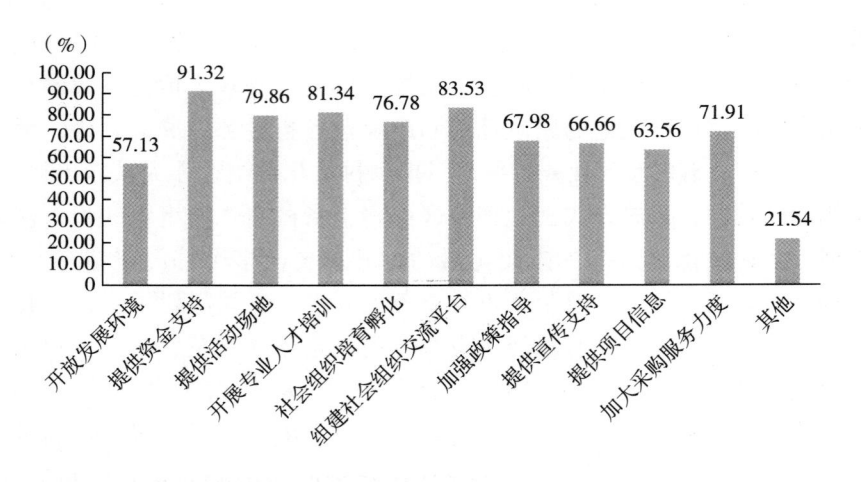

图3-6 乡村文化自组织对政府的诉求

总之，乡村文化自组织在乡村公共文化服务过程中遇到的主要障碍是政府支持不足、自身能力不足、缺乏参与平台、缺乏合作机制和缺乏法治保障。因此，为促进乡村文化自组织参与乡村公共文化服务，政府需要完善沟通机制、供需对接机制、职员支持机制和合作协同机制。

第三节　乡村文化自组织的发展模式

由于农村内生性群众自发乡村文化自组织存在上述各种发展瓶颈与制约因素，一般而言，要促进乡村文化自组织健康持续发展，需要借助一定的外在助推力。通过对云南省乡村文化自组织的调研，我们发现乡村文化自组织的发展大致存在4种基本模式：文化馆发展模式、老年大学发展模式、社会企业发展模式、新乡贤发展模式。当然，这4种基本模式并不足以概括乡村文化自组织发展的所有形态，而且在实际发展过程中这几种模式之间也存在相互混合交叉的形态。为更加充分的论述乡村文化自组织的发展模式，本书将结合相关具体案例来进行说明，以使论证更加鲜活饱满。

一　文化馆发展模式

文化馆作为基层文化阵地，具有分布广泛、覆盖面广、社会性强、影响力大、联系群众密切等特性，是我国公共文化服务体系的重要构成部分。同时"文化馆作为国家设立的公益性全民所有制机构，是发展社会主义宣传教育、普及科学文化知识、组织和辅导群众文化艺术活动的综合性文化事业单位和活动场所"（郭佳，2014）。根据文化馆的职能和任务，文化馆对于乡村文化自组织负有活动组织、技能培训、业务辅导的使命。乡村文化自组织所开展的文化活动一般都由文化馆负责组织和辅导。云南省县级文化馆一般都开展有合唱、书法、绘画、花灯、舞蹈、知识信息等文化艺术培训、辅导、演出服务及非遗展示、农民工才艺培训、网络知识查阅、青少年艺术培训、老年大学培训、馆办团队培训等项目。有些文化馆直接办有"馆办乡村文化自组织"。如昆明市官渡区文化馆馆办团队有"官渡韵交响音乐协会乐团""官渡红盈花灯艺术团""官渡滇剧花灯传习馆""官渡牛街庄滇剧博物馆艺术团"等；呈贡区文化馆馆办文艺团队有6支：斗南、梅子、可乐、王家营、莲花、七步场等花灯队，均由农民组成。呈贡区文化馆馆办文化组织每年下乡演出76场次，这已成为呈贡农村春节期间的一大特色，村村唱灯，热闹异常。目前文化馆发展模式在云南农村地区已较为普遍和成熟。

文化馆发展模式的优点是能够有效利用文化馆公共文化服务的职能，

把公益性资源充分与农村民间文化资源相对接，帮助培育与扶持乡村文化自组织发展。在文化馆开展的活动组织、技能培训、业务辅导下，乡村文化自组织不仅有了专门的活动场地、完备的活动器材和专业的内容培训，而且可以借助文化馆的服务平台开展特色文化下乡与农村民间文化交流活动。组织馆办文艺团队下基层（社区、农村）演出已经成为一种常态，这大大拓展了乡村文化自组织的活动空间。例如，昆明市每年都要开展春城文化节活动，其间在文化馆的组织、培训、辅导下，各基层馆办乡村文化自组织都积极参与到文化节活动中来，展现丰富多彩的农村民间文化。2019年嵩明县小街镇更是举办了"小街村晚"，在系列活动"龙腾狮跃闹新春"龙狮大赛中，来自全镇的31支舞龙队同台竞技，赛后评出了一等奖2名、二等奖4名、三等奖6名、优秀组织奖18名、特殊贡献奖1名、优秀展演奖1名。其中小街镇二中舞龙队、哈前村委会男子舞龙队获得一等奖、阿古龙村委会小脚老奶舞龙队（平均年龄75岁，最大年龄88岁，最小年龄69岁）获得特殊贡献奖。在文化馆的组织引导下，乡村文化自组织的队伍有了发展壮大，活动空间有了拓展。文化馆发展模式可以充分把政府供给与农村民间供给两种力量融合在一起，积极调动国家资源与农村民间资源，是推进农村公共文化服务体系建设的一种有效模式，具有可示范可借鉴可推广性。

二 老年大学发展模式

老年大学是为老年人提供教育学习和文化娱乐的一个综合性平台。在人口老龄化进程不断加快的背景下，老龄社会已是当前中国社会共同关注的议题。老年大学成为老年人更新知识、健身养心、休闲娱乐、社会交往的公共空间，具有教育传播、情感慰藉、价值实现的功能作用。老年大学兴起于20世纪80年代，现已在全国城乡遍地开花，成为"最美夕阳红"的一道亮丽风景。"老年大学以其凝聚老年人、教育老年人、服务老年人的独特优势，成为当前推进文化养老的重要阵地，以其政治引领、教育培养、组织引导的职能特点，在加强老年文化建设中扮演了重要的角色"（安壮、董浩等，2017）。

云南省呈贡老年大学成立于2005年，以"增长知识、丰富生活、陶冶情操、促进健康、服务社会"为办学宗旨，在呈贡区委、区政府、区委组织部、老干局的领导下，在各街道、社区的关心支持下学校办学条件逐年改善，教学管理不断规范。老年大学以2008年呈贡被国家文化部命名为"中国农村民间文化艺术之乡——花灯之乡"为契机，顺应呈贡城乡中老年朋友酷爱花灯艺术的心愿，把花灯作为办学特色。并于2011年成立呈贡老年大学艺术团，聘请省、市花灯团退休的国家一、二级编导、演员担任导演，在6个街道成立了老年大学分校，于2014年实现在呈贡29个社区办学全覆盖，有专职老师17位，主要开设花灯歌舞、花灯唱腔及表演、声乐、民族舞蹈的课程。2014年有花灯班54个，共计1446人；2015年共开办154个班，共招收学员3852人。农村居民自愿自发前往老年大学参加花灯培训和活动排练，老年大学有专业老师负责指导授课。2016年春节，从正月初一到正月十六，呈贡老年大学艺术团组织花灯歌舞表演队到乌龙、缪家营、殷练、七步场、吴家营5个社区演出30场共计75小时的花灯剧（每个社区表演3天，每天2场，每场2个半小时），将群众喜闻乐见的传统节目送到村庄，极大丰富了农村社区的公共文化生活。

呈贡老年大学艺术团的成员主要是呈贡区的一些被征地农民、花灯爱好者、花灯传承人以及农村民间优秀花灯团人员，年龄最小的20多岁，最大的70多岁。通过老年大学发展模式，不仅培育了农村老龄群众自办文化团队的热情和能力，而且为其提供了广阔文化展示交流的平台，"下乡演出、进城表演"成为乡村文化自组织的一种文化生态。因此，老年大学发展模式是应对老龄化社会为农村社区老年人提供文化学习、文化培训和文化服务的有效路径。

三 社会企业发展模式

社会企业是20世纪80年代末兴起的以商业模式实现社会公益目的的一种企业法人组织形态（傅才武、刘倩，2019）。Battilana等（2012）认为，社会企业将营利性企业的效率、创新和资源与非营利组织的热情、价值观和使命相结合，试图通过商业模式解决社会问题。因此，社会企业通过市场驱动来实现价值引领，具有企业定位（直接面向市场参与商品生产或提供服务）、社会目标（具有明确的社会和环境目标）、社会所有（社会企业是自治组织，治理和所有权结构通常以利益相关方或理事的参与为基础）三个显著特点（王世强，2012）。根据调研，云南省有部分乡村文化自组织正处于由非营利组织向社会企业的过渡阶段。社会企业发展模式也有两种路径：一是已经成熟的社会企业为乡村文化自组织提供平台和资源支持，带领乡村文化自组织发展；二是乡村文化自组织经过自己的社会创业打拼，逐步发展成为影响社区的社会企业。

云南演艺股份有限公司是致力于云南民族特色文化艺术传承发展的社会企业，由云南省歌舞剧院 2012 年的"转企改制"而来，经历了由文化事业单位到文化社会企业的转型蜕变。其下设有民族舞蹈团、民族音乐团、交响乐团、艺术创作中心、舞美制作中心、演出服务中心、演出经营部等部门。云南演艺股份有限公司充分利用金融和多渠道投融资政策，增强市场化运作的能力，开创了国有专业表演艺术团体自行投资创作、项目运作、演艺市场开拓、合作、经营的先河。为支持乡村文化自组织发展，云南演艺股份有限公司常年为乡村文化自组织提供艺术培训和剧目编排，并为乡村文化自组织提供剧场和设备服务。

呈贡是花灯之乡，呈贡花灯在各村都有分布，农村民间俗称"呈贡 60 村，村村有花灯"。呈贡农村民间的花灯活动多在节庆、庙会和农闲展开，春节期间达到高潮，农村民间有"过年不唱灯，牛死马遭瘟"的说法。1991 年，呈贡洛羊村的农村民间艺人杨莲芬自己筹资，向当时的呈贡县文体局提出申请并获批成立"呈贡县莲花业余花灯团"（后改名"呈贡区莲花艺术团"）。杨莲芬聘请张属周、普敬和王志国 3 位老艺人言传身教亲自授课，传承发展花灯艺术。经过 30 多年的成长，呈贡区莲花艺术团已经成为一个管理规范的社会团体。团队成员有近 30 人，服装、舞台、剧务、演员、乐队等全套人马清一色都是被征地农民，年龄平均 40 岁。每年逢年过节或重要节假日，莲花艺术团就奔波于各个花灯舞台，每天最少两场，一场至少 3 个小时。莲花花灯团已经初步实现了市场经营，其每年的经营收入为 30 万元，收入除给团队成员发放劳务补助外，全部用来购置服装、道具、乐器等设备。莲花花灯艺术团已经成为呈贡农村社区的代表性社会企业。

社会企业发展模式有利于开发乡村文化自组织的市场经济属性，乡村文化自组织通过生产和提供具有社会效用的农村民间文化艺术，有利于促进农村居民社区公共文化参与，也提升了农村居民的文化消费能力，农村艺人的文化增殖能力大大增强，整体推动了地方经济和社会文化发展。在这一发展模式下，乡村文化自组织能够持续地生产并提供文化服务，具有高度的自治水平，其自我承担市场的经济风险，具有明确的社会利益导向和农村社区居民公共文化参与治理的特征，也进行着有限的利润分配。这些都已经符合国际上对社会企业的认定。因此，通过市场化运作，自主经营，自我治理，是乡村文化自组织未来独立发展的有效途径之一。

四　文化能人发展模式

文化能人是乡村振兴的重要主体力量，其富有贤能、智慧、才识、财富，具有示范引领、教化乡民、反哺乡里、涵养文明乡风的作用，"在实践价值和秩序生产层面推动了乡土社会人力、物力、财力、智力和文化的创造性整合"（中国非物质文化遗产网，2023）。文化能人与传统乡贤的内涵有了极大扩展，表现在：主体结构从血缘地缘扩展到业缘情怀，类型更加多样化；权威来源从乡土社会内源性能人扩展到社会各界外源性精英，能力更加综合化；功能生产从控制教化拓展提供服务，治理更加柔和与融合。因此，"文化能人与乡村社会结构有机融合，能促进公共服务普及与公序良俗形成，构建兼具乡土性与现代性的现代乡村治理模式"（应小丽，2019）。而文化能人与乡村文化自组织的有机结合，则能为乡村文化自组织提供各种社会资源，并建构起一套开展活动的社会网络，拓展了乡村文化自组织的空间平台。

云南乡土文化资源丰富，乡村文化自组织颇具特色，极具原生态的文化吸引着来自全国各地社会各界的文化能人群体参与到云南民族农村民间文化的传承保护与开发利用中来。其中时间较早有着较大影响力的文化能人引领发展模式是"田丰模式"。田丰是中央乐团国家一级作曲家，1993年，他筹集社会资金10万元，在安宁市创建了云南民族文化传习馆。传习馆将云南4个民族5个支系的农村民间老艺人组织起来，口传身授民族歌舞。到2000年，由于缺乏相应的商业操作技能，资金来源不足，传习馆解体。2004年，云南电视台编导刘晓津接续田丰模式的遗产，创办了源生民族乐坊。其主要成员30余人，均是来自云南偏远山区的民族农村民间艺人。源生民族乐坊隶属于云南社会科学院白玛山地文化研究中心，以鼓励和支持云南乡村农村民间艺人就地进行传统音乐舞蹈的抢救和传承为宗旨，同时为处于边缘和弱势的群体搭建通往都市以及国际舞台的平台。再如2014年，通过云南艺术学院教授尹茂铨、云南大学教授寸丽元的积极支持运营，在鹤庆白族农村民间歌舞文化组织基础上，由云南艺术学院、云南大学和在昆热爱、保护和传承民族音乐，从事民族音乐的鹤庆籍艺术家、老教授们参与共同组建了鹤庆翔鹤民乐团。他们通过搜集、整理、挖掘白族农村民间音乐、地方文化、民族舞蹈，传承、创作了不少优秀的民族农村民间音乐和舞蹈。他们扎根乡土，用心用情对文化遗产进行保护、传承与传播，体现了新时代文化能人对乡村公共文化服务的贡献。

田丰、刘晓津、尹茂铨、寸丽元等文化能人通过运用自己的文化知识技能和运作社会资源的能力，为乡村文化自组织的培育发展提供了大力支持。他们不仅为农村民间艺人捐钱筹款、购置器具，更为他们提供了广阔的文化展示平台，使乡村文化自组织受到更多人的喜爱和支持，也使农村民间传统文化重新焕发了生机。

表 3-1　　　　　　　　乡村文化自组织的发展模式

主要模式	主要特征	权威基础
文化馆发展模式	政策指引、孵化培育	政策合法性权威
老年大学发展模式	秩序稳定、资源动员	身份认同权威
社会企业发展模式	市场导向、资本介入	利益支配权威
文化能人引领发展模式	资源引入、慈善捐资	社会网络权威

总之，无论是以上哪种发展模式都表明乡村文化自组织的培育发展需要把乡土社会内生性资源与外部社会网络要素供给结合起来，使政府机构、社会组织、社会企业、公民个人都参与到乡村公共文化服务中来，才能促进乡村文化振兴。

第四节　本章小结

乡村文化自组织具有组织自发性、内容传承性、范围地域性和方式灵活性的特点，具备休闲娱乐、文化培育、文化传承、生活引导和政策宣传等功能。乡村文化自组织广泛的群众性，是政府与农民群众的桥梁和纽带，是农村公共文化服务体系建设和特色文化产业发展的有生力量。但目前，乡村文化自组织也存在着比较严重的发展困境，主要表现在：政府层面存在着管理体制混乱、制度保障不力、法律体系不健全等问题；乡村文化自组织层面存在着发育不完善、能力建设不足、影响力较弱等问题。针对这些发展瓶颈，云南乡村文化自组织也进行了发展路径的探索，形成了文化馆发展模式、老年大学发展模式、社会企业发展模式和文化能人引领发展模式 4 种基本发展模式。

第四章 乡村文化自组织的居民参与意愿及影响因素分析

农村居民参与乡村文化自组织是丰富乡村文化生活和活跃群众文化生活的有效形式，2015年1月14日中共中央办公厅、国务院办公厅印发了《关于加快构建现代公共文化服务体系的意见》，指出要鼓励群众自办文化，支持成立各类群众文化团队，通过组织示范性展演等形式，为农村民间文化队伍提供展示交流的平台。2016年12月25日第十二届全国人民代表大会常务委员会第二十五次会议通过《中华人民共和国公共文化服务保障法》，第三十七条规定，"国家鼓励公民主动参与公共文化服务，自主开展健康文明的群众性文化体育活动；地方各级人民政府应当给予必要的指导、支持和帮助"。2018年9月26日中共中央、国务院印发的《乡村振兴战略规划（2018—2022）》指出，要广泛开展群众文化活动，完善群众文艺扶持机制，鼓励农村地区自办文化。根据国家统计局（2017）的数据，2016年全国有各类文化社会组织53291个，其中文化社团有34966个，占65.61%；相比2007年全国各类文化组织和文化社团分别增加了30908个和18276个，10年间分别增长了138.09%和109.5%。云南2016年有各类文化社会组织1727个，其中文化社团达到1499个，占86.80%，并分别占全国各类文化社会组织的3.24%与全国文化社团的4.29%；云南乡村文化自组织数量较全国排名靠前，各类文化社会组织和文化社团分别排在全国的第10位和第6位。在云南农村地区，乡村文化自组织发展活跃，充当了农村群众文化活动开展的主力军。乡村文化自组织是农村居民自发组织、自筹资金、自主活动的文化载体，是农村社区群众自办文化、主动参与公共文化服务的集中体现。各种乡村文化自组织的兴起，极大地激发和带动了农村居民的文化参与热情，活跃和丰富了农民群众的业余文化生活，促进了新时代乡村公共文化服务健康和谐发展，推动了乡村文化振兴。

现阶段已有研究证明，目前我国农村公共文化服务体系面临功能性失灵（陈建，2019）、供给侧结构失效（徐双敏、宋元武，2015）、主体性缺失等问题，主要表现在，对农村居民生活满意度产生正向影响的内生性群众性文化活动供给不足（陈燕芽、郑永君，2018），农村居民的文化诉求反映渠道不畅（张青，2017），农村居民对政府提供的公共文化服务普遍不满意（霍强、王丽华，2019），并遵从"弱参与"策略（赵军义、李少惠，2019），农村居民的文化生活"空无化"等现象。针对以上问题，将乡村文化自组织作为农村公共文化场域的内生性供给力量（张志胜，2016），实现农村居民的主体性价值（郑恒峰，2012）是未来农村公共文化的治理途径已在学界达成认同。但是，目前学界对乡村文化自组织的研究非常缺乏，仅有的几篇研究乡村文化自组织的论文主要是分析乡村文化自组织的必要性和特征功能，并从宏观层面提出了相关政策建议，缺乏从实然层面对乡村文化自组织进行研究。本书从农村居民视角的微观层面出发，考察农村居民对乡村文化自组织的参与意愿和影响因素。农民居民是乡村文化自组织的参与主体，只有真正调动农村居民文化参与的积极性，才能发挥乡村文化自组织的效用。为此，本书从农村居民的视角，基于理论分析和实地调研情况构建农村居民参与农村文化组织的意愿的分析框架，对云南省 12 个不同发展特征的村落进行实证研究，并运用有序 Logit 模型对农村居民参与乡村文化自组织意愿及影响因素进行分析，以期回答，农村居民参与乡村文化自组织的意愿如何，哪些因素影响了农村居民参与乡村文化自组织的意愿，它们之间的相互关系是怎样的。对这一系列问题的解答对于提高乡村文化自组织的文化参与率，促进乡村文化自组织的可持续发展，提升乡村文化自组织公共文化服务的质量和效能，丰富乡村文化生活，都具有重要的实践意义。

第一节　理论分析

一　农村居民参与乡村文化自组织的理论基础

在社会学的理论认知下，乡村文化自组织具有涂尔干在解决社会合作问题中所论述的次群体性质（高丙中，2006），农村是一个相互信任和合作的熟人社会，乡村文化自组织是基于农村社会结构生成，自愿参与"有机团结"的基层组织，乡村文化自组织具有广泛的群众性，是政府与农民群众之间相互沟通联结的桥梁和纽带，乡村文化自组织既是群众文化的提供者又是参与者，既是公共文化服务的奉献者又是享受者。在调研中发现，多数乡村文化自组织具有较高的文化传承传承的使命感和文化服务提供的责任感，乡村文化自组织负责人将传承文化和经营组织视作己任，农村居民将参与组织活动视作日常生活的一部分。农村居民参与乡村文化自组织的过程中实现个人利益与集体利益的统一，是一种"共建、共享、共治"的合作模式。在社会学的理论框架分析下，农村居民对参与乡村文化自组织具有较高的意愿。

乡村文化自组织提供的文化服务具有准公共物品的属性。根据公共物品的理论，农村文化组织提供的公共文化服务不具备严格意义上的非排他性和非竞争性特征，具备布坎南提出的俱乐部物品属性。在农村居民参与农村文化组织的意愿上，乡村文化自组织排除了两类人群：一是无兴趣参与人群；二是无法承担参与成本人群，主要表现机会成本和支付成本上，参与乡村文化自组织需要承担一定的责任和义务，付出时间与精力参与组织活动，并且参与组织需要支付一定装备、场地等费用成本，产生了个人利益和集体利益的冲突。所以农村居民参与乡村文化自组织的意愿受个人偏好、需求程度、外部性引导和农村文化设施的供给等多因素影响。

在实验经济学中，对个人自愿供给公共物品的影响因素进行了分析和验证，Ledyard（1995）基于实验数据证明非零值自愿供给现象显著且稳健，陈叶烽（2010）等通过博弈实验数据表明，在团体合作供给公共物品中，个体合作水平与信任程度显著相关。Fischbacher（2010）证明了对供给物品个人参与供给影响因素还表现在参与个体的社会偏好异质性上，即互惠合作者，条件性合作者、搭便车者、倒 U 形合作者等多种社会行为偏好群体，周业安（2013）通过实验研究发现，个体的确存在异质社会偏好，且不同社会偏好和角色类型对自愿供给公共品产生显著影响。多数研究数据表明，在公共品的自愿供给实验中，条件性合作者所占比例最大，为 40%—60%，但不同的社会特征环境下异质性偏好类型分布具有差异性，条件性合作者在美国被测试者中占 80%，日本占 41.7%，中国占 50%。

伴随着农村居民阶层的分化，不同代际、不同特质的农村居民对公共文化有着不同的需求，参与乡村文化自组织的动机和目的不同，参与乡村文化自组织的意愿程度也存在差异。农村居民参与当地乡村文化自组织的意愿程度，是有限理性选择的结果，即农村居民在外部约束条件下，基于自身现状条件，综合判断参与乡村文化自组织可能形成的各类影响，追求"效用最大化"的结果。行为主义理论强调现实情景对人的预期行为有直接指导作用（约翰·布鲁德斯，1998），即人的行为是受现状情景因素影响而产生的，而认知心理学则强调，心理感知、价值观等因素也会对人类行为选择偏好产生影响（Tversky A, Kahneman D, 1981），认知决定个体偏好，又进一步指导其决策和行为（Denzau A T, North D C, 1993）。

二 农村居民参与乡村文化自组织意愿的影响因素

影响农村居民参与乡村文化自组织的因素有很多，勒温的场论理论建构了个体特征变量（性别、年龄、受教育程度和婚姻状况等）、制度认知变量（对政策的了解途径、了解程度等）、企业行为变量（企业鼓励程度等）三个层面影响农村居民参与意愿的框架。而农村居民对乡村文化自组织的认可与信任程度，农村居民是否有富余时间精力参与，农村居民获得公共文化服务的难易程度等都是影响其参与乡村文化自组织的因素。借鉴已有研究成果，综合考虑本书研究的实际问题和实地调研数据，本书将影响农村居民参与乡村文化自组织的行为因素归类总结为农村居民个人及家庭特征、农村社区特征、农村居民对乡村文化自组织认知状况、外部环境引导四类影响因素。

（一）农村居民个人及家庭特征因素

公共服务参与是由异质性社会偏好的行为人构成的社会网络。行为人具有不同的社会角色属性，表现在职业、年龄、教育水平、收入等个人特征方面，这些特征可能通过作用于个体的社会偏好影响公共供给意愿，或直接影响公共供给意愿（Chen Y、Li S X，2009）。农村居民参与农村文化组织的意愿是基于个体多层次、多样化需求进行选择。同时，农村居民理性是一定选择和约束条件下的理性，农村居民行为是在其现有资源约束下做出的理性选择，家庭特征因素对农村居民的社会偏好产生影响（郭红东、蒋文华，2004），基于此、不同个体及家庭特征和需求程度会影响农村居民在文化参与中的社会偏好，进而影响农村居民参与农村文化组织的意愿。本书选取的农村居民个人及家庭特征主要是指农村居民的性别、年龄、职业、文化程度、家庭年总收入和文化消费支出，理论上说，性别、年龄、职业对农村居民参与乡村文化自组织的意愿呈不确定性，在农村，普遍由于青年劳动力外出务工，留守农村的主要是妇女、儿童、老人，因此，女性和年龄达到一定程度后参与乡村文化自组织的需求可能逐渐增加。而文化程度越高对文化的需求层次越高，越愿意参与文化活动。家庭的收入状况和文化消费支出水平在一定程度上决定了农村居民文化参与的意愿，文化消费支出越高说明文化需求强烈，参与乡村文化自组织的意愿也更强。

（二）农村社区特征因素

不同的村庄类型拥有不同的资源禀赋可能影响农村居民参与乡村文化自组织的意愿。村庄经济发展水平会对农村文化建设水平具有一定的影响，经济条件较好的农村社区，有能力有财政支出盈余支持乡村文化自组织的发展，进而对农村居民参与农村社区公共产品供给行为产生影响。村庄文化资源富集情况是社会历史沉淀的结果，文化资源越多，村庄的总体文化氛围会更好，农村居民参与乡村文化自组织的积极性也会越高。公共文化设施的覆盖率是基层政府对公共文化服务供给的投资力度表现，政府供给在一定程度上弥补了农村居民的文化需求。本书将农村的经济发展水平、文化资源富集情况、公共文化设施的覆盖率作为社区特征因素，理论上说，公共文化设施覆盖率对农村居民参与乡村文化自组织的意愿呈正向影响，农村居民对现有政府供给的公共文化设施不满意时，才更加愿意参加乡村文化自组织。

（三）农村居民对乡村文化自组织的认知因素

乡村文化自组织是农村群众共建共享的组织，它需要农村居民有一定的奉献精神、志愿服务精神。已有研究发现，个体对现实做出反应的基础是其对现实的认知（库尔特·勒温，2011），认知影响人的行为动机偏好，是激发行为的基础，行为往往在一定认知水平上展开，认知的提升必然会导致合理的期望行为（Wossink G A A、Wenum J H V，2003）。因此，农村居民做出是否参与乡村文化自组织的决策，是其根据认知衡量后选择的结果。借鉴前人研究相关成果，本书引入农村居民社区文化参与态度、农村居民对社团性质与功能的认知、农村居民对权利与义务认知、农村居民对本地乡村文化自组织数量、场地以及活动信息等基本情况了解程度来表征农村居民对参与乡村文化自组织的心理认知变量。理论上说，它们对农村居民参与乡村文化自组织均有正向影响。农村居民对参与乡村文化自组织的态度越积极，对社团的性质与功能认识越透彻，对其所享受的权利与承担的义务了解越深，其参与的概率越大。

（四）外部环境引导因素

外部环境引导是影响农村居民参与乡村文化自组织的外力因素，主要表现在基层政府支持力度、周围人群的推荐力度和乡村文化自组织的推荐力度。乡村文化自组织提供的准公共物品属性决定了基层政府应承担着一定的供给责任和义务，在改善农村居民文化生活问题上，需要得到相关政府的重视。农村基于群体化的社会网络系统，周围人群的参与行为和舆论导向会影响农村居民参与乡村文化自组织的意愿，因此本研究选取的指标主要是基层政府支持力度、周围人群推荐力度和乡村文化自组织宣传力度。理论上说，它们对农村居民参与乡村文化自组织均有正向影响。基层政府对乡村文化自组织的支持力度越大、周围人群越是推荐其参加以及乡村文化自组织的宣传越到位越深入，农村居民参与乡村文化自组织的概率越大。

第二节 数据来源及变量描述

一 数据来源

为了保证数据来源在具有普遍性的基础上带有一定的代表性，本书首先将农村社区分为4类：一是城郊村融合类村庄，主要分布在城市近郊区以及县城城关镇所在地，基本上完成了城镇化，在形态上保留乡村风貌，形成了城乡产业融合发展、基础设施互联互通、公共服务共建共享的初步格局；二是集聚提升类村庄，主要是指规模较大的人口聚集中心村；三是特色保护类村庄，主要是指历史文化名村、传统村落、少数民族特色村寨和特色景观旅游名村等自然历史文化特色资源丰富的村庄；四是一般村庄，主要是指仍然以农业生产为主、人口规模不大、各种资源相对贫乏的村庄。随着工业化、城镇化、信息化的发展，农村之间由于资源禀赋的不同，导致农村社区之间的差别非常大。因此必须要对农村社区进行一定层次的分类。本书所用数据来自 2019 年 1 月 11 日至 3 月 1 日期间对云南省 12 个行政村已经加入乡村文化自组织的农村居民的问卷调查。调查采用随机抽样与访谈结合的形式，共发放问卷 600 份，收回 519 份，剔除了一些数据大量缺失的问卷后，实际有效问卷为 467 份，问卷回收有效率为 77.8%，样本分布如表 4-1 所示。

表 4-1　　　　　　　　　样本数据分布情况　　　　　　　　单位：份

类型	村庄名称	发放问卷数量	有效问卷数量
城郊融合类村庄	昆明市呈贡区 A 村	50	42
	玉溪市红塔区北城街道东 B 村	50	44
集聚提升类村庄	大理白族自治州弥渡县弥城 C 村	50	40
	宣威市西宁街道 D 村	50	37
	楚雄彝族自治州中山镇 E 村	50	36
特色保护类村庄	曲靖市会泽县娜姑镇 F 村	50	37
	普洱市西盟县勐梭镇 G 村	50	36
	红河哈尼族彝族自治州弥勒市西三镇 H 村	50	41
一般村庄	保山市腾冲县明光镇 I 村	50	35
	文山壮族苗族自治州马关县都龙镇 J 村	50	39
	昭通市鲁甸县龙头山镇 K 村	50	38
	昆明市东川区阿旺镇 L 村	50	42
总数		600	467

二　农村居民对乡村文化自组织的参与意愿

从总体数据来看，如表 4-2 所示，调查样本显示出云南农村居民参与乡村文化自组织的意愿比较强烈，仅有 8.99% 的农村居民表明不愿意参与乡村文化自组织，绝大多数农村居民（91.01%）愿意无偿或者在一定条件下参与乡村文化自组织。其中，67.67% 的农村居民表示非常愿意参与乡村文化自组织，不论自身是否取得报酬，愿意无偿甚至付费参与乡村文化自组织的活动，23.34% 的农村居民表示若能提供培训和活动所需的设备或获得一定经济补助的情况下愿意参与乡村文化自组织的活动。

表 4-2　　　　　农村居民对乡村文化自组织的参与意愿

参与组织意愿	频数（人）	频率（%）
不愿意	42	8.99
非常愿意	316	67.67
条件性愿意	109	23.34
提供培训和设备	71	65.13
给予经济补助	28	25.69
样本总数（前3项）	467	100

为反映不同资源禀赋下农村居民参与农村文化组织的意愿情况，本书的样本数据来源于城郊村融合类村庄、集聚提升类村庄、特色保护类村庄、一般村庄4类村庄。根据样本数据分析，如表4-3所示，从非常愿意参与乡村文化自组织的意愿比例来看，特色保护类村庄的参与意愿最高为73.68%，其次为城郊村融合类村庄（66.28%）、一般村庄（67.53%），最低为集聚提升类村庄（62.83%），与特色保护类村庄相比低了10.85个百分点。特色保护类村庄为历史文化名村，文化是这一类农村发展的重要资本，基层政府对于乡村公共文化服务重视程度较高，农村居民参与乡村公共文化服务的意愿也相对较高。而集聚提升类村庄的人口规模较大，流动性较高，其中一部分为移民村，传统的农村熟人网络向半熟人网络社会转变，农村社会生活的"公共性"消解，新型的乡村治理体系还未形成（吴理财、刘磊，2018），导致了乡村公共文化服务的主体性意识缺失。从不愿参与农村文化组织的比例来看，不同资源禀赋的村庄中不愿意参与乡村文化自组织的比例差异不大，仅为1.85个百分点。虽然，4类不同禀赋的村庄在非常愿意且无条件参与乡村文化自组织的比例上有10%左右的差别，但均有90%以上的农村居民愿意或条件性愿意参与，从条件性愿意参与的农村居民比例来看，74%以上的农村居民是在培训与设备的缺乏而选择条件性参与。因此，进一步分析影响农村居民参与乡村文化自组织意愿的因素，可为完善相关政策提供依据，以提高农村居民的意愿程度，并促使其转化为实际行动。

表 4-3　　　　　　农村居民对乡村文化自组织的参与意愿

参与组织意愿	城郊融合类村庄 频数（人）	城郊融合类村庄 频率（%）	集聚提升类村庄 频数（人）	集聚提升类村庄 频率（%）	特色保护类村庄 频数（人）	特色保护类村庄 频率（%）	一般村庄 频数（人）	一般村庄 频率（%）
不愿意	7	8.14	11	9.73	9	7.89	15	9.74
非常愿意	57	66.28	71	62.83	84	73.68	104	67.53
条件性愿意	22	25.58	31	27.43	21	18.42	35	22.73
提供培训和设备	17	76.27	25	80.64	18	85.71	26	74.29
给予经济补助	5	22.73	6	19.35	3	14.29	9	25.71
样本总数（前三项）	86	100	113	100	114	100	154	100

三　变量描述

本书在构建农村居民参与乡村文化自组织的影响因素的计量模型时，选择了4类共17个变量，变量的名称、定义见表4-4。

表 4-4　　　　　　　　模型变量名称及赋值

变量名称	变量赋值
因变量	
参与意愿	0＝不愿意；1＝条件性愿意；；2＝非常愿意
自变量	
个人及家庭特征	
性别	1＝男；0＝女
年龄	1＝18岁以下；2＝18—29岁；3＝30—44岁；4＝45—65岁；5＝66岁及以上
职业	1＝学生；2＝公务员、事业单位职员；3＝企业员工；4＝农民；5＝个体工商户；6＝离退休人员
文化程度	1＝小学及以下；2＝初中；3＝高中、中专；4＝大专、本科；5＝研究生及以上
家庭年总收入	1＝没有收入；2＝12000元及以下；3＝12000—24000（含）元；4＝24000—50000（含）元；5＝50000元以上
家庭文化消费支出	1＝100元及以下；2＝100—500（含）元；3＝500—1000（含）元；4＝1000—2000（含）元；5＝2000元以上

续表

变量名称	变量赋值
农村社区特征	
村经济发展水平	1=贫困村；2=一般；3=发展较好
村文化资源富集情况	1=文化资源丰富；2=有一点文化资源；3=文化资源缺乏
公共文化设施覆盖率	村委会填写（%）
农村居民对乡村文化自组织的认知	
参与社区文化活动的必要性认知	1=没有必要；2=有点必要；3=有必要；4=非常有必要
了解农村文化组织的性质和功能	1=完全不了解；2=了解一些；3=比较了解；4=非常了解
了解农村文化组织成员应承担的义务和享有的权利	1=完全不了解；2=了解一些；3=比较了解；4=非常了解
了解乡村文化自组织的数量、场所以及活动信息	1=完全不了解；2=了解一些；3=比较了解；4=非常了解
参与农村文化组织在日常生活中的重要程度	1=没兴趣、完全不重要；2=可有可无，不太重要；3=感兴趣，但并非不可少；4=非常感兴趣，不可或缺
外部环境引导	
基层政府支持力度	1=阻碍反对；2=不太支持；3=比较支持；4=非常支持
周围人群推荐力度	1=阻碍反对；2=不太推荐；3=偶尔推荐；4=经常推荐
乡村文化自组织宣传力度	1=没有宣传；2=偶尔宣传；3=经常宣传

第三节 模型选择与结果分析

一 模型选择

根据调查数据的特征，本书的解释变量为农村居民个人及家庭特征、农村社区特征、农村居民对乡村文化自组织认知状况和外部环境引导等特征变量，被解释变量为农村居民参与乡村文化自组织的意愿。鉴于有序 Logit（Oridinal）回归模型能能对分类因变量和分类自变量（连续自变量、混合变量）进行回归建模，没有关于变量分布的假设条件，应用最为广泛。有序 Logit 多元回归以比率成比定为前提检验条件，因为被解释变量农村居民参与乡村文化自组织的意愿的定义与赋值具有等级次序性质（不愿意为 0，条件性愿意为 1，愿意为 2），符合 Logit 有序回归条件，能反映农村居民对乡村文化自组织的参与偏好异质性的影响因素。因此本书将采用多元有序 Logist 模型对问卷进行分析，模型假定如下：

假设 $y^* = \beta X_i + \varepsilon$（$y^*$ 表示观测现象内在趋势，不能被直接测量），选择规则为：

$$y = \begin{cases} 0, & \text{若 } y^* \leq r_0 \\ 1, & \text{若 } r_0 < y^* \leq r_1 \\ 2, & \text{若 } r_2 \leq y^* \end{cases} \qquad (\text{式 } 4\text{-}1)$$

式 4-1 中，$r_0 < r_1 < r_2$，为待估参数，即"切点"（Cutoff Points，在表 4-7 中简称"cut"），y 表示样本农村居民参与乡村文化自组织的意愿；X_i 表示前文 4 类影响因素中的 17 个具体变量，$i = 1, 2, 3, \cdots 17$；β 为自变量系数；ε 为随机扰动项。

二 样本及变量描述性统计分析

（一）样本描述性统计

调查样本的特征如表 4-5 所示：（1）从性别上看，男性占 37.90%，女性占 62.10%，这与农村社区大多数男性外出务工的基本情况相符；（2）从年龄上看，18 岁以下的占 7.07%，18—29 岁的占 9.64%，30—44 岁的占 18.42%，45—65 岁的占 42.61%，66 岁以上的占 22.27%，说明农村居民中主要以中老年为主；（3）从职业上看，学生占 8.99%，公务员、事业单位职员占 8.14%，企业员工占 8.99%，农民占 47.75%，个体工商户占 13.92%，离退休人员占 12.21%，农民群体占一半左右，而个体工商户与离退休人员也有一定人数；（4）从文化程度上看，小学及以下占 14.78%，初中占 47.2%，高中、中专占 28.27%，大专、本科占 4.5%，研究生及以上占 0.86%，文化程度主要集中在初高中；（5）从家庭年总收入与家庭文化消费支出来看，农户家庭收入的分布比较均匀；而家庭年文化消费的区间大多在 100—500 元；（6）从村经济发展水平和村文化资源情况来看，贫困村占 16.70%，发展一般的占 56.53%，发展较好的占 26.77%，而有丰富文化资源的占 25.48%，有一点文化资源的占 55.67%，缺乏文化资源的占 18.84%。总体上看，样本特征符合目前我国农村的基本情况，具有一定的代表性。

表 4-5　　　　　　　　　　样本描述性统计

特征	问项	频数	频率（%）	特征	问项	频数	频率（%）
性别	男	177	37.90	家庭年总收入	没有	45	9.64
	女	290	62.10		12000 元及以下	97	20.77
年龄	18 岁以下	33	7.07		12000—24000（含）元	165	35.33
	18—29 岁	45	9.64		24000—50000（含）元	101	21.63
	30—44 岁	86	18.42		50000 以上	59	12.63
	45—65 岁	199	42.61	家庭文化消费支出	100 元及以下	142	30.41
	66 岁以上	104	22.27		100—500（含）元	175	37.47
职业	学生	42	8.99		500—1000（含）元	95	20.34
	公务员、事业单位职员	38	8.14		1000—2000 元	45	9.64
	企业员工	42	8.99		2000 元以上	10	2.14
	农民	223	47.75	村经济发展水平	贫困	78	16.70
	个体工商户	65	13.92		一般	264	56.53
	离退休人员	57	12.21		发展较好	125	26.77
文化程度	小学	69	14.78	村文化资源情况	丰富	119	25.48
	初中	221	47.32		一点	260	55.67
	高中、中专	132	28.27		缺乏	88	18.84
	大专、本科	21	4.50	样本总数	467		
	研究生及以上	4	0.86				

（二）变量描述性统计分析

样本自变量描述统计分析和预期影响方向如表 4-6 所示。

表 4-6　　模型变量名称及赋值变量描述性统计和预期影响方向

变量名称	均值	标准差	最小值	最大值	预期影响方向
个人及家庭特征					
性别	0.379	0.543	0	1	?

第四章　乡村文化自组织的居民参与意愿及影响因素分析 / 89

续表

变量名称	均值	标准差	最小值	最大值	预期影响方向
年龄	3.633	0.742	1	5	?
职业	3.861	0.499	1	6	?
文化程度	2.165	0.645	1	5	+
家庭年总收入	3.227	0.534	1	5	+
家庭文化消费支出	2.156	0.872	1	5	+
农村社区特征					
村经济发展水平	2.101	0.697	1	3	+
村文化资源情况	1.934	0.792	1	3	+
公共文化设施覆盖率	0.845	0.341	0.643	0.936	-
农村居民对乡村文化自组织的认知					
参与社区文化活动的必要性	2.805	0.376	1	4	+
了解农村文化组织的性质和功能	2.797	0.397	1	4	+
了解农村文化组织成员应承担的义务和享有的权利	2.739	0.411	1	4	+
了解乡村文化自组织的数量、场所以及活动信息	2.741	0.414	1	4	+
参与农村文化组织在日常生活中的重要程度	3.006	0.314	1	4	+
外部环境引导					
基层政府支持力度	2.677	0.521	1	4	+
周围人群推荐力度	3.248	0.337	1	4	+
乡村文化自组织宣传力度	2.527	0.476	1	3	+

二　结果分析

本书运用stata14.0分析软件对农村居民参与乡村文化自组织的意愿影响因素模型进行估计。从模型估计结果（见表4-7）可以看出，农村居民对乡村文化自组织认知因素和外部环境引导因素显著影响了其对乡村文化自组织的参与意愿的程度，而个人和家庭特征及农村社区特征只是从某些方面显著影响。具体分析如下。

（一）农村居民个人及家庭特征因素

模型估计结果显示，性别、年龄和家庭年总收入及家庭文化消费支出这4项指标对农村居民参与乡村文化自组织的意愿有显著影响，而职业与文化程度这两项指标则对农村居民参与乡村文化自组织的意愿没有显著影响。这一结果与前文笔者的预期有所出入，这所展现的现象及其背后的原因则相当有趣也更为复杂，值得好好探讨。性别、年龄、职业和文化程度是农村居民个体特征的基本表现，从理论上而言，其中性别和年龄属于自然属性，对其参与乡村文化自组织的意愿影响程度不大，而职业和文化程度则属于社会属性，对其参与的意愿影响程度会较大。但本书的模型估计结果则恰好显示了大相径庭的影响态势，即性别、年龄自然属性与职业、文化程度社会属性相比对农村居民参与乡村文化自组织的意愿影响更显著，并且这一模型估计结果也与我们在实地调研中深度观察访谈的现象相一致。理论分析与实证结果的反差背后蕴藏的原因很复杂，但与现代中国农村社会变迁这一基本趋向所造成的结果一致。随着改革开放以来中国城镇化加速发展，农村人口大量持续向城镇迁移，农村呈现空心化的现象。根据陈波、耿达（2014）的研究，近5年来行政村迁出村民户数呈现快速增长的趋势，从2008年的平均11.27户增长到2012年的平均24.42户。2012年西部行政村村均户籍迁移数为44.5户，东部为22.1户，中部为16.27户。西部农村的人口流动量更大，随着青壮年外出打工和落户城市，一些村庄仅由老人和妇女留守。农村人口向城镇大规模和持续性迁移，是中国社会现代化进程的结构化运动，具有不可逆性。农村空心化抽离了农村文化建设的主体，这在根本上导致当前农村社区居民参与乡村文化自组织的主体人群以老年人和妇女居多。实地调研中像舞龙舞狮这些需要青壮年的乡村文化自组织，有些村庄也主要是老年人和妇女参与，青壮年男性基本都外出务工。

而职业、文化程度这些社会属性对农村居民参与乡村文化自组织的意愿影响不显著，一方面，在加速城镇化的过程中，包括农村青壮年、有知识技能的劳动力和有一定教育学历等在内的农村精英阶层成为最先迁入城市的群体，他们基本上已经融入城镇文化生活的氛围，希望在城镇生活中塑造自己的人生价值，农村社会传统的常态性社会关系结构开始瓦解。虽然过年过节会出现候鸟式的迁徙回乡探亲，但这种"间歇式"存在已经难以融入农村社会文化之中，更无法参与到乡村文化自组织的发展中。另一方面，农村居民参与乡村文化自组织的意愿在很大程度上受农村社区熟人社会的影响。在一个熟人社会中，农村居民被或强或弱的关系联系在农村社会这个网络上面,他(她)参与农村社区集体行动的主要目的是获得公共物品、增进社区邻里感情和社会信任。因此,农村居民个人特征的社会属性对其参与乡村文化自组织的意愿影响被削弱了,影响其文化参与意愿的因素更重要的是他与所在村庄的社会关联程度。不同职业和文化程度的农村居民参与乡村文化自组织的意愿并没有显著差异,表明农村居民社会身份的个体异质性并没有体现在他们的行为方式上。这样的结论说明农村居民在日常文化生活中的相互交往、接触、学习,在不断的社会互动过程中,他们的行为规则和行为模式产生趋同(Horst et al., 2005)。

反而是家庭年总收入和家庭文化消费支出对农村居民参与乡村文化自组织的意愿产生显著影响。家庭收入状况的影响与笔者的预期一致,说明只有在收入达到一定水平的情况下,农户才有能力参与公共文化服务的供给,而且随着家庭收入水平的提高,其参与供给的意愿也会提高,这是符合一般规律的。另外,村庄中的经济精英更希望获得自己的社会声望,因此,他们愿意利用自己的经济和社会资源来参与村庄公共物品的供给,这在一定程度上促进了村庄发展。而家庭文化消费支出对农村居民参与乡村文化自组织的意愿也有比较显著的影响,这进一步说明,农村居民在一定经济物质基础上,更愿意表达自己的文化需求,并更愿意参与各种文化活动,通过各种参与各种文化活动来展示自己的文化话语。

(二)农村社区特征因素

模型估计结果显示,村经济发展水平和村文化资源富集情况对农村居民参与乡村文化自组织的影响均不显著,这表明农村居民参与乡村文化自组织的意愿与村庄的地理位和资源禀赋的关系不大。这可能是样本的地域集中性导致,同时调查中也发现,各个村的乡村文化自组织之间的相互交流较少,一般村、贫困村和富裕村乡村文化自组织的参与差距并不大,而且农村居民的文化需求与本村的文化资源富集情况也无明显相关性。原因可能是乡村文化自组织其实是农村群众的一种文化生活样态,是休闲娱乐的一种表现形态,也是农村群众兴趣爱好的一种体现,与村庄的经济发展水平和文化资源富集程度并没有直接关联。

而值得关注的是,村公共文化设施覆盖率对农村居民参与乡村文化自组织产生了显著的正向影响。一般理论分析认为,政府提供的公共文化服务供给会对农村民间文化自愿供给产生"挤出效应",政府提供的公共文化产品和服务越优质越高效,农村居民就越不愿意自办文化,陷入"搭便车"的困境。但是,模型估计结果却表明,在其他条件不变的情况下,农村社区公共文化设施覆盖率越高,农村居民参与乡村文化自组织的概率就越大。回归结果显示,农村社区公共文化设施覆盖率每提高1个百分点,农村居民参与乡村文化自组织行为比原来提高0.309倍,这与本书之前的预期完全相反。这说明政府支持农村社区公共文化设施建设并没有对农村居民参与乡村文化自组织产生"挤出效应",反而对农村居民参与乡村文化自组织产生了"引致效应":一是政府对农村社区公共文化设施的供给可被视为对农村群众自办自创公共文化供给的一种补贴,从而刺激农村居民参与乡村文化自组织的激情;二是政府提升农村社区公共文化设施的服务供给能为乡村文化自组织建设提供相应的技术支持和相应的配套设施(场地、音箱、灯光等),从而为乡村文化自组织的建设发展提供便利(钱文荣、应一道,2014)。实地调研也发现,在公共文化设施状况更好的农村社区,农村居民更愿意参与乡村文化自组织。出现这种现象的原因是:农村社区公共文化设施覆盖率越好说明基层政府的组织能力和运行能力较强,基层政府也就更加支持农村公共文化服务体系建设,农村社区公共文化服务供给的氛围就更加浓厚,农村居民参与乡村文化自组织的文化自信和文化获得感、幸福感也就更加突出。因此,政府投入农村公共文化服务体系建设与乡村文化自组织建设发展是相辅相成、相得益彰、互补互济的合作关系,并不是所谓的相互排斥排挤的对立关系。

(三)农村居民对乡村文化自组织认知状况因素

模型估计结果显示,对参与乡村文化自组织的必要性认知、对乡村文化自组织的了解程度(包括性质和功能、权利和义务、数量、场所以及活动信息等)和对参与乡村文化自组织在日常生活中的重要程度评判等变量都对农村居民参与乡村文化自组织的意愿产生显著正向影响。参与乡村文化自组织的必要性认知和对参与乡村文化自组织在日常生活中的重要程度评判分别通过了10%和1%统计水平的显著性检验,模型结果显示,参与必要性认知和参与重要程度评判每上升1个百分点,农村居民参与乡村文化自组织行为的发生比将比原来提高0.671倍。这与理论预期相一致。原因是参与乡村文化自组织对于农村居民来说,可以提高文化供给的充足性并提高文化供给和服务的质量,也能够提升自身的文化艺术素质,并且有助于减少打牌的时间,培养积极健康的休闲娱乐方式,在一定程度上还有利于减少邻里纠纷,促进乡亲和睦相处,在整体上提升了乡风文明。农村居民对乡村文化自组织持积极支持态度是影响其参与乡村文化自组织行为最直接的因素。

另外,了解乡村文化自组织的性质和功能、了解乡村文化自组织成员应承担的义务和享有的权利、了解乡村文化自组织的数量、场所以及活动信息等基本情况的程度对农村居民参与乡村文化自组织均有显著正向影响,在模型估计结果中,分别在10%、5%、1%和1%水平上显著,这与前文理论假设一致。结果显示,了解乡村文化自组织的性质和功能,了解乡村文化自组织成员应承担的义务和享有的权利,了解乡村文化自组织的数量、场所以及活动信息程度每上升1个百分点,其参与乡村文化自组织行为的发生比将比原来分别提高0.669倍、0.693倍和0.742倍。故此,农村居民对乡村文化自组织的了解程度越多越深刻,就越能领会到参与乡村文化自组织的重要性和必要性,从而参与态度就越积极,结果是参与乡村文化自组织的可能性就越大。

(四) 外部环境引导因素

模型估计结果显示,基层政府支持力度、周围人群推荐力度和乡村文化自组织宣传力度均对农村居民参与乡村文化自组织产生显著的正向影响,这三项指标都通过了10%统计水平的显著性检验,这与前文理论假设相一致。结果显示,基层政府支持力度、周围人群推荐力度和乡村文化自组织宣传力度分别现在5%的水平上显著。基层政府支持力度、周围人群推荐力度和乡村文化自组织宣传力度每上升1个百分点,其参与乡村文化自组织行为的发生比将比原来分别提高0.631倍、0.601倍和0.515倍。因此,农村居民参与乡村文化自组织需要基层政府的大力支持、周围人群的极力推荐和乡村文化自组织的广泛宣传。因为农村居民参与乡村文化自组织的意愿不仅受到个体及家庭特征、农村社区特征和认知状况的影响,还取决于其所在的社区基层政府、社区人群对其参与乡村文化自组织的态度,所以,如果社区基层政府、社区人群对农村居民参与乡村文化自组织持积极态度,鼓励农村居民参与,则农村居民理所当然愿意参与乡村文化自组织。

表 4-7　农村居民参与乡村文化自组织意愿影响因素模型的估计结果

变量名称	系数	标准误	T检验值	结果影响方向
个人及家庭特征				
性别	-0.798**	0.396	-2.545	+
年龄	0.467**	0.292	1.562	+
职业	-0.211	0.412	0.976	-
文化程度	-0.372	0.308	1.232	
家庭年总收入	0.698***	0.356	1.874	+
家庭文化消费支出	0.421**	0.422	1.761	+
农村社区特征				
村经济发展水平	-1.301	0.245	-2.219	-
村文化资源情况	-0.412	0.311	1.788	-
公共文化设施覆盖率	0.309***	0.443	-1.67	+
农村居民对乡村文化自组织的认知				
参与社区文化活动的必要性	0.671*	0.359	2.141	+
了解农村文化组织的性质和功能	0.669*	0.354	2.099	+
了解农村文化组织成员应承担的义务和享有权利	0.693**	0.353	2.003	+
了解乡村文化自组织的数量、场所以活动信息	0.742***	0.386	2.197	+
参与农村文化组织在日常生活中的重要程度	0.779***	0.376	2.221	+
外部环境引导				
基层政府支持力度	0.631**	0.343	2.031	+
周围人群推荐力度	0.601**	0.385	2.239	+
乡村文化自组织宣传力度	0.515**	0.418	2.519	+
模型拟合结果				
cut1	0.819	0.701		
cut2	1.764	0.689		
伪 R^2		0.062		
LRx^2 (17)		41.65		
显著水平		0.000***		
样本量		467		

注：*、**和***分别表示在10%、5%和1%的水平上显著。

第四节 研究结论和对策建议

一 研究结论

鉴于乡村文化自组织的"俱乐部物品"特性，农村居民参与是保障其健康长效稳定发展的基本动力。本书基于城郊村融合类、集聚提升类、特色保护类和一般类4种类型的农村社区，对云南省12个市县12个行政村467位农村居民进行问卷调查，并运用有序Logit回归模型，分析了农村居民参与乡村文化自组织的意愿及其影响因素，研究发现：

第一，农村居民参与乡村文化自组织的意愿比较强烈，绝大多数农村居民（90.01%）愿意无偿或者在一定条件下参与乡村文化自组织。其中，67.67%的农村居民表示非常愿意参与乡村文化自组织，不论自身是否取得报酬，愿意无偿甚至付费参与乡村文化自组织的活动，23.34%的农村居民表示若可以提供培训和活动所需设备或给予一定的经济补偿时参与乡村文化自组织的活动，其中75%以上的条件性参与者需要提供培训和所需设备。

第二，在农村居民个人及家庭特征因素中，性别、年龄和家庭年总收入及家庭年文化消费支出这4项指标对农村居民参与乡村文化自组织的意愿有显著影响，而职业与文化程度这两项指标则对农村居民参与乡村文化自组织的意愿没有显著影响。这表明，在城镇化加速发展的背景下，农村人口向城市大规模转移和跨区域流动，在一定程度上瓦解了传统农村社会的社会关系网络结构，农村居民的自然属性（性别、年龄）相比社会属性（职业、文化程度）对参与农村公共文化建设具有更加显著的影响，因为当前农村社区中老年人和妇女是生产生活的主力。家庭年总收入及家庭年文化消费支出是农村居民参与乡村文化自组织的物质基础和精神动力，文化消费需求越旺盛，对参与乡村文化自组织的话语表达越强烈。

第三，在农村社区特征因素中，村经济发展水平和村文化资源富集情况对农村居民参与乡村文化自组织的影响不显著，反倒是农村公共文化设施覆盖率对其参与意愿产生了显著的正向影响。这表明，农村居民参与乡村文化自组织的动力并不在于农村社区的经济条件和文化资源禀赋，而是农村居民文化生活的一种自然产物，是农村居民文化参与、文化表达的自我集成产物，但是农村居民的文化参与和文化表达需要公共文化设施的普及与效能优化。因此，政府支持农村社区公共文化设施建设，并没有对农村居民参与乡村文化自组织产生"挤出效应"，反而对农村居民参与乡村文化自组织产生了"引致效应"，能够为农村居民参与乡村文化自组织提供场地、技术支持和资金补助，政府供给与农村民间供给是相辅相成、相得益彰、互补互济的合作关系，并不是所谓的相互排斥排挤的对立关系。

第四，在农村居民对乡村文化自组织认知状况因素中，对参与乡村文化自组织的必要性认知、对乡村文化自组织的了解程度（包括性质和功能、权利和义务、数量、场所以及活动信息等）和对参与乡村文化自组织在日常生活中的重要程度评判等变量都对农村居民参与乡村文化自组织的意愿产生显著正向影响。农村居民对乡村文化自组织的了解程度越深刻，就越能领会到参与乡村文化自组织的重要性和必要性，从而参与态度就越积极，结果是参与乡村文化自组织的可能性就越大。

第五，在外部环境引导因素中，基层政府支持力度、周围人群推荐力度和乡村文化自组织宣传力度均对农村居民参与乡村文化自组织产生显著的正向影响。农村居民参与乡村文化自组织需要基础政府的大力支持、周围人群的极力推荐和乡村文化自组织的广泛宣传。基层政府、社区社群和乡村文化自组织构成了农村居民文化参与的基本公共文化空间，文化空间营造的氛围更加热烈，农村居民文化参与的意愿也会更加强烈。

二 对策建议

基于上述实证分析及研究结论，可以有针对性地提出以下几点具体建议。

第一，促进农村居民文化消费。研究发现，家庭文化消费支出是影响农村居民参与乡村文化自组织行为的重要因素。从回归方程模型估计结果可知，家庭文化消费支出与农村居民参与乡村文化自组织意愿呈正相关关系。因此，鼓励促进农村居民文化消费，可以增加农村居民文化参与的意愿。当前我国居民文化消费呈现出从注重量的满足向追求质的提升、从有形物质产品向更多服务消费、从模仿型排浪式消费向个性化多样化消费等一系列转变（国家发改委，2018）。文化消费是促进农村居民文化参与的重要动能,充分调动地方政府和社会各界的参与积极性,在全国范围内开展引导城乡居民扩大文化消费试点工作。"农村居民是农村文化消费的主体,为农村文化市场发展提供着源源不断的动力,不同区域的农村居民文化需求不同,必须准确挖掘当地农村居民的文化需求,提供相应的文化产品或服务。"(李元,2018)政府和社会企业除了要优化农村文化消费结构和增加农村文化消费市场供给外,最重要的一点是要发掘农村文化消费的本土特色,如赛龙舟、舞龙舞狮、花灯、戏曲、庙会等,而这些都可以通过乡村文化自组织这个活态载体集中体现出来。

第二,提升农村公共文化设施覆盖率。研究发现,政府支持农村公共文化设施建设对农村居民参与乡村文化自组织产生了"引致效应"。因此,政府要完善农村公共文化设施建设,提升农村公共文化设施覆盖率,并增强农村公共文化设施的服务效能。政府应当充分利用公共文化设施,促进优秀公共文化产品的提供和传播,支持开展全民健身、优秀传统文化传承活动。基层综合性文化服务中心应当加强资源整合,建立完善公共文化服务网络,充分发挥统筹服务功能,为公众提供群众性文化体育活动等公共文化服务。农村公共文化设施的普及能够为农村居民参与乡村文化自组织提供基础设施、技术支持和项目培训。

第三,加强乡村文化自组织能力建设。研究发现,农村居民对乡村文化自组织的认知状况是影响其参与意愿的重要因素。因此,乡村文化自组织要加强自我能力建设。"自治自律"是乡村文化自组织健康发展的基础。实现"自治自律",要加强内部管理,在法人治理结构、人员的引进与淘汰机制、财务管理方面积极加强工作。服务能力是提升乡村文化自组织社会影响力的重要因素,乡村文化自组织要强化服务会员服务公众的意识,扩大服务内容、提升服务质量。

第四,建立政府、社团、农村居民之间的利益联结协调机制。政府、乡村文化自组织和农村居民都是农村公共文化服务体系建设的重要主体,其中,政府处于主导地位,农村居民是中心,乡村文化自组织是重要补充力量。政府应发挥主导作用,完善农村公共文化设施网络建设,提升公共文化服务供给的质量和效能,保障农村居民基本的文化需求,并为乡村文化自组织的建设发展提供制度供给;乡村文化自组织要发挥重要的沟通链接机制,积极承担社会责任,调动农村居民文化参与和文化创造的热情激情;农村居民应增强自身的文化素养,积极表达自己的文化需求，积极参与农村公共文化空间的营造，促使政府公共文化服务供给落到实处。

第五节　本章小结

乡村文化自组织是乡村公共文化服务的主体，鉴于乡村文化自组织具有"俱乐部物品"特征，本书从个人及家庭特征因素、农村社区特征因素、乡村文化自组织的认知情况因素和外部环境引导因素4个方面构建了乡村文化自组织的居民参与意愿研究框架，并基于云南省12个村467份问卷数据实证分析了农村居民参与乡村文化自组织的意愿及影响因素，得出以下结论：

第一，农村居民对乡村文化自组织的参与意愿较为强烈，90%以上农村居民愿意或条件性愿意参与乡村文化自组织；

第二，在农村居民个人及家庭特征因素中，性别、年龄和家庭年总收入及家庭年文化消费支出这4项指标对农村居民参与乡村文化自组织的意愿有显著影响；

第三，农村社区特征中，农村公共文化设覆盖率对农村居民参与乡村文化自组织产生了显著影响；

第四，农村居民对乡村文化自组织的认知程度均对其参与意愿具有显著影响，尤其在对乡村文化自组织的数量场地和活动信息以及参与农村文化组织在日常生活中的重要程度方面影响较大；

第五，外部环境引导程度对农村居民参与乡村文化自组织的意愿产生显著正向影响。

基于此，本书提出了促进农村居民文化消费、提升农村公共文化设施覆盖率、加强乡村文化自组织能力建设和建立政府、乡村文化自组织、农村居民之间的利益联结协调机制的建议。

第五章　基于 SERVQUAL 的乡村文化自组织服务质量评价模型构建与量表开发

改革开放 40 多年来，乡村文化自组织在中国广大农村的乡土上扎根生长，发展方兴未艾，成为农村群众文化生活一道靓丽的风景线。乡村文化自组织由于其具有的非政府性、志愿性、公益性、公共性、共享性、自治性等属性，是发展繁荣乡村公共文化服务、助推乡村文化振兴的重要社会基础，也是承担农村公共文化服务供给、活跃乡村公共文化建设、丰富乡村文化市场的重要内生力量。乡村文化自组织所提供的公共文化服务，具有组织的自发性、内容的传承性、范围的地域性、方式的灵活性和潜移默化的影响力（金才汉、耿志红，2014），是农村居民日常生活中喜闻乐见的文化场景。但目前学界对乡村公共文化服务供给的研究主要集中在政府供给方面，对政府主导的农村公共文化服务供给的绩效评价体系进行了一定的研究，但研究视角主要集中在政府供给制度、自上而下供给决策机制及基层政府绩效考核机制等方面，而对乡村文化自组织参与乡村公共文化服务供给的评价体系研究则相当匮乏，相关研究基本阙如。本书前面几章已经分别阐述论证了乡村文化自组织的基本属性、功能定位、发展路径及农村居民参与乡村文化自组织的意愿及其影响因素，本章将以农村居民的文化需求和文化认同价值为导向，基于文献研究和实地调查，界定了乡村文化自组织的服务质量内涵，修正了 SERVQUAL 模型运用在评价乡村文化自组织服务质量的维度，基于 SERVQUAL 模型的感知差距模型构建了乡村文化自组织服务质量的评价模型和量表，以便对乡村文化自组织参与农村公共文化服务供给的服务质量进行实证分析，深入了解乡村文化自组织的服务质量水平和居民满意度，并为乡村文化自组织提升优化乡村公共文化服务供给质量提供测量依据和策略建议。

第一节 基于 SERVQUAL 的乡村文化自组织服务质量评价模型构建

根据公共物品理论和公共治理理论，乡村文化自组织是农村公共文化服务供给和乡村公共文化建设的重要参与主体。为农村群众提供喜闻乐见、积极健康的公共文化服务是乡村文化自组织的基本价值取向。因此，以服务质量作为乡村文化自组织服务质量评价的核心指标能够反映乡村文化自组织的价值使命，也是将乡村文化自组织这种草根性文化服务组织纳入政府购买公共文化服务创新性举措的重要依据。目前，SERVQUAL 模型已经成为服务质量评价的权威性工具，它的基本原理是根据顾客对提供服务组织的质量感知差距评价服务水平，其有效性、可靠性和预测性都得到了广泛的支持（罗晓光、张宏艳，2008）。目前，关于 SERVQUAL 模型的评价与研究在私人商品领域已得到了广泛的运用，也被学者引入公共服务领域的服务质量评价。

一 乡村文化自组织的服务质量内涵界定

服务具有无形性、不可储存性、差异性以及服务和消费同时性（韩经纶、董军著，2006），不同行业的服务特性不同，对于服务质量的定义也难以统一，但服务的目的是使服务对象产生愉悦，服务质量的评价是基于服务对象对服务体验过程是否达到预期的主观性感知评价，综合多数学者对于服务质量的评价的研究，以顾客导向作为评价主体，比较服务期望与实际感知差距是服务质量形成与评价的核心机制。改进后的 SERVQUAL 评价模型，延伸了用户期望的概念，通过理想服务差距和适当服务差距的测量，更详尽精确地衡量了评价对象的服务质量所处水平，并通过服务容忍区间概念，管理者可得知目前的实际服务水平是否处于顾客的接受范围，有助于诊断服务缺陷并实施改进措施（Zeithaml V L, Berry et al., 1993）。

在乡村文化自组织的服务质量评价情境中也遵循服务质量差距理论的构念，农村居民作为乡村文化自组织公共文化服务参与者和接受者，在参与接受乡村文化自组织的服务过程中，亲身体验和感知了乡村文化自组织的服务特征、服务功能和运行机制，并基于自身参与意愿、服务参与经历和服务口碑形成对乡村文化自组织理想服务期望和最低承受标准，并在实际参与乡村文化自组织的服务过程中对比实际服务与期望服务的差距，判断对乡村文化自组织的服务质量是否处于可容忍的范围内达到基本满意的标准。因此，本书将乡村文化自组织服务质量的操作定义界定为：农村居民在日常参与乡村文化自组织的活动中形成的服务期望与实际感知服务差距的主观判断与比较。

SERVQUAL 模型在公共服务领域的运用结合了公众认知与情感等因素进行综合评价，能有效反映公众对公共产品（服务）的参与意愿和文化需求，对进一步提高公共文化服务的精准供给和可持续发展提供了可参照的凭借。目前，乡村文化自组织已成为乡村公共服务供给的中坚力量，设计适用的 SERVQUAL 模型对乡村文化自组织的服务进行评价能科学衡量农村居民对乡村文化自组织目前的服务期望与实际绩效之间的差距，能有针对性地采取有效的措施改进和提升乡村文化自组织的服务质量。

二　乡村文化自组织服务质量评价维度修正

多数学者提出，在运用 SERVQUAL 模型对公共服务领域进行质量评价时，应根据服务属性对维度进行调整，以形成适合于研究领域的维度体系（Lisa J, Morrison Coulthard, 2004）。因此我们进一步对 SERVQUAL 模型的维度用于评价乡村文化自组织服务的适用性进行分析，并根据乡村文化自组织参与乡村公共文化服务供给的特点，对 SERVQUAL 模型原有的 5 个维度进行修正。

（一）SERVQUAL 模型评价乡村文化自组织的原有维度适用性分析

有形性是指服务主体可以提供优良服务的有形证明；有形性是农村居民对乡村文化自组织提供公共文化服务所拥有的有形物质基础，包括服务设施设备，服务人员的穿着及精神面貌等有形物质，乡村文化自组织的参与者和公众也会从直观的角度感受乡村文化自组织是否具备提供公共文化服务的能力，通过调研和访谈发现，有形性对农村居民参与乡村文化自组织具有显著影响，因此，有形性应该作为评价乡村文化自组织服务质量水平的一个维度。

保证性是指服务主体所具有的知识、礼节以及表达出自信与可信的能力。保证性是乡村文化自组织为农村居民提供文化服务所具备能力的展现，主要表现在文艺技能、创作能力、所展现出的服务使命感和活动的开展情况四个方面。乡村文化自组织多为自发性的文艺组织，在文艺技能方面参差不齐，文化技能的高低决定了乡村文化自组织能否为农村群众提供优质的文化服务，满足农村居民的文化需求；同时，通过调研发现，乡村文化自组织的文艺技能水平对组织成员的文化自信和村民的认可程度具有一定的影响。因此保证性维度适用于乡村文化自组织的服务质量评价。

可靠性是指服务主体能一贯可靠地履行服务承诺的能力。可靠性是农村居民与乡村文化自组织在长期的互动中所形成的信赖关系的体现，主要表现在乡村文化自组织能否得到农村居民的信任和支持、获得良好的口碑，能否热情、友好地为农村居民提供文化服务，能否提供农村居民喜闻乐见的文化服务，因此可靠性是评价乡村文化自组织服务质量的重要标准。在调研中发现，乡村文化自组织作为乡村公共文化服务供给者相较于政府供给具有天然的比较优势，乡村文化自组织成员与村民生活在同镇、同行政村甚至就是左邻右舍，具有较高的信任感，在文化认同上具有一致性，所提供的文化服务的形式和内容具有较高的认可度，同时乡村文化自组织能够表现出良好的服务意愿，能积极地为农村居民提供文化服务。

响应性是指服务主体能主动帮助顾客并及时为顾客提供服务的意愿。响应性是乡村文化自组织对农村居民文化服务需求的及时满足程度和反馈的体现。对于农村公共文化服务供给而言，响应性这一维度有更加重要的意义。长期以来，政府主导的农村公共文化服务一直遵循"自上而下"的行政供给模式，政府主导建设的农家书屋、文化站、信息共享工程、电影放映工程和一系列"送文化下乡"工程等形成了一种格式化供给，对于农民群众的文化需求缺乏相应的响应和反馈机制，并且政府主导建设的这些"文化阵地"一直缺乏对农村居民公共文化服务的主动性意识，对农村居民所需要的文化需求反应麻木冷淡，这也是农村居民对政府提供的公共文化服务"弱参与"现象的影响因素。而乡村文化自组织是农村居民自愿参与自我管理建设的群众文化团体，嵌入在农村居民日常生活的文化场景之中，其基本理念就是为农民群众提供公共文化服务，能够及时响应农民群众所需求的各具特色的乡村文化活动。

移情性是指服务主体关心顾客利益并提供个性化服务；移情性是乡村文化自组织在服务中所表现出的同理心和行动性，乡村文化自组织作为乡村公共文化服务的农村民间供给主体之一，与政府供给和市场供给有所区别，这就要求在乡村文化自组织服务质量评价中要突出体现乡村文化自组织的志愿性、公益性特征，了解村民的文化需求和期望、关注农村居民的文化权益、从农民群众的角度考虑问题是乡村文化自组织提供的服务能否得到广大农村居民认可认同的重要因素。

通过对农村民间文化组织的调研与访谈，本书根据乡村文化自组织的服务特征与内涵，结合 SERVQUAL 模型原有维度的定义和评价内容，对 SERVQUAL 模型在评价乡村文化自组织服务中的适用性进行了分析，并根据乡村文化自组织的服务评价需要对原有维度的评价内容做出适当调整，认为 SERVQUAL 模型原有的有形性、保证性、可靠性、响应性和移情性适用于乡村文化自组织的评价，但在量表具体测项的设计上需加入符合乡村文化自组织服务特点的内容。

（二）SERVQUAL 模型评价乡村文化自组织的维度修正分析

乡村文化自组织是农村公共文化服务体系中不可分割的有机组成部分，是乡村文化振兴的基础建构力量，是农村公共文化的建设者、传统文化的传承者、先进文化的推进者，是农村群众文化工作的骨干，具有组织的自发性、内容的传承性、范围的地域性、方式的灵活性和潜移默化的影响力，在农村公共文化建设中发挥着不可替代的重要作用。乡村文化自组织所提供的农村公共文化服务，不同于市场提供的营利性服务，也有别于政府提供的公共文化服务。乡村文化自组织最大的特点就是农村群众自办文化，是一种"共建、共享、共治"的模式。乡村文化自组织广泛的群众性是政府与农民群众之间相互沟通联结的桥梁和纽带，乡村文化自组织既是群众文化的提供者又是参与者，既是公共文化服务的奉献者又是享受者。乡村文化自组织使政府的公共文化服务理念与群众对多元文化的需求意识形成无缝融合，较好地实践了乡村文化自组织与群众的契合点（金才汉、耿志红，2014）。

乡村文化自组织提供的公共文化服务，是农村居民喜闻乐见的文化形式和文化内容，符合农民群众的文化口味和兴趣偏好。实际上，乡村文化自组织提供的文化活动形式多样、内容丰富，很多是结合各类节庆和当地特色文化资源开展的文化活动。活动内容也是围绕当地的文化特质，反映当地的风俗人情，具有强烈的农村民间特色和地域风情。所以，乡村文化自组织的文化活动反映的内容都不由自主地带上了传统的习俗，从各地非物质文化遗产保护传承的成果来看，很多有价值的文化艺术项目都是靠乡村文化自组织在挖掘、守护和传承的。同时，乡村文化自组织在政府的引导下，积极宣扬社会主义核心价值观，传播社会正能量，赞扬讴歌社会主义新时代建设中所涌现出来的真善美。在广大农村地区，乡村文化自组织成为先进文化的传播者，影响力大、实践性强。如很多地方的乡村文化自组织按照乡村振兴、精准扶贫和全面建设小康社会的时代要求，积极创编群众喜闻乐见、通俗易懂的文艺节目，宣传习近平新时代中国特色社会主义思想，宣传党的方针政策、报告最新时事新闻，传播科技信息，揭露讽刺社会歪风邪气，使观看演出的农村居民在欣赏文化节目中深受教育，引导农民群众解放思想、更新观念，了解新政策、新举措、新人新事新风尚。乡村文化自组织用积极健康的文化活动，既提升农民的思想文化素质，培育适应新时代发展要求的新农民，又营造文明的社会风尚，促进乡风文明，为乡村振兴和全面建设小康社会提供了良好的文化环境。所以，乡村文化自组织所提供的公共文化服务是先进思想的催化剂、群众关系的润滑剂、乡风文明的清洁剂、乡民团结的黏合剂和文化发展的助推剂。

根据以上对乡村文化自组织服务质量的特殊要求的分析，可以认为，在对乡村文化自组织服务质量评价过程中有必要加入"价值性"这个新维度以反映乡村文化自组织服务的特殊性。价值性是乡村文化自组织对社会及其利益相关者应负的责任与义务。由于乡村文化自组织具有志愿性、公益性等特点，其提供的公共文化服务承担着宣传先进思想、和谐群众关系、促进乡风文明、助推乡村文化振兴的时代使命和社会责任。乡村文化自组织通过价值表达和价值实践的方式确保公益性使命的达成，从而获得农民群众的信任和认同。价值性凸显了乡村文化自组织服务质量的社会责任与价值，可以通过以下几个方面来加以评价：是否传承传播了本土文化；是否有助于营造良好的乡村氛围；是否丰富了乡村日常生活，有利于身心健康；是否给予村民精神依靠，增强文化获得感，是否有利于促进邻里和睦；是否宣传了社会主义核心价值观和国家政策。

在对乡村文化自组织的服务特征和服务质量内涵界定基础上，通过对 SERVQUAL 模型原有服务质量评价维度、内容的分析和相关文献梳理，本书初步提出，SERVQUAL 模型原有的五个评价维度对评价乡村文化自组织服务质量具有适用性。同时，以对提高乡村文化自组织服务质量的特殊要求的分析为基础，创新性地提出在乡村文化自组织服务质量评价中有必要加入价值性新维度。以上分析对每个维度需要包含的测量内容进行了初步的梳理，具体的测量量表还需要经过焦点小组访谈，专家访谈和实证研究验证后才能最终确定。

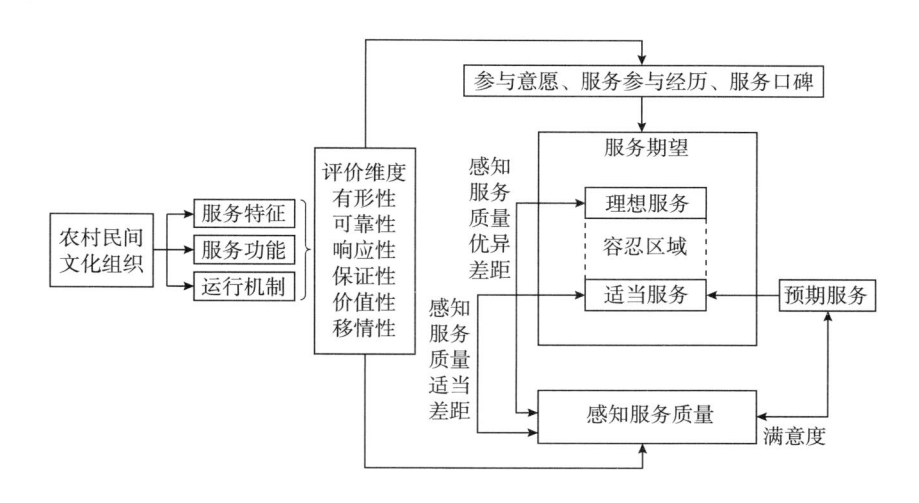

三 乡村文化自组织服务质量评价模型构建

根据本书对乡村文化自组织的服务质量内涵界定和上文对SERVQUAL模型维度在评价乡村文化自组织的服务质量的适用性分析和适当性修正，将乡村文化自组织的服务质量评价分为有形性、可靠性、响应性、保证性、价值性和移情性6个维度，本书基于PZB的服务容忍区理论，构建乡村文化自组织服务质量评价模型（见图5-1）。

图5-1 乡村文化自组织服务质量评价模型

本书运用乡村文化自组织服务质量评价模型，从有形性、可靠性、响应性、保证性、价值性、移情性评价农村居民对乡村文化自组织的期望服务和实际感知服务质量，模型的应用价值在于：首先，可以帮助我们更好地理解农村居民对乡村文化自组织服务的期望和感知过程，其次，通过测量农村居民对乡村文化自组织的理想服务、适当服务和实际感知服务质量，计算乡村文化自组织的感知服务质量的优异差距和适当差距，可准确把握农村居民在哪些服务质量影响因素方面具有较高的期望和容忍度，乡村文化自组织服务过程中哪些方面的因素影响了农村居民满意度水平，进而分析影响乡村文化自组织服务质量的关键因素与改进提升策略，为提高乡村文化自组织服务质量，丰富农村公共文化生活提供依据参考。

第二节 乡村文化自组织的服务质量 SERVQUAL 初始量表开发

本书已对 SERVQUAL 模型维度进行修正以适用于评价乡村文化自组织的服务质量，提出从有形性、可靠性、响应性、保证性、价值性和移情性 6 个维度对乡村文化自组织的服务质量进行评价。在此基础上，本书借鉴 SERVQUAL 量表测项，结合农村文化组织服务特点及服务情景，采用文献研究、理论研究、焦点小组访谈和专家判别法，开发初始量表。并基于预调研样本数据检验量表信度，继而运用探索性因子分析纯化量表测量题项。

为保证量表的有效性和规范性，量表开发应遵循科学的流程。Churchill（1979）提出量表开发规范成为多数研究者遵循的标准范式，Parasumman 和 Zeithaml（1988）在开发 SERVQUAL 服务质量量表时同样采用 Churchill 量表开发方法和流程，本书根据量表开发的标准范式，开发乡村文化自组织服务质量量表。具体流程如图 5-2 所示。

一 初始量表生成

（一）借鉴 SERVQUAL 模型和文献研究产生量表测项

通过上文对 SERVQUAL 模型维度的适用性分析，本书已对 SERVQUAL 模型原始测项进行翻译和理解，并查阅国内外关于 SERVQUAL 的文献研究进行分析和比对，对于外文文献采用双向翻译法以保证准确理解题项含义，结合乡村文化自组织的服务属性、内涵和实地调研结果，对运用 SERVQUAL 模型评价乡村文化自组织的适用性进行分析，保留有形性、可靠性、响应性、保证性、移情性用于乡村文化自组织的质量评价的测项并根据乡村文化自组织服务情景对测项进行修改和延伸，根据乡村文化自组织服务质量评价的特殊性增加了价值性维度。在此基础上笔者通过反复对测项进行调整和润色，初步形成了 27 个问项。

第五章　基于 SERVQUAL 的……评价模型构建与量表开发 / 107

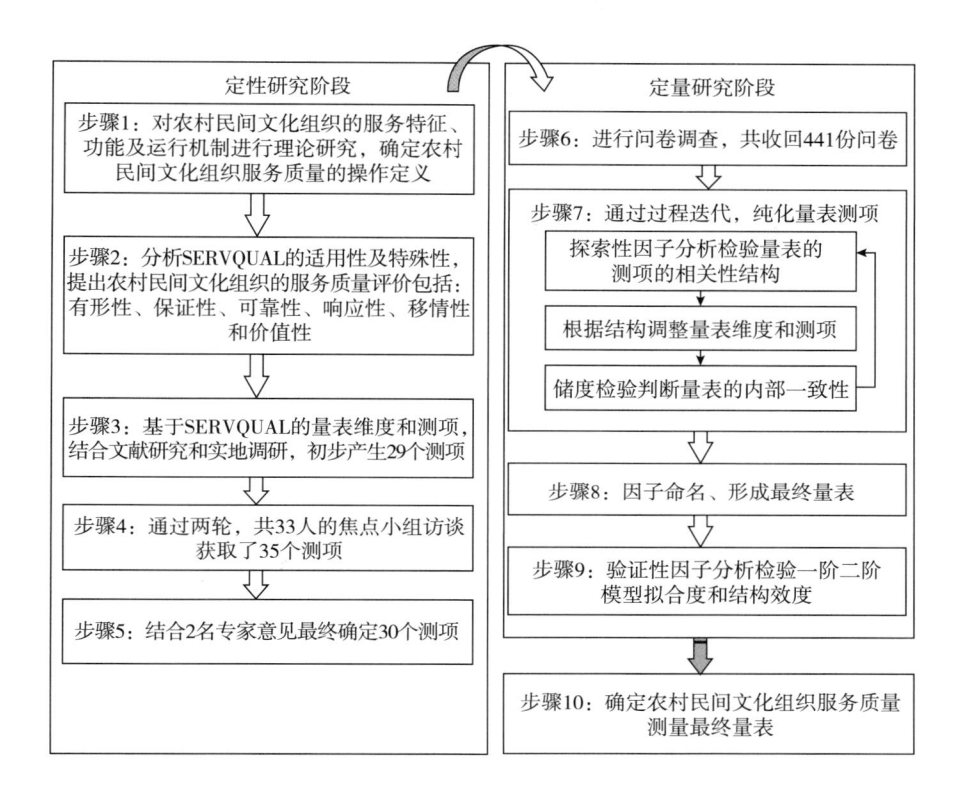

```
定性研究阶段                                定量研究阶段

步骤1：对农村民间文化组织的服务特征、        步骤6：进行问卷调查，共收回441份问卷
功能及运行机制进行理论研究，确定农村
民间文化组织服务质量的操作定义
         ↓                                  步骤7：通过过程迭代，纯化量表测项
步骤2：分析SERVQUAL的适用性及特殊性，        ┌─ 探索性因子分析检验量表的
提出农村民间文化组织的服务质量评价包括：      │  测项的相关性结构
有形性、保证性、可靠性、响应性、移情性        │  根据结构调整量表维度和测项
和价值性                                    └─ 储度检验判断量表的内部一致性
         ↓                                           ↓
步骤3：基于SERVQUAL的量表维度和测项，        步骤8：因子命名、形成最终量表
结合文献研究和实地调研，初步产生29个测项              ↓
         ↓                                  步骤9：验证性因子分析检验一阶二阶
步骤4：通过两轮，共33人的焦点小组访谈         模型拟合度和结构效度
获取了35个测项                                       ↓
         ↓                                  步骤10：确定农村民间文化组织服务质量
步骤5：结合2名专家意见最终确定30个测项        测量最终量表
```

图 5-2　乡村文化自组织服务质量量表开发流程

（二）基于焦点小组访谈产生量表测项

量表的测项需要广泛覆盖乡村文化自组织服务质量的各个方面，准确反映农村居民的文化需求，才具有实际意义。为了更加深入地了解乡村文化自组织的服务现状，本研究采用焦点小组访谈法，对研究问题和相关测项进行定性的探索性研究。本研究进行了两次焦点小组访谈，第一次到云南省昆明市嵩明县 A 村组织 18 名村民（女性 11 名，男性 7 名），第二次到玉溪市澄江县 B 村组织 15 名村民（女性 8 人，男性 7 人），共 33 名农村常住居民参与焦点小组访谈。本研究设计了半结构访谈提纲，访谈内容主要包括：（1）您参加过哪些乡村文化自组织的活动，活动时间具体在什么时候以及参加活动的频率；（2）请参与者述说参与乡村文化自组织活动的感受和参与意愿；（3）请参与者讨论乡村文化自组织的服务水平和影响因素；（4）请参与者讨论乡村文化自组织和公共

文化服务的发展愿景。笔者在访谈的过程中不断引导农村居民叙述乡村文化自组织的活动组织和参与过程以及参与完之后的感受，并根据农村居民的陈述和发表的意见对细节进行追问。通过对焦点小组访谈资料的整理、筛选和编码，得到了农村居民对乡村文化自组织的服务感知和期望普遍关注的 45 个问项，其中有形性 7 条、可靠性 7 条、响应性 8 条、保证性 6 条、移情性 7 条、价值性 9 条。

通过将焦点小组产生的 44 个测项与初步形成的 29 个测项进行比对，合并了相关的测项后，共获得 35 个问项。

（三）专家甄别生成初始测项

专家甄别能确保问卷的有效性和准确性，笔者先后拜访了 4 名相关领域的专家（分别为 1 名从事农村公共文化研究的高校教授，2 名昆明文化馆馆员，以及 1 名县文化馆馆员）对问卷测项进行甄别，4 名专家针对问卷测项的维度对应性、设计合理性、表述清晰性、构念覆盖性等方面提出了建议，通过反复讨论和修改，最终确定了 30 个测项。

本研究问卷的填写主要针对农村常住居民，问卷测项的题意表达是否清晰，农村居民能否容易理解，需要进行问卷的试测以验证。经过专家甄别后，笔者在昆明市呈贡区 A 村向居民共发放了 20 份问卷，根据农村居民的反馈，对问卷的语言表达进行了润色。

通过定性理论研究、文献研究、实地调研、建立焦点小组，专家甄别，问卷试测几个阶段的量表开发过程，本书确定了乡村文化自组织服务质量评价初始量表（见表 5-1）。量表分别从有形性、可靠性、响应性、保证性、移情性和价值性 6 个评价维度 30 个测项对乡村文化自组织的服务质量进行评价。

表 5-1　　　　　乡村文化自组织服务质量初始量表

维度	编号	测项	维度	编号	测项
有形性	Y1	活动所需的装备齐全	保证性	Z1	文化组织有一定的文艺技能
	Y2	组织成员穿着得体精神面貌佳		Z2	文化组织有一定的创新创作能力
	Y3	活动现场环境及氛围有吸引力		Z3	组织成员有提供文化服务的使命感
	Y4	活动场地宽敞整洁		Z4	积极开展活动、活动频次满足村民需求

第五章 基于SERVQUAL的……评价模型构建与量表开发 / 109

续表

维度	编号	测项	维度	编号	测项
可靠性	K1	文化组织是值得信赖的组织	移情性	Q1	了解村民的文化需求
	K2	具有良好的群众口碑		Q2	能根据不同的需求提供个性化服务
	K3	活动形式及内容是喜闻乐见积极向上的		Q3	组织具有志愿性和公益性
	K4	组织成员亲切友好		Q4	关注村民的文化权益和乡村文化发展
	K5	建立了组织管理规章制度		Q5	活动时间符合村民需求
响应性	X1	能积极配合村里的活动需要	价值性	J1	传承传播了本土文化
	X2	能在村民需要时提供文化服务		J2	有助于营造良好的乡村氛围
	X3	组织乐意为村民提供文化服务		J3	丰富了乡村日常生活有利身心健康
	X4	组织乐意采纳村民的意见建议		J4	给予村民精神依靠增进文化获得感
	X5	能方便联系到组织成员		J5	有利于促进邻里和睦
	X6	能按约定时间准时提供服务		J6	宣传了社会主义核心价值观和国家政策

二 问卷设计与数据收集

本书采用问卷调查方法收集数据，通过问卷预测试数据进一步纯化量表。首先，根据初始量表设计了调查问卷，问卷由三个部分组成：第一部分是被调查用户的基本信息及村庄特征，用户的基本信息主要包括被访用户的性别、年龄、职业、受教育程度、家庭年收入、家庭年均文化消费支出及参与乡村文化自组织活动意愿程度；村庄特征包括经济发展水平及文化资源境况。第二部分是问卷主体，即乡村文化自组织服务质量初始量表的测量问项。参考PZB对于SERVQUAL模型问卷形式的设计，对每个测项采用三栏式打分，分别对理想服务、适当服务和实际感知服务质量进行打分。在问卷的衡量尺度上，服务质量评价分值采用7点LIKERT量表评分，1分表示非常不同意，7分表示非常同意，让农村居民主观判断乡村文化自组织服务质量初始量表中各问项分值。第三部分是农村居民对乡村文化自组织服务质量的整体感知情况及意见建议。

此次预调研选取昆明市呈贡区斗南镇A村、玉溪市红塔区北城街道B村、大理白族自治州弥渡县C村、宣威市西宁街道D村、楚雄彝族自治州中山镇E村、曲靖市会泽县F村、普洱市西盟县G村、红河哈尼族彝族自治州弥勒市西三镇H村、保山市腾冲县明光镇I村、文山壮族苗族自治州马关县J村、昭通市鲁甸县龙头山镇K村、昆明市东川区阿旺镇L村12个行政村的农村居民进行问卷调查。这12个村庄分布在云南省的各个地区，村庄类型多样，既有城郊融合类村庄、集聚提升类村庄，又有特色保护类村庄和一般村庄，社会经济发展水平和文化资源禀赋各异，能够在较大程度上测量不同地区不同社会发展程度的乡村文化自组织的服务质量。本研究问卷调查的进行时间为2019年1月10日至2019年3月1日，调查采用随机抽样与访谈结合的形式，共发放问卷600份，收回524份，剔除了一些数据大量缺失的问卷后，实际有效问卷为441份，问卷回收有效率为73.5%。被调查者要求多次参与过或者观看过乡村文化自组织所开展的文化活动，能对乡村文化自组织的服务质量进行有效评价。

三　数据样本描述性统计分析

调查样本的特征如下（见表5-2）：（1）从性别上看，男性占42.2%，女性占57.8%；（2）在年龄上，18岁以下占8.6%，18—30岁占10.7%，31—45岁占25.4%，46—60岁占47.2%，60岁以上占8.1%，说明农村居民以中老年为主；（3）在职业上，学生占10.6%，公务员、事业单位职员占6.8%，企业员工占8.3%，农民占45.4%，个体工商户占17.2%，离退休人员占11.7%，农民群体占了一半左右，而个体工商户与离退休人员也有一定的人数；（4）在文化程度上，小学及以下的占12.3%，初中占41.6%，高中、中专占36.4%，大专、本科占9.7%，研究生及以上的占0.4%；（5）从家庭年总收入与家庭文化消费支出来看，农户家庭没有收入的占12.1%，12000元以下的占19.8%，12000—24000（含）元的占27.6%，24000—50000元的占23.2%，50000元以上的占17.3%；而家庭年文化消费的区间大致在100—500元；（6）从村庄的特征来看，贫困村占13.6%，发展一般的占70.3%，发展较好的占16.1%。文化资源丰富的占19.3%，有一点文化资源的占69.3%，缺乏文化资源的占11.4%。从总体上看，样本特征符合目前我国农村的基本情况，具有一定的代表性。在参与意愿方面，9.8%的农村居民表示不愿意参与乡村文化自组织，62.8%的农村居民表示非常愿意参与乡村文化自组织，27.4%的农村居民表示在提供活动设备、培训或提供经济补偿的条件下愿意参与乡村文化自组织的活动。

表 5-2　　　　　　　　　预调研样本描述性统计

特征	选项	频率（%）	特征	选项	频率（%）
性别	男	42.2	家庭年总收入	没有收入	12.1
	女	57.8		12000 元及以下	19.8
年龄	18 岁以下	8.6		12000—24000（含）元	27.6
	18—29 岁	10.7		24000—50000（含）元	23.2
	30—44 岁	25.4		50000 元以上	17.3
	45—65 岁	47.2	家庭年文化消费支出	100 元及以下	26.7
	66 岁及以上	8.1		100—500（含）元	40.6
职业	学生	10.6		500—1000（含）元	23.5
	公务员、事业单位职员	6.8		1000—2000（含）元	7.8
	企业员工	8.3		2000 元以上	1.4
	农民	45.4	村经济发展水平	贫困村	13.6
	个体工商户	17.2		一般	70.3
	离退休人员	11.7		发展较好	16.1
文化程度	小学及以下	12.3	村文化资源境况	文化资源丰富	19.3
	初中	41.6		有一点文化资源	69.3
	高中、中专	36.4		缺乏文化资源	11.4
	大专、本科	9.7	农村居民参与意愿程度	不愿意	9.8
	研究生及以上	0.4		条件性愿意	27.4
				非常愿意	62.8

本书将 441 份问卷按地区平均分为两部分，220 份用于探索性因子分析，221 份用于验证性因子分析，以验证量表设计的合理性和有效性。

四　探索性因子分析

探索性因子分析（Exploratory Factor Analysis，EFA）是通过定义高度相关的变量集（因子）来分析大量变量（如测试分数、测试项目、问卷量表）之间的相关性结构的工具，被定义为高相关性的变量（因子）组假定为表示数据的维度（William C. Black，Barry J. Babin et al.，2010）。

本研究基于 SERVQUAL 模型构建的乡村文化自组织服务质量初始量表，根据乡村文化自组织服务的特点和情景对 SERVQUAL 模型量表的测量问项进行了修正，在结构上由 5 个维度增加到 6 个维度，共 30 个变量，因此需要对量表的内部结构中变量是否能解释维度定义进行检验。一般情况下样本大小与观察值比例大于 8∶1 为因子分析可接受的限度，本研究样本量已大于 200 份，满足因子分析的条件。本研究运用 SPSS25.0 版本对量表的 30 个变量进行探索性因子分析。

1. KMO 和巴特利特检验

结果显示（见表 5-3），整个量表 KMO 值为 0.887，说明量表因子中有高度相关性的因子组存在，很适合做因子分析。同时，巴特利特球形度检验显著性 P 值为 0.000，小于 0.05，说明相关矩阵中各个变量存在共同因子，整个量表很适合做因子分析。

表 5-3　　　　　　　　KMO 和巴特利特检验结果 1

KMO 取样适切性量数		0.887
巴特利特球形度检验	近似卡方	5454.707
	自由度	435
	显著性	0.000

2. 主成分法抽取因子

本研究采用主成分分析法，提取特征根大于 1 的公因子。首先通过碎石图来确定可以提取的最佳因子数，碎石根据主成分特征从高到低排序，从第一个因素开始急剧向下倾斜，然后慢慢变为接近水平线，曲线首次开始变平的被认为表示要提取的最大因子数（Cattell R B，1966）。图 5-3 描绘了本研究中提取的 30 个因子，从图中观察可知，曲线在第 7 个成分开始趋于平缓，第 1—6 个成分特征值向下呈倾斜状，且特征值大于 1，因此，本量表可提取 6 个因子，与初始量表设置相符。

本研究采用主成分分析法，最大方差旋转法抽取因子得到量表总方差解释（见表 5-4），表中初始特征值按大小排序，特征值越大表示该成分在解释 30 个变量方差时越重要，表 5-4 显示，提取了 6 个大于 1 的解释成分，6 个因子的特征值（平方和）分别为 8.942、6.739、2.882、1.658、1.348、1.195，6 个特征值的总和为 22.764，表示 6 个因子可在

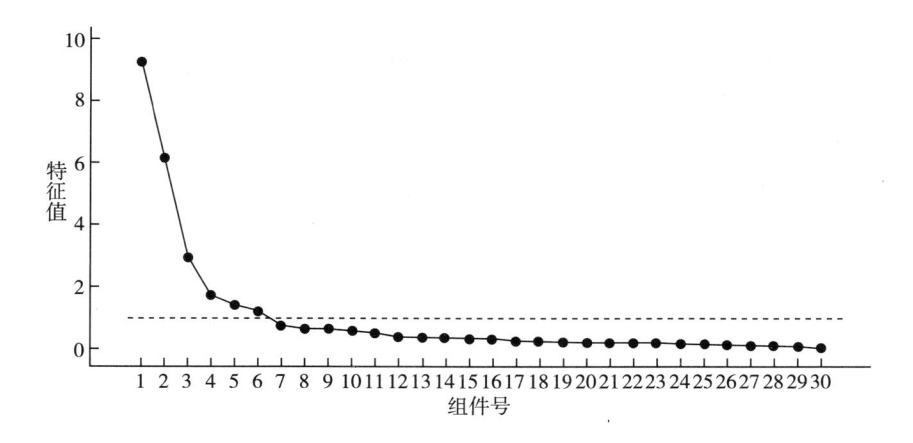

第五章 基于SERVQUAL的……评价模型构建与量表开发 / 113

图 5-3 碎石图 1

30个变量中提取的总方差量。本量表中6个因子的特征值（平方和）分别解释了29.806%、22.464%、9.606%、5.527%、4.494%、3.984%的方差，累计解释了75.881%的方差，大于60%以上的标准。采用最大方差旋转后得到6个因子的旋转载荷平方和数据，分别为4.702、4.196、3.740、3.642、3.407、3.078，分别解释了15.673%、13.986%、12.468%、12.140%、11.356%、10.259%的方差，总解释方差与未旋转前相同，为75.881%，运用最大方差旋转后重新更均匀地分配了因子的解释方差并最大化了因子的载荷值，量表的共同性不会改变（William C. Black，Barry J. Babin，2010）。

表 5-4　　　　　　　　　量表总方差解释

成分	初始特征值			提取载荷平方和			旋转载荷平方和		
	总计	方差百分比	累积（%）	总计	方差百分比	累积（%）	总计	方差百分比	累积（%）
1	8.942	29.806	29.806	8.942	29.806	29.806	4.702	15.673	15.673
2	6.739	22.464	52.269	6.739	22.464	52.269	4.196	13.986	29.659
3	2.882	9.606	61.876	2.882	9.606	61.876	3.740	12.468	42.127
4	1.658	5.527	67.403	1.658	5.527	67.403	3.642	12.140	54.266
5	1.348	4.494	71.897	1.348	4.494	71.897	3.407	11.356	65.622
6	1.195	3.984	75.881	1.195	3.984	75.881	3.078	10.259	75.881

续表

成分	初始特征值			提取载荷平方和			旋转载荷平方和		
	总计	方差百分比	累积（%）	总计	方差百分比	累积（%）	总计	方差百分比	累积（%）
7	0.738	2.459	78.340						
8	0.641	2.138	80.478						
9	0.627	2.090	82.568						
10	0.590	1.965	84.534						
11	0.495	1.651	86.185						
12	0.389	1.298	87.483						
13	0.375	1.248	88.732						
14	0.366	1.220	89.952						
15	0.340	1.132	91.084						
16	0.325	1.084	92.168						
17	0.253	0.844	93.012						
18	0.249	0.831	93.843						
19	0.235	0.783	94.626						
20	0.217	0.723	95.349						
21	0.215	0.718	96.067						
22	0.191	0.638	96.705						
23	0.183	0.610	97.315						
24	0.164	0.546	97.861						
25	0.148	0.494	98.355						
26	0.135	0.451	98.805						
27	0.123	0.411	99.217						
28	0.085	0.285	99.501						
29	0.078	0.260	99.762						
30	0.071	0.238	100.000						

本次旋转后的成分矩阵（见表 5-5），因子载荷值>0.3 或者 0.4 为最低标准，因子载荷值>0.5 或更高被认为有实际意义，因子载荷值>0.7 是量表所追求的标准（William C. Black，Barry J. Babin，2010），表中隐藏了低于 0.4 的负荷因子，除了 X6 在两个因子上交叉载荷，其余因子都在

设定维度内呈现出较高载荷值,因子载荷值均大于 0.6,说明单个因子载荷解释了大部分的方差,量表的维度划分和评价内容得到很好的解释。由于 X6 在两个因子交叉荷载,改用等平衡最大值法旋转因子后仍然存在 X6 在成分 1 和成分 2 上交叉载荷,故考虑删除 X6 因子,并重复以上分析。

表 5-5　　　　　　　　　旋转后的成分矩阵

	成分					
	1	2	3	4	5	6
J5	0.900					
J6	0.833					
J1	0.826					
J2	0.785					
J4	0.750					
J3	0.723					
X6	0.633	0.611				
X2		0.903				
X5		0.878				
X4		0.829				
X1		0.829				
X3		0.624				
Q1			0.847			
Q4			0.776			
Q3			0.752			
Q2			0.749			
Q5			0.680			
K1				0.846		
K4				0.827		
K2				0.817		
K3				0.712		
K5				0.657		
Z3					0.863	
Z2					0.857	
Z1					0.834	

续表

	成分					
	1	2	3	4	5	6
Z4					0.816	
Y1						0.836
Y4						0.816
Y3						0.807
Y2						0.678

提取方法：主成分分析法；旋转方法：凯撒正态化最大方差法；a. 旋转在 7 次迭代后已收敛

删除题项 X6 后，量表 KMO 值为 0.882，巴特利特检验结果为显著（见表 5-6）。

表 5-6　　　　　　　KMO 和巴特利特检验结果

KMO 取样适切性量数		0.882
巴特利特球形度检验	近似卡方	5168.939
	自由度	406
	显著性	0.000

观察碎石图 2（如图 5-4 所示），有 6 个成分呈向下倾斜状，碎石曲线在第 7 个成分开始趋于平缓，因此可提取的因子数仍为 6 个。

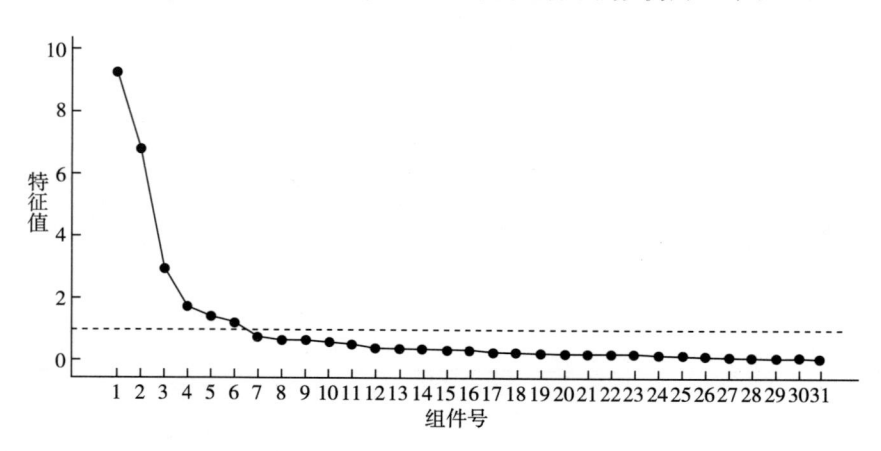

图 5-4　碎石图 2

在删除 X6 题项后，旋转后的成分矩阵中各因子载荷值>0.6，呈现出较高的因子载荷值，在其他因子中载荷值<0.4，且没有出现交叉载荷的情况。共因子 1 包含了 J1、J2、J3、J4、J5、J6，旋转荷载平方和为 4.306，解释了 14.848% 的方差；共因子 2 包含了 X1、X2、X3、X4、X5，旋转荷载平方和为 3.842，解释了 13.249% 的方差；共因子 3 包含 Q1、Q2、Q3、Q4、Q5，旋转荷载平方和 3.734，解释了 13.249% 的方差；共因子 4 包含 K1、K2、K3、K4、K5，旋转荷载平方和为 3.641，解释了 12.557% 的方差；共因子 5 包含了 Z1、Z2、Z3、Z4，旋转荷载平方和为 3.405，解释了 11.740% 的方差；共因子 6 包含 Y1、Y2、Y3、Y4，旋转荷载平方和为 3.082，解释了 10.628% 的方差，整个量表 6 个共因子累计解释方差为 75.898%（见表 5-7）。

表 5-7　　　　　　　　旋转后的成分矩阵与总方差解释

	成分					
	1	2	3	4	5	6
J5	0.898					
J6	0.833					
J1	0.823					
J2	0.788					
J4	0.755					
J3	0.725					
X2		0.907				
X5		0.881				
X1		0.831				
X4		0.829				
X3		0.616				
Q1			0.847			
Q4			0.776			
Q3			0.752			
Q2			0.749			
Q5			0.680			
K1				0.846		

续表

	成分					
	1	2	3	4	5	6
K4				0.827		
K2				0.817		
K3				0.712		
K5				0.656		
Z3					0.863	
Z2					0.857	
Z1					0.834	
Z4					0.816	
Y1						0.836
Y4						0.816
Y3						0.808
Y2						0.679
旋转载荷平方和	4.306	3.842	3.734	3.641	3.405	3.082
方差百分比	14.848	13.249	13.249	12.557	11.740	10.682
累积（%）	14.848	28.097	40.974	53.531	65.271	75.989

提取方法：主成分分析法；旋转方法：凯撒正态化最大方差法；旋转在 7 次迭代后已收敛

3. 因子命名

删除 X6 题项后量表呈现了较好的相关性结构，说明基于 SERVQUAL 模型、相关文献、调查访谈和探索性分析所构建的量表维度设置合理。因此，我们继续使用原量表的因子命名，将 J1—J6 命名为价值性，X1—X5 命名为响应性，Q1—Q5 命名为移情性，K1—K5 命名为可靠性，Z1—Z4 命名为保证性，Y1—Y4 命名为有形性。

4. 量表信度检验

本研究采用内部一致性信度系数（Cronbach's α）测量方法，α 系数值介于 0—1 之间，α 系数越大表明信度越高。本研究采用的标准为：α 系数≤0.3，不可信，删除；0.3<α 系数≤0.4，勉强可信，进一步筛选；0.4<α 系数≤0.5，稍微可信；0.5<α 系数≤0.7，可信；0.7<α 系数≤0.9，很可信；α 系数>0.9，十分可信。一般认为，系数应大于 0.7（Fornell C，Larcker D F，1981）。

整个量表的每个测项都采用了 7 点 LIKERT 法，因此对整个量表以及量表各维度进行非标准化的 Cronbach's α 系数检验，整个量表 Cronbach's α 系数为 0.911，同时有形性、可靠性、响应性、保证性、移情性、价值性 6 个维度的 Cronbach's α 系数分为 0.890、0.911、0.902、0.934、0.895、0.916（见表 5-8），说明整个量表及各个维度都呈现出较好的内部一致性和可靠性。

表 5-8　　　　量表 Cronbach's α 系数检验结果（未加权）

量表 Cronbach's α	维度	编号	CITC	CAID	Cronbach's α
农村民间文化组织服务质量 0.911	有形性	Y1	0.784	0.852	0.890
		Y2	0.700	0.883	
		Y3	0.829	0.831	
		Y4	0.749	0.862	
	保证性	Z1	0.777	0.935	0.934
		Z2	0.858	0.911	
		Z3	0.899	0.896	
		Z4	0.853	0.913	
	可靠性	K1	0.902	0.862	0.911
		K2	0.859	0.873	
		K3	0.804	0.884	
		K4	0.837	0.877	
		K5	0.498	0.939	
	响应性	X1	0.801	0.874	0.902
		X2	0.896	0.851	
		X3	0.583	0.913	
		X4	0.784	0.898	
		X5	0.855	0.861	
	移情性	Q1	0.811	0.859	0.895
		Q2	0.744	0.871	
		Q3	0.723	0.876	
		Q4	0.729	0.876	
		Q5	0.714	0.878	
	价值性	J1	0.714	0.908	0.916
		J2	0.778	0.900	
		J3	0.731	0.907	
		J4	0.757	0.902	
		J5	0.836	0.892	
		J6	0.783	0.899	

CITC（Corrected Item-Total Correlation）表示分量表校正的总计相关性系数，该系数表示测项与维度内其他测项的内部一致性程度，表中可靠性测项 K5 的 CITC 系数较低，为 0.498，稍微低于 0.5 的推荐值，其他测项均高于 0.5，结合 CAID（Cronbach's Alpha if Item Deleted）系数来再做考虑，CAID 表示测项删除后的 Cronbach's α 系数值，若系数显著升高，则考虑删除，各个维度的 CAID 值比较均衡，没有出现显著升高的情况，可靠性中 K5 测项的 CAID 值为 0.939，删除后稍高于维度内的其他测项，没有出现显著升高，且测项 K5 的 CITC 系数只是略微低于推荐值 0.02，暂作为保留项目，通过验证性因子分析的拟合程度分析后再做判断。

通过对本研究所构建的乡村文化自组织服务质量评价量表进行验证性因子分析纯化，初始量表删除了响应性的 X6 测项——文化组织能够按约定的时间准时提供服务，最终确定了乡村文化自组织服务质量量表的测量项目，其中有形性因素有 4 项、保证性因素有 4 项、可靠性因素有 5 项、响应性因素有 5 项、移情性因素 6 项，保障性因素 5 项，共 29 个测量项目。

五　验证性因子分析

我们用探索性因子确定了乡村文化自组织服务质量评价量表的维度结构和因子数量。在探索性因子分析的基础上，为了进一步验证乡村文化自组织服务质量评价量表的稳定性和量表理论的适用性，本研究构建结构方程模型对拆分的 221 份样本进行验证性因子分析（Exploratory Factor Analysis）。验证性因子分析通过对量表已知的维度结构和所载荷的因子数进行验证，以确认或拒绝理论研究与实际数据的匹配程度（William C. Black, Barry J. Babin, 2010），本研究主要通过模型拟合效度、内容效度和结构效度来检验量表的科学性。

（一）模型拟合效度分析

本书用 AMOS 22.0 统计软件构建结构方程模型对乡村文化自组织服务质量评价量表的 6 个维度进行一阶验证性因子分析，将有形性、保证性、可靠性、响应性、移情性和价值性设为潜在变量，Y1—Y4、Z1—Z4、K1—K5、X1—X5、Q1—Q5、J1—J6 设为测量的指示变量。测量模型的评价标准和拟合指标结果（见表 5-9），CMIN/df = 1.952，小于建议值 3 的标准，IFI = 0.942，TLI = 0.935，CFI = 0.942，均大于建议的建议值 0.9 的标准，RMSEA = 0.067，小于建议值 0.08 的标准，因此，测量模型拟合程度较好（Sharma S，Mukherjee S S，2005）。

表 5-9　　　　　　　　　验证性因子分析拟合指标

CMIN	DF	CMIN/df	IFI	TLI	CFI	RMSEA
706.801	362	1.952	0.942	0.935	0.942	0.067

（二）效度检验

1. 内容效度检验

内容效度（Content Validity）也称为面部效度（Face Validity），是指评估量表的测项的内涵能正确反映测量的目标构念，在进行验证性因子分析之前必须检验测量内容的有效性（William C. Black，Barry J. Babin，2010）。内容效度一般通过主观的评测进行检验，主要从以下几个方面检验：（1）定性理论研究阶段要清晰、透彻和准确地定义和界定目标构念才能指导量表内容领域的界定，具体表现在每个测项是否准确地反映了目标构念所定义的内容；所有的测量项目是否全面地涵盖了目标构念的理论范围；测项的比例分配是否合理地呈现了目标构念中各个层面的重要性程度（陈晓萍、徐淑英，2012）。（2）对已有文献进行细致和全面梳理，设计量表应建立在现有的文献研究的量表理论及编目的基础之上，能在一定程度上保证量表的内容效度（Ahire S L，Goll D Y，1996）。（3）夯实调研与访谈基础，通过参与式观察、半结构式访谈对研究对象和研究内容进行深度了解，获取丰实的第一手资料，同时进一步对量表理论反映现实的确切性和真实性进行检验。（4）通过专家评委和焦点小组进行预测试，对量表的理论性、所测量目标的完整性、各个测项与概念之间的对应关系进行系统评估，以保证量表的开发高于经验的判断，更具备理论的专业性和实践的有效性（Robinson J P，Shaver P R，1991）。本研究在量表开发阶段进行了充分定性理论研究、文献研究和实地调研，并通过建立焦点小组、专家甄别和问卷试测验证了乡村文化自组织服务质量初始量表的维度对应性、设计合理性、表达清晰性、评价有效性。

2. 构建效度检验

构造效度（Construct Validity）是指衡量一套测量项目对所构建理论

的实际解释程度（William C. Black，Barry J. Babin，2010），主要通过标准化因子载荷值、收敛效度（Convergent Validity）和判别效度（Discriminant validity）三个方面检验。

收敛效度可检验同一个维度内部测项质量的高低，同一个维度内部的题项相关度越高，则该维度的收敛效度越好，收敛（聚合）效度通过已知的因子载荷值计算构建信度值（Construct Reliability，CR）和平均方差萃取量（Average Variance Extracted，AVE）来判断量表的收敛（聚合）效度。CR 值和 AVE 值的计算公式分别为：

$$CR = \frac{(\sum_{i=1}^{n} L_i)^2}{(\sum_{i=1}^{n} L_i)^2 + (\sum_{i=1}^{n} e_i)} \qquad (式5-1)$$

其中，L_i 表示标准化因子载荷值，e_i 表示误差方差项，CR 值等于每个维度的因子载荷值 L_i 的平方和除以每个维度的因子载荷值 L_i 的平方和加上各维度的 e_i 误差方差的总和。

$$AVE = \frac{\sum_{i=1}^{n} L_i^2}{n} \qquad (式5-2)$$

其中，L_i 表示标准化因子荷载值，i 是测项数。AVE 等于标准化因子载荷平方的总和除以测项数。

Hair（2010）认为，标准化因子载荷值应大于 0.5，大于 0.7 达到理想状态；AVE 值大于 0.5，表明有较好的收敛效度；CR 值大于 0.7，具有较好的收敛度或内部一致性程度；AVE 值大于相关系数的平方值，具有较好的判别效度。

验证性因子分析的因子载荷值以及收敛效度计算结果如表 5-10 所示，各测项的标准化因子载荷值均高于 0.6，大于 0.5 的标准。根据因子载荷值进一步计算各个维度的 CR 和 AVE 值，结果表明，有形性、保证性、可靠性、响应性、移情性和价值性 6 个维度的 AVE 值均大于 0.690，高于 0.5 的标准，CR 值均大于 0.920，高于 0.70 的标准，由此说明各量表具有较高的收敛效度。

本研究采用 AVE 值和变量之间相关系数的平方值大小比较分析变量间的判别效度，结果见表 5-11，对角线上各维度的 AVE 值均高于变量间的相关系数的平方，因此，量表通过判别效度检验。

表 5-10　　　　　　　　量表因子载荷收敛效度检验结果

	Estimate	S. E.	C. R.	CR	AVE
Y1<---有形性	0.849				
Y2<---有形性	0.760	0.055	12.733	0.897	0.685
Y3<---有形性	0.881	0.062	15.790		
Y4<---有形性	0.815	0.061	14.125		
Z1<---保证性	0.857				
Z2<---保证性	0.890	0.061	17.429	0.924	0.754
Z3<---保证性	0.906	0.061	18.032		
Z4<---保证性	0.817	0.064	14.971		
K1<---可靠性	0.951				
K2<---可靠性	0.912	0.042	24.520		
K3<---可靠性	0.877	0.048	21.698	0.925	0.715
K4<---可靠性	0.840	0.067	19.201		
K5<---可靠性	0.603	0.038	10.338		
X1<---响应性	0.904				
X2<---响应性	0.952	0.044	23.908		
X3<---响应性	0.855	0.048	18.241	0.933	0.737
X4<---响应性	0.757	0.067	14.307		
X5<---响应性	0.812	0.052	16.337		
Q1<---移情性	0.880				
Q2<---移情性	0.878	0.054	18.330		
Q3<---移情性	0.798	0.062	15.190	0.920	0.697
Q4<---移情性	0.825	0.064	16.142		
Q5<---移情性	0.790	0.059	14.920		
J1<---价值性	0.777				
J2<---价值性	0.832	0.103	13.463		
J3<---价值性	0.874	0.087	14.353	0.935	0.707
J4<---价值性	0.912	0.078	15.214		
J5<---价值性	0.875	0.075	14.386		
J6<---价值性	0.765	0.082	12.102		

表 5-11　　　　　量表 AVE 值与相关系数的平方值比较

	有形性	保证性	可靠性	响应性	移情性	价值性	M	SD
有形性	0.685***						4.198	1.297
保证性	0.334	0.754***					3.937	1.006
可靠性	0.261	0.354	0.715***				5.150	1.020
响应性	0.118	0.389	0.300	0.737***			5.300	1.052
移情性	0.250	0.615	0.463	0.591	0.697***		4.948	1.115
价值性	0.184	0.579	0.319	0.616	0.691	0.707***	4.476	1.102

注：对角线上的数据为各维度 AVE 值，非对角线数据为因子间相关系数的平方值。*** 表示显著水平小于 0.001。

本书进一步采用合并维度的模型比较的方法再次考察各变量的区分效度检验（见表 5-12），基准模型与另外 5 个模型相比，拟合数据显著优于其他测量模型（CMIN/df = 1.952，IFI = 0.942，TLI = 0.935，CFI = 0.942，RMSEA = 0.067），由此说明数据划分为 6 个因子最为合适。

表 5-12　　　　　　　模型表较法检验结果

模型	CMIN	DF	CMIN/df	IFI	TLI	CFI	RMSEA
基准模型	706.801	362	1.952	0.942	0.935	0.942	0.067
五因子模型	1014.723	367	2.765	0.891	0.879	0.890	0.092
四因子模型	1729.276	372	4.649	0.772	0.750	0.771	0.132
三因子模型	1781.732	375	4.751	0.763	0.742	0.762	0.134
二因子模型	1892.544	377	5.020	0.745	0.724	0.744	0.138
一因子模型	2232.607	378	5.906	0.688	0.663	0.686	0.153

注：基准模型：有形性、保证性、可靠性、响应性、移情性、价值性；五因子模型：有形性+保证性、可靠性、响应性、移情性、价值性；四因子模型：有形性+保证性、可靠性+响应性、移情性、价值性；三因子模型：有形性+保证性、可靠性+响应性、移情性+价值性；二因子模型：有形性+保证性+可靠性、响应性+移情性+价值性；单因子模型：有形性+保证性+可靠性+响应性+移情性+价值性；

六　二阶验证性因子分析

本研究基于 SERVAUAL 模型开发的乡村文化自组织服务质量评价模

型从 6 个维度抽象概括和间接评价了乡村文化自组织服务质量，从理论上说，乡村文化自组织服务质量与 6 个维度之间存在二阶结构假设，从表 5-13 可知，各维度间相关系数较高，可能存在潜在的高阶因子，因此将乡村文化自组织服务质量设为高阶因子，将有形性、可靠性、响应性、保证性、移情性、价值性设为一阶因子，构建二阶验证性因子结构方程模型进行检验。二阶验证性因子分析拟合指标 CMIN/df = 2.058，小于建议值 3 的标准，IFI = 0.934，TLI = 0.927，CFI = 0.934，均大于建议值 0.9 的标准，RMSEA = 0.071，小于建议值 0.08 的标准（见表 5-13）。

表 5-13   二阶验证性因子分析拟合指标

CMIN	DF	CMIN/df	IFI	TLI	CFI	RMSEA
763.688	371	2.058	0.934	0.927	0.934	0.071

二阶验证性因子分析模型中各指标因子载荷均高于 0.5 的标准，说明路径系数显著（见表 5-14）。

表 5-14   二阶验证性因子分析因子载荷及收敛效度

	Estimate	S.E.	C.R.	P	CR	AVE
有形性<--农村民间文化服务质量	0.558					
保证性<---农村民间文化服务质量	0.864	0.140	7.457	***		
可靠性<---农村民间文化服务质量	0.709	0.150	7.064	***		
响应性<---农村民间文化服务质量	0.805	0.150	7.390	***		
移情性<---农村民间文化服务质量	0.996	0.179	7.940	***		
价值性<---农村民间文化服务质量	0.934	0.150	7.361	***		
Y1<---有形性	0.855					
Y2<---有形性	0.753	0.055	12.633	***	0.896	0.684
Y3<---有形性	0.880	0.061	15.847	***		
Y4<---有形性	0.815	0.061	14.189	***		
Z1<---保证性	0.859					
Z2<---保证性	0.892	0.060	17.597	***	0.924	0.753
Z3<---保证性	0.905	0.060	18.049	***		
Z4<---保证性	0.812	0.064	14.860	***		

续表

	Estimate	S.E.	C.R.	P	CR	AVE
K1<---可靠性	0.951				0.942	0.802
K2<---可靠性	0.913	0.042	24.765	***		
K3<---可靠性	0.877	0.042	21.581	***		
K4<---可靠性	0.834	0.048	18.809	***		
K5<---可靠性	0.602	0.048	18.809	***		
X1<---响应性	0.904			***	0.924	0.713
X2<---响应性	0.953	0.044	23.969	***		
X3<---响应性	0.854	0.048	18.176	***		
X4<---响应性	0.757	0.067	14.306	***		
X5<---响应性	0.811	0.052	16.288	***		
Q1<---移情性	0.883			***	0.920	0.698
Q2<---移情性	0.879	0.053	18.449	***		
Q3<---移情性	0.797	0.062	15.211	***		
Q4<---移情性	0.825	0.063	16.208	***		
Q5<---移情性	0.787	0.058	14.864			
J1<---价值性	0.774			***	0.935	0.707
J2<---价值性	0.834	0.104	13.401	***		
J3<---价值性	0.879	0.088	14.273	***		
J4<---价值性	0.914	0.079	15.093	***		
J5<---价值性	0.873	0.077	14.209	***		
J6<---价值性	0.762	0.083	11.953	***		

注：***表示显著性水平小于0.001。

实证统计结果表明，基于SERVQUAL模型开发的乡村文化自组织服务质量评价模型二阶因子模型拟合度好，乡村文化自组织服务质量作为高阶构念能被有形性、可靠性、响应性、保证性、移情性、价值性6个一阶因子所解释，因此，本研究开发的乡村文化自组织服务质量6个维度29个测项的评价量表是合理、稳定和有效的，确定了乡村文化自组织服务质量评价最终量表（见表5-15）。

表 5-15　　　　　　　乡村文化自组织服务质量初始量表

维度	编号	测项	维度	编号	测项
有形性	Y1	活动所需的装备齐全	保证性	Z1	文化组织有一定的文艺技能
	Y2	组织成员穿着得体精神面貌佳		Z2	文化组织有一定的创新创作能力
	Y3	活动现场环境及氛围有吸引力		Z3	组织成员有提供文化服务的使命感
	Y4	活动场地宽敞整洁		Z4	积极开展活动、活动频次满足村民需求
可靠性	K1	文化组织是值得信赖的组织	移情性	Q1	了解村民的文化需求
	K2	具有良好的群众口碑		Q2	能根据不同的需求提供个性化服务
	K3	活动形式及内容是喜闻乐见积极向上的		Q3	组织具有志愿性和公益性
	K4	组织成员亲切友好		Q4	关注村民的文化权益和乡村文化发展
	K5	建立了组织管理规章制度		Q5	活动时间符合村民需求
响应性	X1	能积极配合村里的活动需要	价值性	J1	传承传播了本土文化
	X2	能在村民需要时提供文化服务		J2	有助于营造良好的乡村氛围
	X3	组织乐意为村民提供文化服务		J3	丰富了乡村日常生活有利身心健康
	X4	组织乐意采纳村民的意见建议		J4	给予村民精神依靠增进文化获得感
	X5	能方便联系到组织成员		J5	有利于促进邻里和睦
				J6	宣传了社会主义核心价值观和国家政策

第三节　基于 AHP 的指标权重确定

为了对乡村文化自组织的服务质量进行合理评价，需要对各维度及指标的重要性进行赋值。对于指标权重的确定，学界主要分为主观赋值法和客观赋值法。由于笔者首次将 SERVQUAL 模型运用于评价乡村文化自组织的公共文化服务质量，乡村文化自组织发展存在差异，数据样本量不足以全面覆盖差异性的特性信息，因此采用客观赋权法存在局限性。而文化馆和基层政府机构是乡村文化自组织活动的管理者，乡村文化自组织队长是运营者，高校学者是农村文化发展的研究者，他们能更准确地判断各指标对于整体服务质量的影响程度，因此本研究采用层次分析法确定指标权重。

层次分析法由美国运筹学家 Saaty 于 20 世纪 70 年代提出。Saaty 认为，在分析多影响因素集合的决策目标时，可把影响决策目标的相关因素分层级和系统组合，根据作用关系建立阶梯形决策目标模型，最高层次为决策目标层，中间层次为准则层，最低层次为方案层。同层次间指标呈并列关系，通过建立判断矩阵，用"两两对比"的方法，基于决策者的偏好程度对各层指标的相对重要性进行打分，并利用数据包络方法对决策单元数据进行优化，确定同层次各指标的相对重要性。层次分析法结合了定性与定量的方法，并系统化地构建了层级关系，符合量表的权重赋值需要。

一 构建层次分析模型与判断矩阵

本研究将乡村文化自组织服务质量设为决策目标层，有形性、保证性、可靠性、响应性、移情性和价值性设为准则层，各指标设为方案层，运用 Yaahp 层次分析软件构建层次结构模型（见图 5-5）。

在构建 AHP 层次结构模型后，运用 Yaahp 软件生成 AHP 调查表，调查表中建立了 6 个判断矩阵，采用德尔菲法打分判断各层级两两因素的相对重要性，1 为两个因素相比同样重要，9 为两个因素相比，前一因素绝对重要（见表 5-16）。笔者先后拜访 15 位专家，包括文化馆机构专家 6 名，基层政府专家 4 名，高校从事农村文化发展研究的专家 3 名和 2 名乡村文化自组织的负责人，在互相不交流的情况下独立评判各个判断矩阵分数。

二 矩阵一致性检验

由于专家主观判断的误差，会影响指标重要性判别的合理性，根据 Saaty 提出的层次分析法，需要检验每个专家的判断矩阵单层一致性。检验公式为：

$$CI = \frac{y_{\max} - n}{n-1} \qquad (式 5-3)$$

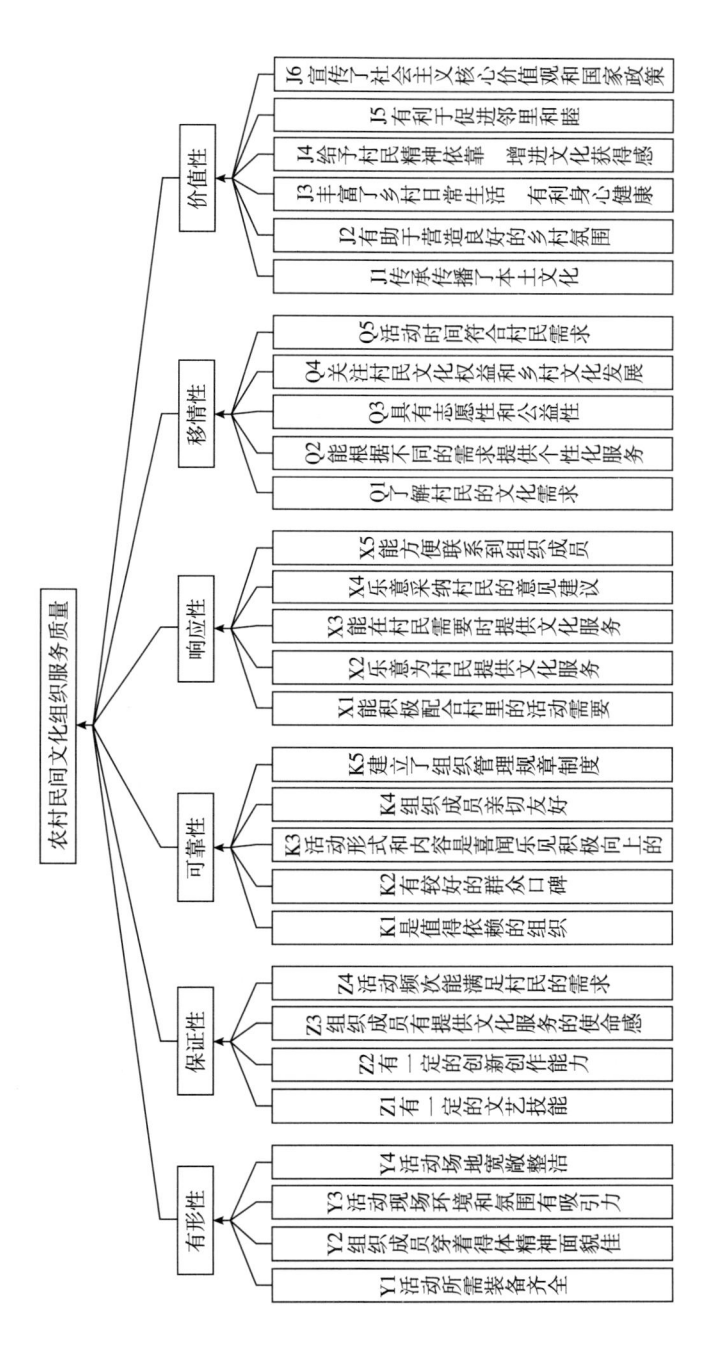

图 5-5 乡村文化自组织 AHP 层次结构模型

表 5-16　　　　　　　　　层次分析法各标度含义

标度	含义
1	同一层次两个因素相比，同样重要
3	同一层次两个因素相比，前一因素稍微重要
5	同一层次两个因素相比，前一因素比较重要
7	同一层次两个因素相比，前一因素十分重要
9	同一层次两个因素相比，前一因素绝对重要
2、4、6、8	间与 1、3、5、7、9 的中间值

其中，CI 为一致性指标，$y_{\max}$ 为判断矩阵的最大特征值，n 为判断矩阵的阶数。

对于多阶判断矩阵，Saaty 引入平均随机一致性指标 RI，对 CI 进行修正，并给出了 1—15 阶矩阵计算 1000 次得到的平均随机一致性指标 RI 值，进而计算随机一致性比例 CR，公式为：

$$CR = \frac{CI}{RI} \tag{式 5-4}$$

Saaty 认为，当 $CR<0.1$ 时，通过一致性检验要求，各位专家的判断基本一致，当 $CR \geqslant 0.1$ 时，需要再次咨询专家意见，调整和修正矩阵打分分值，直到满足 $CR<0.1$ 一致性检验条件为止。通过计算各专家的判断矩阵一致性均小于 0.1，整个矩阵平均一致性比例为 0.0389，各指标的随机一致性比例均小于 0.1，通过一致性检验（见表 5-17）。

表 5-17　　　　　　各维度及整个矩阵平均随机一致性比例

指标	有形性	保证性	可靠性	响应性	移情性	价值性	矩阵
CR	0.0443	0.037	0.062	0.302	0.0433	0.018	0.0389

三　一级指标及二级指标的权重确定

本研究将专家判断矩阵结果输入 Yaahp 软件，通过计算结果集结方式确定权重，首先计算各个专家的判断矩阵，其次将计算得到的排序权重均值作为集结结果，运用几何平均算法，得出各层指标权重。根据一级、二级指标权重，可得出二级指标的综合权重，计算公式为：

$$W_{ijk_j} = W_j \times W_{jk_j} \tag{式 5-5}$$

W_{ijk_j} 为二级指标综合权重，W_j 为一级指标权重，W_{jk_j} 为二级指标权重，计算结果见表 5-18。

表 5-18　　　　　　　　　各维度及指标权重

一级指标（权重）	二级指标	二级指标权重	二级指标综合权重	一级指标（权重）	二级指标	二级指标权重	二级指标综合权重
有形性（0.1767）	Y1	0.2483	0.0439	保证性（0.1349）	Z1	0.2702	0.0364
	Y2	0.2409	0.0426		Z2	0.1894	0.0255
	Y3	0.2508	0.0443		Z3	0.2818	0.038
	Y4	0.26	0.046		Z4	0.2586	0.0349
可靠性（0.1787）	K1	0.2419	0.0432	响应性（0.1583）	X1	0.1934	0.0306
	K2	0.1747	0.0312		X2	0.2023	0.0339
	K3	0.2329	0.0416		X3	0.2142	0.0321
	K4	0.1696	0.0303		X4	0.2116	0.0335
	K5	0.1809	0.0323		X5	0.1783	0.0282
移情性（0.1684）	Q1	0.2009	0.0338	价值性（0.1830）	J1	0.1708	0.0312
	Q2	0.1548	0.0261		J2	0.1748	0.0302
	Q3	0.2278	0.0384		J3	0.1649	0.032
	Q4	0.2093	0.0352		J4	0.1985	0.0363
	Q5	0.2072	0.0349		J5	0.1333	0.0244
					J6	0.1577	0.0289

第四节　本章小结

本研究以 SERVQUAL 服务质量评价模型和理论为基础，界定了乡村文化自组织服务质量的内涵，并构建了乡村文化自组织服务质量模型。在实地调研的基础上，分析了 SERVQUAL 模型用于评价乡村文化自组织服务质量的模型及维度的适用性和特殊性，修正了 SERVQUAL 模型评价维度和问项，提出乡村文化自组织的评价维度包括有形性、保证性、可靠性、响应性、移情性和价值性 6 个维度 30 个测项指标。

本研究基于 SERVQUAL 测项并结合乡村文化自组织的服务特点和情

景，遵循量表开发的原则和规范，经过了定性研究和定量研究 2 个阶段 10 个步骤开发了乡村文化自组织服务质量评价量表，在定性研究阶段，本研究通过理论研究、文献梳理、实地调研、焦点小组访谈、专家咨询，开发了乡村文化自组织服务质量评价初始量表。在定量研究阶段，通过问卷收集进行数据分析，在探索性因子分析阶段确定了量表的维度结构和因子数量，剔除测项 1 个并通过信度一致性检验；在验证性因子分析阶段，验证了量表拟合度和构建效度，结果表明，本研究构建的乡村文化自组织服务质量 6 个维度模型具有较好的拟合度和构建效度，乡村文化自组织服务质量构念可作为有 6 个维度的高阶因子，最终确定了有形性、保证性、可靠性、响应性、移情性和价值性 6 个维度 29 个测项。并基于 AHP 层次分析法确定了各维度及各指标权重。目前，乡村文化自组织是实现农村公共文化多元参与和共建共享共治的重要力量，但关于乡村文化自组织的实证研究较为鲜见，本研究开发的乡村文化自组织服务质量量表为后续的实证研究提供了测量基础，有助于深入了解乡村文化自组织的服务质量水平与居民期望的差距，以发现不足之处，有效提高乡村文化自组织的服务质量，还可对乡村文化自组织的服务质量进行跟踪监测。

第六章 乡村文化自组织服务质量评价实证研究

  云南省作为中国西部边疆少数民族集聚的重要地区，积极主动服务和融入国家发展战略，围绕"民族团结进步示范区、生态文明建设排头兵、面向南亚东南亚辐射中心"，"三个定位"国标打造发展优势。云南是全国拥有少数民族数量最多的省份，除汉族外有25个少数民族，民族乡村文化自组织数量众多、类型多样、活动丰富、特色明显，在中国乡村文化自组织的发展历程中具有代表性和典型性。根据国家统计局的数据，云南2016年有各类文化社会组织1727个，其中文化社团达到1499个，占86.80%，并分别占全国各类文化社会组织的3.24%与全国文化社团的4.29%；云南的各类文化社会组织和文化社团分别排在全国的第10位和第6位，云南文化社团的发展在全国排名靠前，说明云南民族乡村文化自组织发展活跃，充当了群众文化活动开展的主力军。这其中还有大量群众自办的乡村文化自组织并未纳入国家部门统计范围内。根据云南省文化和旅游厅的相关估算，云南8人以上的乡村文化自组织大约有8万个，散布在农村各个角落。为进一步对农村地区的乡村文化自组织进行聚焦，本研究运用确定的最终量表，测量和分析云南省乡村文化自组织的服务质量水平现状。

第一节 研究设计及数据收集

一 研究设计

（一）问卷设计

  本书基于SERVQUAL模型量表建构了乡村文化自组织服务质量评价6维度指标体系，包括有形性、可靠性、响应性、保证性、移情性和价值性，采用问卷调查方法收集农村居民对乡村文化自组织服务质量的主观评判问卷。首先，根据最终确定的问卷量表设计调查问卷，问卷由3个部分组成：第一部分是被调查用户的基本信息，主要包括被访用户的性别、年龄、职业、受教育程度及参与乡村文化自组织活动的频次。第二部分是问卷主体，即乡村文化自组织服务质量量表的初始量表的测量问项。参考PZB对于SERVQUAL的问卷形式的设计，采用三栏式问卷形式，每个测项由农村居民对乡村文化自组织的理想服务、适当服务和实际感知服务值进行打分。在问卷的衡量尺度上，服务质量评价分值采用7点LIKERT量表进行评价，1分表示非常不同意，7分表示非常同意。第三部分是农村居民对乡村文化自组织的服务质量的整体感知情况及意见和建议。

（二）研究方案

本研究选取云南省不同特征资源禀赋的村庄进行问卷采集工作，采集对象为农村常住居民，且参与过乡村文化自组织的相关活动，在采集数据过程中对该地区的乡村文化自组织进行调研走访。然后，待问卷回收完成后对问卷进行筛选剔除，根据有效问卷对乡村文化自组织的服务质量进行计算和分析。最后，基于服务容忍区理论分析农村居民认可并愿意接受乡村文化自组织服务质量范围，运用改进的IPA重要性—服务容忍度模型分析乡村文化自组织服务质量优势及薄弱环节，提出服务改进的行动策略。

二 数据收集

本研究以云南省乡村文化自组织作为考察样本，调研对象选取农村常住居民，调研地的选择原则为社会经济发展水平和文化资源禀赋各异，能够在较大程度上反映不同地区不同社会发展程度的乡村文化自组织服务质量。本次调研分别选取云南省昆明市、玉溪市、红河州、大理州、曲靖市5个市州的21个村庄，包括城郊融合类村庄4个、集聚提升类村庄5个、特色保护类村庄5个和一般村庄7个进行问卷采集。本次调研于2019年5月至2019年8月进行，历经3个月，总共发放问卷620份，回收问卷569份，剔除缺失答错等无效问卷87份，得到有效问卷482份，回收率为77.74%，错误率为15.3%（见表6-1）。

表 6-1　　　　　　　正式调研地点及问卷发放回收情况

村庄类型	村庄名称	发放问卷数量	有效问卷数量
城郊村融合类村庄	昆明市呈贡区斗南镇 A 村 B 村	50	43
	玉溪市红塔区大营街 C 村	50	40
	丽江市大研镇 D 村	40	29
集聚提升类村庄	大理白族自治州弥渡县弥城镇 E 村 F 村	50	38
	昆明市嵩明县小街镇 G 村 H 村	50	41
	楚雄彝族自治州中山镇 I 村	40	29
特色保护类村庄	宣威市东山镇 J 村 K 村	50	38
	昆明市寻甸县柯渡镇 L 村 M 村	50	43
	红河哈尼族彝族自治州弥勒市西三镇 N 村	40	31
一般村庄	玉溪市峨山县甸中镇 O 村 P 村	50	40
	曲靖市马龙县旧街道镇 Q 村 R 村	50	40
	昆明市禄劝县屏山镇 S 村 T 村	50	39
	红河哈尼族彝族自治州个旧市鸡街镇 U 村	40	31

三　样本描述性统计

调查样本的特征：（1）从性别上看，男性占 41.2%，女性占 58.8%；（2）从年龄上看，18 岁以下的占 6.1%，18—29 岁的占 5.4%，30—44 岁的占 18.9%，45—65 岁的占 52.0%，66 岁及以上的占 17.6%；（3）从职业上看，学生占 7.3%，公务员、事业单位职员占 6.9%，企业员工占 9.8%，农民占 43.7%，个体工商户占 12.6%，离退休人员占 19.7%，农民群体占了一半左右，而个体工商户与离退休人员也有一定人数；（4）从文化程度上看，小学及以下学历的占 21.2%，初中学历占 43.7%，高中、中专学历占 27.5%，大专、本科学历占 6.2%，研究生及以上学历占 1.4%，文化程度主要集中在初高中；（5）从参与乡村文化自组织活动的频次方面看，46.2% 的农村居民表示经常参与，29.3% 的农村居民每次都参与，15.6% 的农村居民偶尔参与，8.9% 的农村居民很少参与（见表 6-2）。

表 6-2　　　　　　　　正式调研样本描述性统计情况

特征	选项	频率（%）	特征	选项	频率（%）
性别	男	41.2	年龄	18 岁以下	6.1
	女	58.8		18—29 岁	5.4
文化程度	小学及以下	21.2		30—44 岁	18.9
	初中	43.7		45—65 岁	52.0
	高中、中专	27.5		66 岁及以上	17.6
	大专、本科	6.2	职业	学生	7.3
	研究生及以上	1.4		公务员、事业单位职员	6.9
参与频次	很少参与	8.9		企业员工	9.8
	偶尔参与	15.6		农民	43.7
	经常参与	46.2		个体工商户	12.6
	每次都参与	29.3		离退休人员	19.7

第二节　乡村文化自组织服务质量整体水平分析

在基于 AHP 法得到各指标的相对重要性权重后，本研究将根据 482 份样本数据计算云南 14 个村落的乡村文化自组织服务质量在各维度及指标的农村居民评分情况，进而得到总体服务质量评分、理想服务差距和适当服务差距，并基于 IPA 重要性—服务容忍区的分析框架，摸清乡村文化自组织服务质量的整体水平及服务差距，以便有针对性地提出改进策略，进而提升乡村文化自组织的服务质量水平。

一　数据信度检验

本研究借鉴 PZB 对 SERVQUAL 模型中期望概念的扩展研究，用户服务期望（E）包括理想服务（DS）和适当服务（AS），理想服务是用户所渴望的服务，适当服务是用户所能接受的最低标准。在得到感知理想服务、适当服务和实际服务质量的分数后，我们可以进一步计算感知服务质量优异差距（MSS）和感知服务质量适当差距（MSA）。本研究通过以下公式计算 MSS 和 MSA：

$$MSS^i_{jk_j} = P^i_{jk_j} - E^{iDS}_{jk_j} \qquad (式6-1)$$

$$MSA^i_{jk_j} = P^i_{jk_j} - E^{iAS}_{jk_j} \qquad (式6-2)$$

其中：$[MSS^i_{jk_j}, MSA^i_{jk_j}]$ 分别表示用户 U_i 对二级指标 C_{jk_j} 的感知服务质量优异差距值和感知适当服务质量适当差距值；$P^i_{jk_j}$ 为用户 U_i 对二级指标 C_{jk_j} 的实际感知服务评价分数，$E^{iDS}_{jk_j}$ 为用户 U_i 对二级指标 C_{jk_j} 的理想服务期望评价分数，$E^{iAS}_{jk_j}$ 为用户 U_i 对二级指标 C_{jk_j} 的适当服务期望评价分数。

通过式(6-1)、式(6-2)计算出 $[MSS^i_{jk_j}, MSA^i_{jk_j}]$，再运用 SPSS25.0 分析 $E^{iDS}_{jk_j}(EDS)$、$E^{iAS}_{jk_j}(EAS)$、$P^i_{jk_j}$（P only）、$MSS^i_{jk_j}(MSS)$ 和 $MSA^i_{jk_j}(MSA)$ 的 Cronbach's α 系数，以验证数据的信度，计算结果见表6-3。

表6-3　　　　　各维度及总体 Cronbach's α 系数表

	测项数	EDS	EAS	P only	MSS	MSA
有形性	4	0.742	0.707	0.813	0.779	0.817
保证性	4	0.596	0.556	0.898	0.739	0.822
可靠性	5	0.630	0.563	0.875	0.622	0.775
响应性	5	0.811	0.640	0.885	0.602	0.814
移情性	5	0.589	0.534	0.873	0.786	0.822
价值性	6	0.663	0.578	0.898	0.820	0.838
总体	29	0.821	0.783	0.940	0.887	0.910

通过对理想服务期望（EDS）、适当服务期望（EAS）、实际感知服务（P only）、MSS、MSA 共5组数据进行 Cronbach's α 系数信度检验，所得结果如表6-3所示，从整体 Cronbach's α 系数值来看，P only>MSA>MSS>EDS>EAS，印证了多数研究的检验，实际感知服务的信度优于感知服务差距；在各维度 α 系数检验结果方面，理想服务期望值和适当服务期望值个别偏低，但也达到 α 系数大于0.5的基本要求，在总体数据的 α 系数检验结果方面，EDS α 系数为0.821，EAS 的 α 系数值为0.783，P only 的 α 系数为0.940，MSS 的 α 系数为0.887，MSA 的 α 系数为0.910，说明所得数据具有较高的内部一致性。

二 乡村文化自组织服务质量评价得分

数据通过信度检验后，进一步计算农村用户对二级指标 C_{jk_j} 的实际感知服务、MSS 和 MSA 的平均值。计算公式为：

$$P_{jk_j} = \frac{i}{m} \sum_{i=1}^{m} P_{jk_j}^{i} \quad \text{（式 6-3）}$$

$$MSS_{jk_j} = \frac{i}{m} \sum_{i=1}^{m} MSS_{jk_j}^{i} \quad \text{（式 6-4）}$$

$$MSA_{jk_j} = \frac{i}{m} \sum_{i=1}^{m} MSA_{jk_j}^{i} \quad \text{（式 6-5）}$$

其中，m 为评分用户数，依据式（6-3）、式（6-4）、式（6-5）计算得到农村用户对 P only、MSS、MSA 评价在二级指标的平均分值，进而根据 AHP 分析得到二级指标综合权重 W_{ijk_j} 计算一级指标 C_j 的服务质量，计算公式为：

$$SQ_j^P = \sum_{j=1}^{nj} W_{ijk_j} P_{jk_j} \quad \text{（式 6-6）}$$

$$SQ_j^{MSS} = \sum_{j=1}^{nj} W_{ijk_j} MSS_{jk_j} \quad \text{（式 6-7）}$$

$$SQ_j^{MSA} = \sum_{j=1}^{nj} W_{ijk_j} MSA_{jk_j} \quad \text{（式 6-8）}$$

其中，SQ_j^P，SQ_j^{MSS}，SQ_i^{MSA} 分别为用户对一级评价指标 P only，MSS 和 MSA 的加权得分。最后，根据 SQ_j^P，SQ_j^{MSS}，SQ_i^{MSA} 计算乡村文化自组织的总体服务质量，计算公式为：

$$SQ^P = \sum_{i=1}^{6} SQ_j^P \quad \text{（式 6-9）}$$

$$SQ^{MSS} = \sum_{i=1}^{6} SQ_j^{MSS} \quad \text{（式 6-10）}$$

$$SQ^{MAS} = \sum_{i=1}^{6} SQ_i^{MSA} \quad \text{（式 6-11）}$$

其中，[SQ^P，SQ^{MSS}，SQ^{MAS}] 分别为 P only 总分、MSS 总分和 MSA 总分，根据式（6-9）、式（6-10）、式（6-11）计算的结果如表 6-4、表 6-5、表 6-6 所示。

根据表 6-4 可知，农村居民对乡村文化自组织的实际感知服务质量的总分为 4.624，在有形性、保证性、可靠性、响应性、移情性和价值性

6 个一级指标上的得分分别为 4.110、4.073、4.970、5.124、4.812 和 5.426，得分由高到低依次为价值性>响应性>可靠性>移情性>有形性>保证性。

表 6-4　　乡村文化自组织实际感知服务质量评分情况

	指标	实际感知服务绩效均值	综合权重	指标加权得分	维度得分	维度加权得分	总体服务质量得分
有形性	PY1	4.040	0.044	0.177	4.110	0.725	4.624
	PY2	4.370	0.043	0.186			
	PY3	4.400	0.044	0.195			
	PY4	3.630	0.046	0.167			
保证性	PZ1	4.320	0.036	0.157	4.073	0.552	
	PZ2	3.930	0.026	0.100			
	PZ3	4.430	0.038	0.168			
	PZ4	3.610	0.035	0.126			
可靠性	PK1	5.290	0.043	0.229	4.970	0.893	
	PK2	5.010	0.031	0.156			
	PK3	5.210	0.042	0.217			
	PK4	5.350	0.030	0.162			
	PK5	3.990	0.032	0.129			
响应性	PX1	5.390	0.031	0.165	5.124	0.809	
	PX2	5.300	0.034	0.180			
	PX3	5.360	0.032	0.172			
	PX4	4.260	0.034	0.143			
	PX5	5.310	0.028	0.150			
移情性	PQ1	5.000	0.034	0.169	4.812	0.816	
	PQ2	4.310	0.026	0.112			
	PQ3	5.160	0.038	0.198			
	PQ4	4.450	0.035	0.157			
	PQ5	5.140	0.035	0.179			
价值性	PJ1	4.450	0.031	0.139	5.426	0.830	
	PJ2	5.070	0.030	0.153			
	PJ3	4.860	0.032	0.156			
	PJ4	4.500	0.036	0.163			
	PJ5	4.300	0.024	0.105			
	PJ6	3.950	0.029	0.114			

根据表 6-5 可知，农村居民对乡村文化自组织的感知服务质量优异差距的总体得分为-1.154 分，说明农村居民对乡村文化自组织的实际感知服务与农村居民所渴望的服务相比还差 1.154 分，在各个一级指标上保证性的优异差距最大，为-1.853 分，有形性其次，为-1.208 分，响应性、移情性和价值性分数相似分别为-1.088，-1.026，-1.030，可靠性的差距在 6 个维度中最小，为-0.912 分。

表 6-5 乡村文化自组织感知服务质量优异差距评分情况

指标		感知服务质量优异差距均值	综合权重	指标加权得分	维度得分	维度加权得分	总体服务质量得分
有形性	PY1	-1.222	0.044	-0.054	-1.208	-0.214	-1.154
	PY2	-1.162	0.043	-0.049			
	PY3	-1.188	0.044	-0.053			
	PY4	-1.259	0.046	-0.058			
保证性	PZ1	-1.633	0.034	-0.055	-1.853	-0.234	
	PZ2	-2.093	0.032	-0.067			
	PZ3	-1.486	0.034	-0.050			
	PZ4	-2.199	0.028	-0.062			
可靠性	PK1	-0.309	0.036	-0.011	-0.912	-0.171	
	PK2	-0.782	0.026	-0.020			
	PK3	-1.056	0.038	-0.040			
	PK4	-0.569	0.035	-0.020			
	PK5	-1.842	0.043	-0.080			
响应性	PX1	-1.079	0.031	-0.034	-1.088	-0.181	
	PX2	-0.981	0.042	-0.041			
	PX3	-0.977	0.030	-0.030			
	PX4	-1.782	0.032	-0.058			
	PX5	-0.620	0.031	-0.019			
移情性	PQ1	-0.813	0.034	-0.027	-1.026	-0.168	
	PQ2	-1.533	0.026	-0.040			
	PQ3	-0.766	0.038	-0.029			
	PQ4	-1.234	0.035	-0.043			
	PQ5	-0.784	0.035	-0.027			
价值性	PJ1	-1.152	0.031	-0.036	-1.030	-0.187	
	PJ2	-0.537	0.030	-0.016			
	PJ3	-0.913	0.032	-0.029			
	PJ4	-1.152	0.036	-0.042			
	PJ5	-1.344	0.024	-0.033			
	PJ6	-1.081	0.029	-0.031			

从表6-6可知，乡村文化自组织的感知服务质量适当差距绩效总分为0.005，说明乡村文化自组织服务质量超出农村居民最低可接受值0.005分，勉强达到农村居民的最低满意度水平。在各一级指标上响应性、移情性和可靠性的服务绩效表现较好，超出了农村居民最低可接受值，分别为0.363、0.356和0.232分，价值性维度次之，略微超出，为0.011分，而保证性和有形性两个维度表现较差，未达到农村居民最低可接受值，分别为-0.766和-0.091分。

表6-6　乡村文化自组织感知服务质量适当差距绩效评分情况

	指标	感知服务质量适当差距均值	综合权重	指标加权得分	维度得分	维度加权得分	总体服务质量得分
有形性	PY1	-0.228	0.044	-0.010	-0.091	-0.004	0.005
	PY2	0.160	0.043	0.007			
	PY3	0.120	0.044	0.005			
	PY4	-0.417	0.046	-0.019			
保证性	PZ1	-0.467	0.034	-0.019	-0.766	-0.025	
	PZ2	-0.842	0.032	-0.026			
	PZ3	-0.558	0.034	-0.018			
	PZ4	-1.195	0.028	-0.037			
可靠性	PK1	0.614	0.036	0.021	0.232	0.007	
	PK2	0.037	0.026	0.001			
	PK3	0.550	0.038	0.018			
	PK4	0.508	0.035	0.014			
	PK5	-0.548	0.043	-0.020			
响应性	PX1	0.512	0.031	0.013	0.363	0.012	
	PX2	0.494	0.042	0.019			
	PX3	0.498	0.030	0.017			
	PX4	-0.035	0.032	-0.002			
	PX5	0.344	0.031	0.011			
移情性	PQ1	0.681	0.034	0.023	0.356	0.013	
	PQ2	-0.015	0.026	0.000			
	PQ3	0.448	0.038	0.017			
	PQ4	0.174	0.035	0.006			
	PQ5	0.490	0.035	0.017			
价值性	PJ1	-0.317	0.031	-0.010	0.011	0.003	
	PJ2	0.591	0.030	0.018			
	PJ3	0.380	0.032	0.012			
	PJ4	0.015	0.036	0.001			
	PJ5	0.222	0.024	0.005			
	PJ6	-0.218	0.029	-0.006			

三 乡村文化自组织的服务质量整体水平分析

从整体来看，云南省乡村文化自组织的服务质量还存在不足，勉强达到最低服务期望水平，目前的服务质量水平还不足以让农村居民产生较高的满意度和愉悦感，特别在有形性维度和保证性维度上存在较大的服务差距，应采取针对性策略和措施来提升乡村文化自组织的服务质量水平。

第一，有形性方面。在6个维度中，有形性的差距值较大，从表6-4、表6-5、表6-6中可以看出，农村居民对有形性的整体期望值并不高，实际感知服务质量却最低，其感知服务质量适当差距呈负数，表明农村居民对乡村文化自组织的有形性不满意。结合表6-6中各个二级指标的差距值可知，农村居民对"PY4活动场地宽敞整洁"和"PY1活动所需的装备齐全"的感知服务质量适当差距呈负数。这也与实地调研的情况相一致。根据调研，乡村文化自组织由于缺乏政府扶持政策，普遍存在活动设施器材、文艺演唱装备、活动开展场地极度缺乏的情况，很多乡村文化自组织的活动器材都是自己制作或购买，活动开展的场地大多在自己家中。这些在文化活动的开展中容易造成农村居民的文化体验感不足，导致对有形性服务质量评价的不满。因此，建议政府把乡村文化自组织发展与村级文化活动室建设有机结合，使村文化活动室与乡村文化自组织达成资源整合和设施共享。

第二，保证性方面。保证性的实际感知服务质量，感知服务质量优异差距和感知服务质量适当差距评分在6个维度中较低，实际感知服务质量值仅有4.073分，距最低服务可接受值还差0.766分，距理想服务还差1.853分，4个二级指标在感知服务质量适当差距值上均小于0，说明农村居民对乡村文化自组织保证性的满意度很低，其中得分最低的维度是"PZ4活动频次满足村民的需求"，乡村文化自组织提供的公共文化服务形式以无形服务和内容服务为主，具有及时性和在场性，即农村居民只有在参与和接受服务的过程中才能感受得到。根据调研，乡村文化自组织提供的公共文化服务时间主要集中在传统节庆节日，尤其是春节期间，其他时间段的文化服务相对不足。服务信息的发布也相对滞后，主要是通过"铜锣一响老少聚集"和邻里间相互告知的形式。因此，如何促进乡村文化自组织文化服务活动开展的常态化，是提升乡村文化自组织服务保证性的重要因素。建议政府通过多种方式激发乡村文化自组织的活力，结合政府文化组织开展的"送文化下乡"等文化活动进行互动交流，还可以把乡村文化自组织纳入政府购买公共文化服务的范畴，让乡村文化自组织成为农村文化建设的主力军。其次是"PZ2 有一定的创造创新能力""PZ1 有一定的文艺技能"和"PZ3 组织成员有提供文化服务的使命感"方面也呈现出不足，这反映出乡村文化自组织文化服务的能力和服务责任感还不强，需要进一步激发提升。建议政府加大对乡村文化自组织草根人才的培训与辅导，可通过各级文化馆来实施对乡村文化自组织人才的文化技能培训和文化服务责任意识培养。另外，政府要加大对乡村文化自组织的扶持力度，把乡村文化自组织的培育建设纳入文化事业建设规划，纳入新农村文化建设和乡村振兴的总体格局之中，对其开展公共文化服务的活动进行相应的财政补贴和绩效奖励，提升其文化服务能力和水平，激发其提供公共文化服务的使命感与责任感。

第三，可靠性方面。可靠性的感知服务质量优异差距值最小，说明农村居民对乡村文化自组织可靠性满意度较高。这是因为乡村文化自组织是农村文化活动开展的内生力量，来自农民居民日常生活，服务内容是本土化的艺术形式，因此，农村居民对乡村文化自组织有较高的信赖感和口碑。但可能是自发组织的原因，导致乡村文化自组织管理规章制度存在不足，在表 6-6 中，"PK5 建立了组织管理规章制度"的感知服务质量适当差距值在可靠性维度中最低，为 -0.548，这也表明乡村文化自组织的活动内容贴近群众，但对自身的规范管理和能力建设还存在明显不足。调研也发现乡村文化自组织的管理比较松散，大多数还处于粗放发展阶段。因此，一方面，乡村文化自组织要加强自身建设，提高服务能力和管理水平，完善内部治理结构，制定具体的规章制度，包括组织创办、组织机构、组织原则、各类章程、会员职责、资金筹集、管理分配等制度，形成民主参与、民主管理、民主监督等运作机制；另一方面，政府要加强规范管理，不断完善乡村文化自组织的创新机制，制定具体的规范办法和指导性意见，健全完善社团准入、社团管理、绩效考核等制度性建设。

第四，响应性方面。响应性的实际感知服务质量值较高，为 5.124，感知质量服务适当差距值为 6 个维度中最高，超过最低服务的可接受值 0.363 分，说明农村居民对乡村文化自组织响应性的满意度较高，从表 6-6 中可以看到 PX1、PX2、PX3、PX5 分值较高，说明乡村文化自组织能积极配合村里举办相关活动,乐意为村民提供文化服务并积极响应农村居民的文化服务需求,且能方便联系到服务组织成员,但在"PX4 乐意采纳村民的意见建议"方面得分稍低。说明乡村文化自组织与农村居民之间还需建立沟通机制,以便及时反馈农村居民的诉求。根据调研发现,多数本土的乡村文化自组织是基于农村的社会生活结构生成,普通人家的婚丧嫁娶、生辰寿诞、重要节庆活动乡村文化自组织都会参与其中,是农村文化服务重要组成部分。

第五,移情性方面。移情性的实际感知服务质量分为 4.812,超出最低可接受值 0.356 分,与理想服务的差距为-1.026 分。移情性在 6 个维度中感知服务质量适当差距值最高,说明移情性维度得到了农村居民的认可。从表 6-6 中可以看出,"移情性"维度二级指标包括"PQ1 了解农村居民的文化需求""PQ3 具有志愿性和公益性""PQ5 活动时间能满足大部分村民的需求",农村居民的满意程度略高,但在"PQ2 能根据不同的需求提供个性化服务"和"PQ4 关注村民的文化权益和乡村文化发展"方面农村居民的满意程度较弱。说明乡村文化自组织需要积极提升自我服务能力,要能根据不同需求提供个性化服务、关注农村居民的文化权益才能满足农村居民的文化需求。

第六,价值性方面。农村居民对价值性的实际感知服务质量值最高,但在感知服务质量优异差距和感知服务质量适当差距值中均排在第四位,分别为-1.030 和 0.011,表明农村居民对价值性的认可度和满意度最高,但农村居民对价值性的期望也较高,对乡村文化自组织所具有的文化精神属性和公共价值塑造功能较为关注。乡村文化自组织所开展的活动贴近农民生活的价值取向,能够塑造农民的良好精神风貌。乡村文化自组织在为农村居民提供文化休闲娱乐的同时还有利于传承传播地方特色传统文化,丰富乡村生活,有利于村民身心健康,促进和睦相处;能给予村民精神依靠,增强文化获得感,积极宣传社会主义核心价值观和国家政策信息。乡村文化自组织强劲的生命力来源于广大农民群众日益增长的文化需求和精神期盼。因此,在新时代乡村振兴的背景下,应保护好、运用好、开发好广大农民群众追求文化享受的积极性,充分肯定、及时鼓励、积极培育、有效扶持、科学引导这些乡村文化自组织,使之成为乡村文化振兴的重要力量。

第三节 基于容忍区间的乡村文化自组织
服务质量提升策略分析

根据 Parasuraman 等（1994）的研究，服务容忍区（ZOT）是指用户所渴望得到的理想服务和可接受的最低标准适当服务的差距区间，若实际感知服务绩效高于容忍区则产生服务愉悦，低于容忍区间则导致用户的不满，通过测算服务容忍区间可以更精确地诊断服务质量的竞争优势和薄弱环节，并确认服务质量改善的优先等级，有效分配组织资源以改善服务水平，满足用户的服务需求（Hu，2010），Walker 和 Baker（2000）通过研究发现，容忍区间和指标重要性存在相关性，指标重要性与容忍区间宽窄成反比。服务差距的容忍区概念为我们提供了评价和改进服务质量视角和方法，本书根据问卷调研获取的理想服务期望（EDS）、适当服务期望（EAS）和实际感知服务质量（P only）测算农村居民对乡村文化自组织在各一级指标的服务容忍区间和服务能力，考察农村居民对不同指标的容忍度，评价乡村文化自组织服务绩效水平，并基于 IPA 分析方法构建重要性—容忍度（ZIPA）模型，提出乡村文化自组织的服务质量的改进策略。

一 基于容忍区间的服务质量提升策略分析

根据 Parasuraman 等的研究，服务容忍区等于用户理想服务期望（EDS）和适当服务期望（EDA）之差，通过以下公式计算各一级指标的容忍区间。

$$C_j^{ZOT} = \sum_{kj=1}^{nj} \overline{E_{jk_j}^{iD}} W_{jk_j} - \sum_{kj=1}^{nj} \overline{E_{jk_j}^{iA}} W_{jk_j} \qquad （式6-12）$$

根据式（6-12）计算得出 6 个一级指标的容忍区间，结果如表 6-7 所示。

表 6-7　　　　　　　　一级指标容忍区间及重要性

	理想服务期望	适当服务期望	实际感知服务质量	容忍区	重要性
有形性	5.326	4.213	4.114	1.113	0.1767
保证性	5.922	4.849	4.097	1.073	0.1349

续表

	理想服务期望	适当服务期望	实际感知服务质量	容忍区	重要性
可靠性	5.888	4.731	5.001	1.157	0.1787
响应性	6.216	4.753	5.112	1.464	0.1687
移情性	5.843	4.472	4.847	1.370	0.1583
价值性	5.567	4.438	4.545	1.120	0.1830

从表6-7可知，各一级指标的容忍区间从小到大依次为：保证性、有形性、价值性、可靠性、移情性和响应性，实际感知服务质量从低到高依次为：保证性、有形性、价值性、移情性、可靠性和响应性，重要性从高到低依次为：价值性、可靠性、有形性、响应性、移情性和保证性。从图6-1可看出容忍区间和实际感知服务质量之间呈线性相关，实际感知服务质量越低，容忍区间越窄，服务改进的优先级别越高。在6个维度中，保证性、有形性和价值性3个维度需要优先改进，其中保证性和有形性维度处于容忍区之外，是农村居民普遍不满意，服务改进的重点维度。在有形性方面，有形性对乡村文化自组织服务质量具有较高的重要性，且农村居民的期望值总体较低，说明农村居民虽然对于乡村文化自组织有形性这种外在表面性并未抱有不切实际期望，只是希望能够有活动所需的设备、场地和道具，增加有形性的供给能有效提升服务质量，是需要紧迫改进的维度。在保证性方面，农村居民的实际感知服务质量最低，容忍区间最窄，说明乡村文化自组织的服务能力在保证性方面整体较弱，农村居民期望容忍度较低，是影响农村居民满意度的重要维度。从一级指标对乡村文化自组织服务质量重要性来看，价值性最为重要，目前价值性维度在农村居民的容忍区内，说明乡村文化自组织的价值性得到了农村居民的认可，但距离理想服务期望还有1.022分的差距。

二 基于重要性—服务容忍度的服务质量提升策略分析

IPA由Martilla和James（1977）开发，是基于服务的重要性和绩效表现确定服务指标的优先改进排序以提高服务质量的常规方法，通常IPA由两个维度和四个象限组成，其中，纵轴表示平均重要性，横轴表示质量表现，四个象限分别代表不同的管理策略（Bacon，2003）。Chen（2014）基于重要性和竞争性容忍区概念，构建CZIPA模型，为改进服务质量获得服务竞争优势提供参考，喻寅昀等（2019）基于IPA分析方法

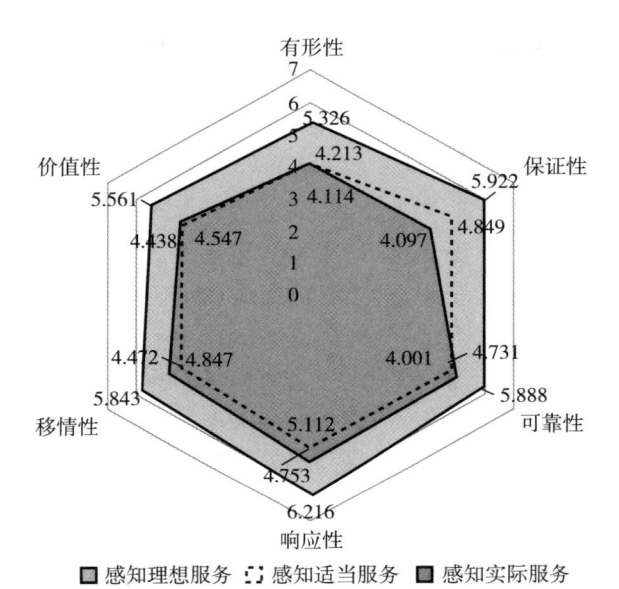

图 6-1 一级指标的容忍区间

建立重要性—顾客容忍度服务质量评测模型，认为服务容忍度为服务能力与顾客容忍区间之比，服务能力为实际感知服务质量与适当服务期望之差。本研究基于重要性—顾客容忍度（TIPA）服务质量评测模型，分析乡村文化自组织在二级指标上的改进策略。TIPA 服务质量评测模型将横轴 X 设置为服务容忍度，纵轴 Y 设置为指标重要性，四个象限用重要性均值和服务容忍度均值划分，分别用 A、B、C、D 表示，如图 6-2 所示，A 象限表示具有较低服务容忍度和相对较高重要性的指标，属于服务"改进区"象限，表示管理者集中配置资源要素着重提高此区域的服务绩效；B 象限表示具有较高服务容忍度和相对较高重要性的指标，属于服务"优势区"，表示是具有服务竞争优势的指标，管理者应继续保持此区域内的服务指标优势竞争力；象限 C 表示较低服务容忍度相对较低重要性的指标，属于服务"低值区"象限，表示管理者可根据资源的充沛程度按低优先级改进此区域的服务指标质量；D 象限表示具有高容忍度和较低相对重要性的指标，属于服务"维持区"，对于此区域内的指标管理者可以通过增强外部性、增强服务影响力，以提高指标的重要性。

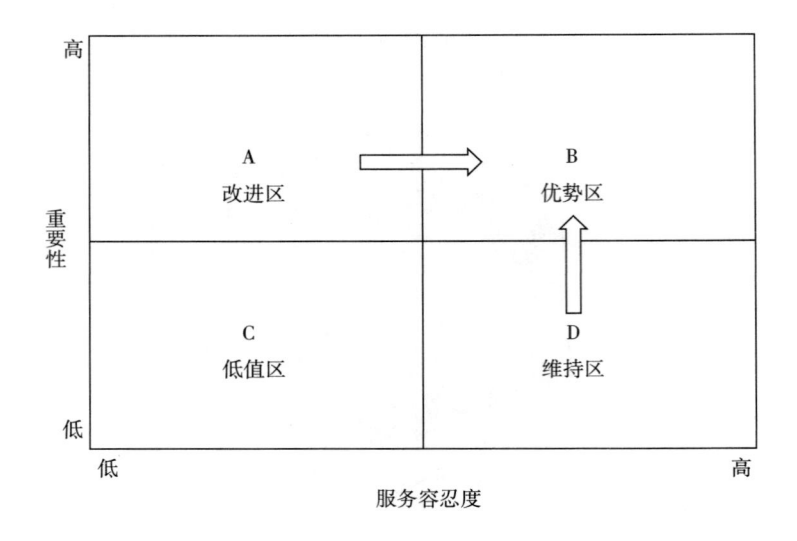

图 6-2　重要性—服务容忍度（TIPA）

本书基于 AHP 分析得到的二级指标综合权重和服务容忍度构建 TIPA 分析模型。根据喻寅昀等（2019）提出的服务容忍度计算公式计算乡村文化自组织的服务容忍度，计算公式为：

$$\overline{ST}_{j_{kj}} = \frac{\overline{SC}_{j_{kj}}}{\overline{SZ}_{j_{kj}}} = \frac{\overline{P}_{jk_j} - \overline{E}_{jk_j}^{iAS}}{\overline{E}_{jk_j}^{iDS} - \overline{E}_{jk_j}^{iAS}} \qquad （式 6-12）$$

其中，$\overline{ST}_{j_{kj}}$ 代表二级指标 C_{jk_j} 的平均服务容忍度，$SC_{j_{kj}}$ 代表二级指标 C_{jk_j} 的平均服务能力，$\overline{SZ}_{j_{kj}}$ 代表二级指标 C_{jk_j} 的平均服务容忍区间，根据式(6-12)计算的结果见表 6-8。

表 6-8　乡村文化自组织的服务能力容忍区间、容忍度和重要性

指标	服务能力	服务容忍区间	服务容忍度	综合权重
Y1	−0.228	0.994	−0.230	0.044
Y2	0.160	1.322	0.121	0.043
Y3	0.110	1.311	0.084	0.044
Y4	−0.417	0.842	−0.495	0.046
Z1	−0.467	1.166	−0.400	0.036

续表

指标	服务能力	服务容忍区间	服务容忍度	综合权重
Z2	−0.842	1.251	−0.673	0.026
Z3	−0.558	0.927	−0.602	0.038
Z4	−1.195	1.004	−1.190	0.035
K1	0.614	0.923	0.665	0.043
K2	0.037	0.820	0.046	0.031
K3	0.550	1.606	0.342	0.042
K4	0.508	1.077	0.472	0.030
K5	−0.548	1.295	−0.423	0.032
X1	0.512	1.591	0.322	0.031
X2	0.494	1.475	0.335	0.034
X3	0.498	1.475	0.338	0.032
X4	−0.035	1.747	−0.020	0.034
X5	0.344	0.965	0.357	0.028
Q1	0.681	1.494	0.456	0.034
Q2	−0.015	1.519	−0.010	0.026
Q3	0.448	1.214	0.369	0.038
Q4	0.174	1.409	0.124	0.035
Q5	0.490	1.274	0.384	0.035
J1	−0.317	0.834	−0.381	0.031
J2	0.591	1.129	0.524	0.030
J3	0.380	1.293	0.294	0.032
J4	0.015	1.166	0.012	0.036
J5	0.222	1.566	0.142	0.024
J6	−0.218	0.863	−0.252	0.029
均值	0.069	1.226	0.034	0.024

根据式（6-12），进一步计算二级指标平均容忍度和综合权重均值，分别为 0.034、0.024。运用 SPSS25.0 生成 TIPA 分析象限图，结果见图 6-3。

150 / 乡村公共文化服务的自组织参与研究

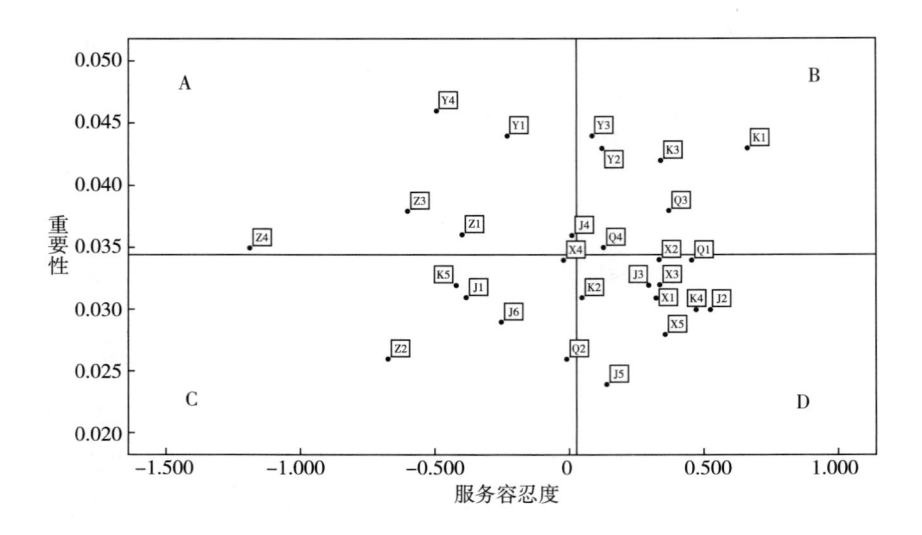

图 6-3 乡村文化自组织服务质量重要性—服务容忍度（TIPA）

象限 A 是乡村文化自组织服务质量改进的重点区（高权重/低容忍），落在此象限的指标服务质量容忍度较低，对于服务质量的提升具有较高的重要性，组织管理者及政府相关部门应集中管理资源配置，重点改进此象限中的服务要素。改进次序依次为："PY4 活动场地宽敞整洁""PZ4 活动频次满足村民需求""PZ3 组织成员具有提供文化服务的使命感""PY1 活动所需装备齐全""PZ1 有一定的文化技能""PJ4 给予村民精神依靠增强文化获得感"。

象限 B 是乡村文化自组织服务质量优势区域（高权重/高容忍），此象限中的指标服务质量和满意度普遍较高，是乡村文化自组织为农村居民提供公共文化服务的关键优势，对这一区域中的指标，应优先强化高权重和低服务容忍度的服务指标，维持高权重和高服务容忍度的指标，能有效提升乡村文化自组织的服务质量，位于这一象限的服务要素和行动策略为：强化乡村文化自组织在"Y3 活动现场环境和氛围吸引力""Y2 组织成员穿戴得体精神面貌佳""K3 活动形式和内容喜闻乐见积极向上"3 个方面的优势；继续保持在"Q4 关注村民文化权益和乡村公共文化服务""Q3 具有公益性和志愿性""K1 组织是值得信赖"方面的竞争优势，并持续提升这六个要素对乡村文化自组织服务质量的影响效力。

象限 C 是乡村文化自组织的服务低值区（低权重/低容忍），此象限中的指标服务质量和居民满意度较低，是目前乡村文化自组织服务能力的薄弱环节，但其重要程度较低，是容易忽视的服务环节，对于此象限的指标应依据重要性和容忍度水平采取分层分类逐步改进策略，首先改进"X4 乐意采纳村民的意见建议""K5 建立组织管理规章制度"，逐步改进"J1 传承传播了本土文化"和"J6 宣传了社会主义核心价值观和国家政策"，最后改进"Q2 能根据不同的需求提供个性化服务"和"Z2 有一定的创作创新能力"。

象限 D 是乡村文化自组织的服务维持区（低权重/高容忍度），位于此象限的服务指标表现出较高的服务质量和居民满意度，重要等级较低，对于提升乡村文化自组织的总体服务质量的影响相对较小，对于此象限的指标采取稳中有进的行动策略，改善"X2 乐意为农村居民提供文化服务"和"K2 具有良好的群众口碑"两项服务质量指标，维持"J3 丰富乡村日常生活有利身心健康"、"Q1 了解农村居民的文化需求"、"X3 能在农村居民需要时提供文化服务"、"K4 组织成员亲切友好"、"X1 能积极配合村里的活动需要"、"J2 有助于营造良好的乡村氛围"、"X5 能方便联系到组织成员"、"J5 有利于促进邻里和睦"8 项服务质量指标现状。

第四节　本章小结

本章根据最终确定的量表，选取云南省不同资源禀赋的 15 个村庄对乡村文化自组织服务质量进行评价。通过以上分析我们可以看出，从农村居民（文化需求者）角度来看，农村居民更加关注的是乡村文化自组织（文化供给者）能够给他们提供哪些内容和价值性的文化服务，这些文化服务是否能够满足他们的需求以及服务是否可靠可信；从乡村文化自组织的角度来看，作为农村居民自发组织自愿参与自我治理的群众性团体，乡村文化自组织是提供农村公共文化服务的村民自给性系统，更能贴合农民群众的文化需求和文化偏好，也更有利于达成村民集体文化认同。但是，乡村文化自组织在有形性和保证性方面存在缺陷，在很大程度上影响了乡村文化自组织的服务质量。有形性和保证性方面的缺陷是乡村文化自组织文化设施设备缺乏、管理松散粗放、能力建设不足所导致的。这些缺陷在某种程度上是由于乡村文化自组织的"草根性"所决定，具有一定的"先天性"，因此，需要政府提供相应的保障和政策扶持；从政府的角度来看，政府是农村公共文化服务体系建设的主要供给主体，发挥着主导作用。政府除了要提供基本公共文化服务以保障公民的文化权益和满足公民的基本文化需求外，还需要积极鼓励和引导各种社会力量参与公共文化服务。因此，政府要将乡村文化自组织纳入乡村公共文化服务体系建设，形成政府供给与农村民间自给的综合供给系统，达成上下联动、融合发展的格局。为促进乡村文化自组织参与乡村公共文化服务供给，政府要加大对乡村文化自组织的培育扶持力度，通过多种方式激发乡村文化自组织的创新活力，使乡村文化自组织成长为乡村公共文化服务体系建设的内生力量。

第七章　乡村公共文化服务自组织参与的服务质量提升路径和政策建议

乡村公共文化服务是一项系统工程，它不仅需要政府力量的制度供给和资源输入，还需要市场力量的运作生产和资本运营，也需要农村民间力量的社区参与和空间营造。通过前几章的分析和论证，本书认为当前乡村公共文化服务主要存在结构失衡、供需错位和主体缺失三大困境，而乡村文化自组织作为乡村公共文化服务的内生力量，不但可以与政府协同建立一种"上下联动"的公共文化服务机制，有效对接不同农民群体的文化需求偏好，而且在市场推动下可以发展成为文化企业，成为促进乡村特色文化产业发展的有机体。因此，促进乡村文化自组织参与乡村公共文化服务需要进一步整合公共文化资源，构建政府供给与农村民间自给的协同发展平台，使乡村文化自组织成为乡村文化振兴的重要抓手。

第一节　乡村公共文化服务自组织参与的服务质量提升路径

在乡村公共文化服务中，当前政府"送文化"的单一模式存在内容形式不对路不接地气、供需错位等困境，导致基层群众反应冷淡的状况，需要由"送文化"向"种文化"转变，重视培育农村文化的内生机制，让农村土生土长的文化发展壮大起来，实现由政府"送文化"向立足农村文化土壤"种文化"的根本转变，逐步将重点转向培养和挖掘当地的文艺骨干，鼓励群众自发参与到文化活动中来，让农民成为乡村公共文化服务的主角。乡村文化自组织是农民自办自治的基层文化组织，汇集了乡土的文艺骨干，开展的文化活动深受农民群众喜爱，是乡土文化、民族特色和地方性知识集中活态展示的鲜活载体。因此，乡村文化自组织是承接政府"送文化"到"种文化"的最佳主体。为促进乡村文化自组织参与乡村公共文化服务，需要政府、市场与乡村文化自组织协同合作，共筑乡村公共文化空间（耿达，2019）。

一 政府扶持：乡村文化自组织的培育路径

由于当前乡村文化自组织存在着发育不健全、能力建设不足和影响力较弱的现实脆弱性，而政府对乡村文化自组织发展又存在管理体制混乱、制度保障不力和法律体系不完善等问题，因此乡村文化自组织参与乡村公共文化服务的社会网络、社会信任和制度规范的缺失严重影响了其参与提供文化服务质量的绩效。据此，为了保障乡村文化自组织的健康长效发展及其参与乡村公共文化服务的服务质量绩效，政府力量的引导和扶持必不可少。政府要建立对乡村文化自组织的培育机制，需要在3个方面进行转变：一是转变对乡村文化自组织的认识。乡村文化自组织不只是农村居民自娱自乐的草根性、群众性、自发性文艺团队，他们还具有文化培育、文化传承、生活引导和政策宣传等公共文化服务的重要功能，能有效弥补"政府失灵"和"市场失灵"的缺陷，是改善农村公共文化服务效能不足的重要力量。因此，政府要转变和提高对乡村文化自组织的认识，将其纳入农村公共文化服务体系建设的统一规划，形成政府行政供给与农村民间自组织供给的互动格局。二是转变对乡村文化自组织的管理。虽然乡村文化自组织的数量和类型众多，但由于其普遍存在体量小、能力弱、影响力小等现实困境，政府对乡村文化自组织的管理还很不完善，在管理体制上存在着混乱的局面。很多地方政府和相关管理机构缺少对乡村文化自组织的详细统计和分类，对其服务质量评价更是缺乏。因此，政府要加强对乡村文化自组织的分类管理，建立政府与乡村文化自组织之间的有效沟通渠道。三是要转变对乡村文化自组织的支持。目前有些地方政府对乡村文化自组织也出台了一些扶持政策，但是支持形式单一、支持力度有限，主要是通过以奖代补的形式对乡村文化自组织开展的文化活动进行资金补助，但是补助金额相当有限，根本无法有效解决乡村文化自组织资金缺乏、场地缺乏的基本困境。因此，政府要丰富对乡村文化自组织的支持形式，加大对乡村文化自组织的支持力度。总之，政府要通过提高认识、完善管理、加大支持来促进乡村文化自组织参与乡村公共文化服务，使乡村文化自组织成为农村公共文化服务体系的重要有机组成部分。

二　市场辅助：乡村文化自组织的竞合路径

由于历史上长期存在的城乡二元体制，乡村虽然具有丰富的文化资源，但是文化资本却集中在城市，乡村文化资源缺乏转化为文化资本的动力，引导文化资本下乡成为撬动乡村文化资源开发和文化产业发展的主要形式。学界研究表明，文化资本下乡与乡土社会有序畅通的前提是要挖掘乡村文化资源的乡土性和地方感，形成扎根乡土的"本土化"过程（徐宗阳，2016）。因此，乡村文化自组织成为承接文化资本下乡进行乡村文化传承创新的有效载体。当前农村文化市场体系还很不健全、不成熟，乡村文化自组织参与乡村公共文化服务的健康长效发展需要政府力量的主导，但也需要市场力量的辅助，逐渐形成完善乡村文化自组织的竞争合作机制。市场力量的运作生产和资本运营有助于促进乡村文化自组织之间的良性竞争环境的形成和管理服务水平的提高。要加强城乡之间文化资本要素的流动和合作，除了继续推行政府行政力量所主导的送文化下乡等活动，还要推动城市大型文化企业、文旅演艺公司进驻乡村，对接乡村文化自组织，通过文化企业+乡村文化自组织的发展模式推进乡村文化自组织发展壮大。同时，针对目前乡村文化自组织资质较弱、发展水平参差不齐的情况，可以建立乡村文化自组织的联合体，以向社区协会和社会企业的方向建设发展。通过联合体的形式带动更多的乡村文化自组织成立成长，并健全资质，使之能够具备承接政府向社会力量购买公共文化服务的能力。通过承接政府购买的形式来促进乡村文化自组织之间的竞争与合作，逐渐完善农村文化市场体系。

三　自我完善：乡村文化自组织的能力建设路径

乡村文化自组织的能力建设是指其"为了实现组织的远景和宗旨而应拥有的筹措和管理社会资源的基本能力"（黄浩明，2003），重点在于组织性建设的能力，主要包括文化治理能力、文化创新能力、协调能力与可持续发展的能力。以文化服务功能为主要目标的乡村文化自组织应该具有一定的组织形式、制度内容和活动机制等。但是，目前乡村文化自组织普遍存在成员不稳定、流动性大，成员职责分工不固定，组织结构松散、凝聚力不强，制度内容和活动机制缺乏，群众参与度有限。这些都导致乡村文化自组织的规模较小、人员老化、资金来源单一、运营不畅，不利于乡村文化自组织的健康长效发展。因此，乡村文化自组织要加强自身能力建设，促进其自我完善与自我发展。第一，乡村文化自组织要加强文化治理能力，首先要建立健全乡村文化自组织的内部组织结构、管理制度条例和活动运营机制，然后再积极参与乡村公共文化服务，通过自身能力建设的增权赋能来带动乡村文化治理体系和文化治理能力的现代化。第二，乡村文化自组织要加强文化创新能力，要结合地方特色文化资源禀赋，创造有一定标识性和认可度的文化品牌，形成文化内容丰富文化形式多样的活动，以促进乡村文化自组织影响力和社会认可度的提升。第三，乡村文化自组织要加强协调能力，积极吸纳各种社会资源，建立合作共赢的社会网络。第四，乡村文化自组织要加强可持续发展的能力，通过不断解决人员、设备、场地、资金等现实困境，形成成熟的文化生产和文化运营的体系，以适应和抵御文化市场发展所带来的优胜劣汰。同时，乡村文化自组织的发展要积极融入乡村公共文化服务的振兴战略中来，借助政府加大对农村文化基础设施建设的时机，有效地推进农村社区的自组织文化建设，使乡村文化自组织成为乡村公共文化服务的主体。

四　平台建构：乡村文化自组织的服务平台搭建路径

当前乡村文化自组织不但势单力薄，而且活动空间狭小，这不利于乡村文化自组织的整体发展。因此，需要搭建乡村文化自组织的交流互动平台，拓展乡村文化自组织的活动空间，以促进乡村文化自组织的繁荣发展。首先，需要搭建乡村文化自组织的人才交流平台。一方面，政府可以通过文艺培训来提高乡村文化自组织的管理水平和服务专业化水平，建立一支源于群众、贴近群众、服务群众的文化队伍；另一方面，政府可以通过人才引进来提升乡村文化自组织的文化创新能力，即通过引进地方文化剧院、剧团的退休人员，来弥补乡村文化自组织文化创作能力的不足。其次，需要搭建乡村文化自组织的管理运营平台。通过组建乡村文化自组织联合会来增进其力量和声势，以更好地承接政府向社会力量购买公共文化服务的项目。最后，需要搭建乡村文化自组织的服务信息平台。为适应公共文化数字化、移动化、信息化的发展趋势，政府可以结合社会力量，构建统一的乡村文化自组织的服务信息平台，拓展乡村文化自组织的展示、沟通与交流，形成政府——市场——乡村文化自组织——民众互动共享的服务信息网络平台。

第二节　乡村公共文化服务自组织参与的政策建议

乡村文化自组织在乡村公共文化服务中发挥着重要的功能作用，可以分为协同增效、服务替代和拾遗补缺三种模式。协同增效模式就是政府和乡村文化自组织共同努力，付出各自的资源，承担相应的责任，以实现原来无论是政府还是乡村文化自组织都无法单独完成的公共文化服务目标。服务替代模式是指某些公共文化服务原来是由政府提供转交给乡村文化自组织来提供，以提高服务效率和效果。拾遗补缺模式是乡村文化自组织在政府未能涉足的服务领域，开展公共文化服务，满足农村群众的文化需求。为最大限度发挥乡村文化自组织的功效，构建乡村文化自组织参与乡村公共文化服务的长效运行模式，需要进一步优化完善政策体系设计。

一　完善激励保障机制，加大乡村文化自组织参与的财政支持

为培育乡村文化自组织发展，促进其参与乡村公共文化服务，政府需要加大公共财政资金和文化活动设备的投入，完善构建政府扶持、社会参与、市场辅助的激励保障机制。建议政府除了对乡村文化自组织的文化活动开展进行以奖代补的财政补贴外，还需专门建立乡村文化自组织公共文化服务专项财政资金，加大对乡村文化自组织的财政支持。对发展成熟的乡村文化自组织实行"项目立项"式财政专项以及政府购买服务等方式进行财政支持。重点培育一批具有地方文化特色、良好群众基础和市场基础的乡村文化自组织，实施社会文化活动特色品牌建设。在确保政府投入为主的基础上，要努力创造条件，采取多种方式广泛吸纳社会资金，鼓励和吸收多种经济成分参与乡村文化自组织建设，实现公共财政的多元化投入和多渠道进入，做到整体扶持、重点建设，分层次推进乡村文化自组织参与乡村公共文化服务。

二　完善规范运行机制，提升乡村文化自组织参与的管理水平

目前我国对乡村文化自组织的管理规范还相当薄弱，除了《社团管理条例》和《民办非企业组织管理条例》等少数法律法规外，对乡村文化自组织的身份合法性、责任义务、经营范围和运行行为监管等缺乏明

确规范。首先，政府要从立法的高度来对乡村文化自组织制定相应的法律法规，确保乡村文化自组织的身份合法性与文化活动开展的公共性和服务性。其次，政府要建立对乡村文化自组织的管理服务制度体系。按照乡村文化自组织的不同类型、不同发展层次，实施不同的准入资格制度和注册审查管理制度。针对当前对乡村文化自组织的许可、行政及监管职能分散在登记部门、各主管部门和监管机构中的混乱管理局面，建议将乡村文化自组织的政府主管部门设在文化和旅游部门，统一归口管理乡村文化自组织的扶持与建设，宣传、财政、民政、人力资源与社会保障等相关部门协助管理和服务，划清各部门之间的职责权限，统一协调各部门的工作。建立准入登记和备案制，要求所有乡村文化自组织都必须到当地文化行政管理部门备案和登记。建议文化部门与民政部门统一建立乡村文化自组织网络在线备案和登记审查制度，实行综合信息互动一站式管理。最后，政府要指导乡村文化自组织自身组织规范化建设。在其组织体系规范化构建、组织行为制度性约束、组织发展科学化引导方面，政府要提升对乡村文化自组织的管理水平。

三 完善能力建设机制，加强乡村文化自组织的队伍建设

乡村文化自组织的能力建设是政府认可和社会信任的保证，也是乡村文化自组织承接政府文化职能转移的前提条件。乡村文化自组织要发挥其在乡村文化资源挖掘和乡村社会网格构建等方面的优势，严格自律自治，通过打造文化品牌，塑造文化形象，来提高社会影响力和公众信任度。通过不断充实职业化、专业化、实体化的人员队伍和拓宽资金来源渠道、提升文化生产营利能力，并通过加强乡村文化自组织之间的联合与协作，整合群体的力量，为使政府将乡村文化自组织纳入农村公共文化服务体系创造有利条件。在这其中，队伍建设是乡村文化自组织生存发展的核心竞争力。为保障乡村文化自组织文化参与、文化创造、文化创新的活力，必须要完善能力建设机制，实施团队人才引领政策，加强对核心管理类人才的培养、综合文艺类人才的培训和团队人才的激励。由文化主管部门联合文化艺术专门院团和高等艺术院校等机构通过集中培训、派专人辅导等方式，帮助其建立或完善内部管理规程、组织行为准则、财务管理制度，提高其文化艺术表演技能，帮助其策划、组织各类公共文化活动。文化主管部门可对乡村文化自组织进行资质认定，根据其参与及提供公共文化服务的数量、质量、内容等区分为不同的等级，

第七章　乡村公共文化服务自组织参与的服务质量提升路径和政策建议 / 159

并按不同等级进行金额不等的专门经费补助。对于活动开展正常、内容丰富、影响广泛、取得较好社会效益的乡村文化自组织，县级文化主管部门每年进行评比，并给予"乡村文化自组织先锋"的荣誉称号和资金奖励。

四　完善购买服务机制，提升乡村文化自组织的服务能力

政府购买公共文化服务体现的是政府职能转型，通过让渡部分空间与资源来向社会力量购买服务，以提升公共文化服务的效能和质量。建立健全政府向社会力量购买公共文化服务的机制是提升乡村文化自组织服务水平的有效途径。一是政府要提高对乡村文化自组织的认识，扩大购买范畴，创新购买类型。乡村文化自组织参与公共文化服务，可以突破政府资源局限，拓展服务项目。目前政府购买公共文化服务存在"内卷化"问题，购买对象集中在体制内的文化事业单位，容易导致公共文化服务供给出现"有服务、无需求"和"有支出、无服务"的行政性嵌入现象。因此，建议将农村公共文化服务的购买项目直接面向乡村文化自组织，资金要向乡村文化自组织倾斜，并推进设立"菜单式"服务平台，建立"自下而上、以需定供"的菜单式服务，以避免由于供需信息不对称带来的效率低下和不完全竞争带来的购买垄断。二是政府要加大对乡村文化自组织的培育，提升专业水平，完善购买资质。政府要通过政策引导、资金支持、人才培养和技能培训等方式来提升乡村文化自组织的专业化水平，以完善乡村文化自组织承接政府购买公共文化服务的专业资质。三是明确政府与乡村文化自组织的权责关系，适当给予自主权，强化契约意识。把乡村文化自组织纳入政府购买公共文化服务体系需要明确政府与乡村文化自组织之间的权责关系和范围，这有利于乡村文化自组织明确服务目标、树立责任意识，同时也便于政府进行绩效考核和评价。因此，政府应该与乡村文化自组织签署购买公共文化服务正式合同，明确各方的权利与责任，建立契约合作关系。在协议框架下，应允许乡村文化自组织享受自主权，政府不要随意干预其正常服务。四是构建竞争性购买服务机制，完善购买流程，实施动态调整。通过引入第三方评估，加强对政府购买公共文化服务项目的满意度评价体系，并建立绩效评价结果与合同资金支付挂钩，与承接主体承接政府购买公共文化服务项目资格挂钩的激励约束机制。

五　完善平台建设机制，搭建乡村文化自组织参与的服务平台

政府要为乡村文化自组织唱戏搭台，完善服务平台建设。首先，促进乡村文化自组织参与乡村公共文化服务，要坚持城乡融合发展，破除体制机制弊端，更好发挥政府作用，促进城乡文化发展要素自由流动、平等交换，搭建城乡互补融合发展的公共文化服务平台，构建城乡文化共同体。其次，要把"送文化下乡"与"乡村文化进城"相结合，有计划地开展基层文化活动，定期组织乡村文化自组织驻村进城进行文艺汇演，在城市的文化广场、公园等公共文化空间展示乡村文化自组织开展活动的风采和魅力。最后，要构建乡村文化自组织公共文化服务信息网络共享平台，采用菜单式实时更新模式，加强文化配送服务和定点服务，使乡村文化自组织和需求对象之间实现供需无缝精准对接。

六　完善资源整合机制，提高农村公共文化资源综合使用效益

建立健全共建共享机制，坚持"资源共享、优势互补"的思路，围绕本地区优秀传统文化、基层群众的服务需求、现实的生活实践等打造区域特色文化活动。要突破各种制度性和政策性的障碍，实现公共文化设施向各类乡村文化自组织均等化、开放式使用。鼓励社区和村文化活动室加大公共文化产品与服务的供给，打造社区文化圈，让群众便捷享受公共文化服务。积极发挥各级文化馆和乡镇综合文化站的职能，加强对乡村文化自组织的专业培训和表演技能辅导。以文艺演出和特色文化交流为主要形式，通过各市、县、乡对本区域的文化资源进行有效整合、提炼，开展乡村文化自组织"文化走亲"活动，到相邻相近的地区开展文化交流展示，创新"种文化"载体，促进区域之间的文化联系与合作，建立跨区域文化资源的协同机制，扩展乡村文化自组织的生存发展空间。

七　完善考核评价机制，促进乡村文化自组织健康长效发展

为促进乡村文化自组织健康长效发展，需要构建乡村文化自组织考核评价机制。考虑到乡村文化自组织"轻管理重服务""轻实施重活动"的基本特点，建议构建以社区文化认同和居民满意度为重点的考核评价体系。另外在完善考核评价机制的同时，要注重机制创新和评价结果的运用，建议将考评结果与公共财政支持和项目申报挂钩，并根据考评结果建立配套的乡村文化自组织级别评定制度以及升级、降级制度，促进乡村文化自组织良性有序发展。

第八章 研究总结与展望

乡村文化自组织来自于农村民间、成长于农村民间、植根于农村民间、服务于农村民间,是乡村文化振兴的重要力量。促进乡村文化自组织参与乡村文化振兴,对于加强农村思想道德建设、弘扬乡村优秀传统文化和强化乡村公共文化服务具有重要意义。云南乡村文化自组织类型多样,文化活动内容丰富,利用农村社区特色文化资源,充分调动农民群众文化参与和文化创造的积极性、主动性,激活乡村文化振兴的内生动力,是实现乡村文化振兴的重要抓手。

但是,目前我国乡村文化自组织参与乡村文化振兴尚处于初步发展阶段。一方面是由于缺少符合我国现实情况的乡村建设理论的指导,太依赖于乡村外部的资源输入,对乡村内部的资源缺乏认识。另一方面,目前乡村文化自组织的发展也还处于不成熟的阶段,政府对乡村文化自组织进行引导和规范的法律与政策较为欠缺,农村社区很多草根性的乡村文化自组织并没有得到社会认同,其身份的合法性建构存在疑问。乡村文化自组织的内部组织结构问题、从业性问题、可持续性发展问题都没有得到有效解决。目前关于乡村文化振兴的研究和讨论大多停滞在外在表面的探究,对于具体的建设路径缺乏实证分析,对于乡村文化自组织的学术研究更是匮乏。基于此,本书结合云南乡村文化自组织发展的基本情况,探索乡村文化振兴的基本路径,希望从理论探讨和实践研究两方面深入乡村文化振兴的研究。

本书从公共物品理论、文化场景理论、公共治理理论和服务质量理论切入,在对云南乡村文化自组织发展现状深入调研的基础上,详细剖析了乡村文化自组织的特点与属性,实证分析了农村居民参与乡村文化自组织的意愿及其影响因素,并构建了乡村文化自组织服务质量模型,进而从政府、村民、市场三个方面建立了乡村文化自组织参与乡村振兴的多元动力机制。研究的主要内容和重要观点有:

第一，乡村文化自组织的基本属性与服务功能定位。本研究认为乡村文化自组织具有组织自发性、内容传承性、范围地域性和方式灵活性的特点，具备休闲娱乐功能、文化培育功能、文化传承功能、生活引导功能和政策宣传功能。乡村文化自组织广泛的群众性，是政府与人民群众宽广的桥梁和纽带，是农村公共文化服务的有生力量。

第二，乡村文化自组织的运行机制与发展模式。与官办文化组织相比较，乡村文化自组织是群众自发组织的文化团队，自下而上自发形成是其基本的生成途径。通过调研发现，乡村文化自组织也存在发展困境，主要表现在：政府层面，存在管理体制混乱、制度保障不力、法律体系不健全等问题；在乡村文化自组织层面，存在发育不完善、能力建设不足、影响力较弱等问题。本研究归纳出了乡村文化自组织的四种基本发展模式：文化馆+乡村文化自组织、老年大学+乡村文化自组织、社会企业+乡村文化自组织、文化能人+乡村文化自组织。

第三，农村居民参与乡村文化自组织的意愿与影响因素分析。本研究运用有序 Logit 模型，分析了农村居民参与乡村文化自组织的意愿及其影响因素，研究发现：农村居民参与乡村文化自组织的意愿比较强烈，在农村居民个人及家庭特征因素中，性别、年龄和家庭年总收入及家庭年文化消费支出这四项指标对农村居民参与乡村文化自组织的意愿有显著影响；在农村社区特征因素中，村公共文化设施覆盖率对其参与意愿产生了显著的正向影响；在农村居民对乡村文化自组织认知状况因素中，对参与乡村文化自组织的必要性认知和对乡村文化自组织的了解程度（包括性质和功能、权利和义务、数量、场所以及活动信息等）等变量对农村居民参与乡村文化自组织的意愿产生显著正向影响；在外部环境引导因素中，基层政府支持力度、周围人群推荐力度和乡村文化自组织宣传力度均对农村居民参与乡村文化自组织产生显著的正向影响。基于此，本研究提出了促进农村居民文化消费、提升农村公共文化设施覆盖率、加强乡村文化自组织能力建设和建立政府、社团、农村居民之间的利益联结协调机制的具体政策建议。

第四，乡村文化自组织参与乡村公共文化服务的居民服务质量分析。本研究对乡村文化自组织提供农村公共文化服务的内容形式、公益性、服务能力、服务效果进行分析，基于农村社区居民对乡村文化自组织公共文化服务的满意度感知要素，依据 SERVQUAL 模型构建一套基于农村居民服务质量指标体系,并对乡村文化自组织服务质量进行了实证分析,为乡村文化自组织参与乡村公共文化服务提供理论和实证依据。

第五,乡村文化自组织参与乡村公共文化服务的策略分析与政策建议。本研究提出促进乡村文化自组织参与乡村公共文化服务,需要同时合力发挥政府的引导与扶持作用、市场的辅助作用、乡村文化自组织的自我完善作用以及打造乡村文化自组织的展演平台,形成政府——市场——民众共建共享的公共文化空间,使乡村文化自组织成为乡村文化振兴的有机体。通过乡村文化自组织参与乡村公共文化服务的动力机制分析,提出相关政策建议:通过完善法律体系,为乡村文化自组织发展提供法律保障;把乡村文化自组织纳入政府购买公共文化服务范畴;加强社团管理,建立自律自治机制,增强服务能力;引入监督机制,进行绩效考核等。

本书也存在一定的不足之处,在乡村文化自组织参与乡村公共文化服务的绩效分析方面,虽然本研究构建了一套乡村文化自组织服务质量的指标体系,并实证分析了云南省乡村文化自组织服务质量情况,但是乡村文化自组织服务质量模型和指标体系的构建有待进一步完善,相关具体指标还需要进一步提炼,对于乡村文化自组织参与乡村公共文化服务的内生动力机制还需进一步深入研究。因此,在未来研究中,需要在两方面改进完善:一是比较分析与系统分析相结合,通过比较不同地区不同类型乡村文化自组织的生成机制和发展路径,结合乡村文化振兴的任务、目标和基本要求,系统分析其运作机制等方面的经验;二是定性分析与定量分析相结合,通过数据采集获取定性和定量数据资料,采用相关模型和多种分析法,深入分析乡村文化自组织的现状,结合实际客观分析存在的问题并提供解决问题的路径。尤其是根据乡村公共文化服务的政府行政供给与乡村文化自组织供给,建立一套统一的农村公共文化服务供给质量评价体系,以比较政府行政供给与农村民间自组织供给之间的服务质量差别,针对相关具体问题提供一系列分类指导的政策建议,以真正实现农村公共文化服务体系建设的"提质增效"目标,构建"以人民为中心"、以"共建共享共治"为主旨的农村现代公共文化服务体系。

另外,乡村文化自组织其实还具有经营属性,具有潜在的文化经济价值。在云南一些农村地区,一些资质强、经营范围广的乡村文化自组织，形成了"政府主导、社会参与、农民自办、市场运作"的发展模式，已由单一的演艺业为主，逐步发展为图书音像制品、影视放映、工艺美术制作、手工刺绣、根艺、休闲娱乐等多元化的行业模式，一部分乡村文化自组织发展成为独资公司、股份制民营艺术团，呈现出规模化、产业化的发展态势。随着农村文化市场的逐渐完善和农村居民文化消费能力的提升，乡村文化自组织的企业化、市场化发展前景非常广阔。因此，未来乡村公共文化服务需要坚持公共文化服务与特色文化产业发展相融合。国家主导的农村公共文化服务体系建设基本实现了基础设施的全覆盖，这为农村特色文化产业的发展提供了坚实基础。政府通过盘活农村特色文化资源，打通公共文化与文化产业之间的区隔，可以实现乡村文化自组织与乡村振兴协同发展。本书研究重点在于研究乡村文化自组织的公共文化服务属性，限于研究时间和精力的限制，对于乡村文化自组织的文化产业属性研究较为缺乏。未来的研究将结合文化与旅游深度融合的视角，根据相关案例，实证分析乡村文化自组织参与乡村文化旅游产业开发的影响因素与效益评价。

附　录

问卷一　乡村文化自组织成员调查问卷

亲爱的农村居民朋友，您好！

我们正在做一项关于乡村文化自组织的课题研究，目的是了解乡村文化自组织（农村村民自发组织的各种文艺队，如花灯队、舞蹈队、传统曲艺戏曲社、舞龙队，等等）的发展现状，并为农村文化组织的可持续发展提出具体建议。

谢谢您的配合与支持，祝您生活愉快！

问卷编号：　　　　　　　访问时间：
　　　省　　　　市　　　　县　　　　乡（镇）　　　　　村

A. 农村社会经济文化基本情况

A1. 本村在本乡镇经济发展水平：
①贫困　　　　　　　②一般　　　　　　　③较好

A2. 本村的文化资源富集情况：
①文化资源缺乏　　　②一般　　　　　　　③分化资源丰富

B. 个人基本情况

B1. 您的性别：
（1）男　　　　　　（2）女

B2. 您的年龄：
（1）18岁以下　　　（2）18—29岁　　　（3）30—44岁
（4）45—65岁　　　（5）66岁及以上

B3. 您的职业：
（1）学生　　　　　（2）公务员、事业单位职员

（3）企业员工　　　（4）农民　　　　　（5）个体工商户
（6）自由职业者　　（7）离退休人员　　（8）其他

B4. 您的文化程度：
（1）小学及以下　　（2）初中　　　　　（3）高中、中专
（4）大专、本科　　（5）研究生及以上

B5. 您家庭 2016 年收入是（含农业和非农业收入）：
（1）没有收入　　　　　　　　　（2）12000 元及以下
（3）12000—24000（含）元　　　（4）24000—50000（含）元
（5）50000 元以上

B6. 您 2017 年全年用于文化消费（购买书籍、看电影、接受现场技能培训、看表演、购买演出服饰、乐器等）方面的消费支出大约是：
（1）100 元及以下　　　　　　　（2）100—500（含）元
（3）500—1000（含）元　　　　 （4）1000—2000（含）元
（5）2000 元以上

C. 乡村文化自组织基本情况

C1. 当地政府是否支持乡村文化自组织？
（1）是　　　　　　（2）否

C2. 您参与的乡村文化自组织目前运行状况如何？
（1）一般　　　　　（2）好　　　　　　（3）很好

C3. 您参与的乡村文化自组织是否注册登记？（1）是（2）否，若为否转 C4 题，若为是，注册部门为：
（1）民政部门注册　　　　　　　（2）工商部门注册
（3）在文化主管部门登记备案　　（4）未登记注册

C4. 您参与的乡村文化自组织未到登记的原因是
（1）不知道如何办理注册，对这方面不了解或没有这个意识
（2）组织目前规模太小，没有注册的必要
（3）被有权办理的管理部门拒绝
（4）缺乏资金或办公场地等方面的注册条件，不达标
（5）其他

C5. 您参与的乡村文化自组织组建方式是
（1）文化行政部门推动组建　　　（2）文化协会单位推动组建
（3）乡镇机构推动组建　　　　　（4）村委会推动组建

（5）农户自发组建

C6. 您的性别为（1）男性（2）女性；您参与乡村文化自组织的组建年份为＿＿＿年，其中妇女人数为＿＿＿人。

C7. 您参与的乡村文化自组织的成员人数为：

（1）8人以下　　　　　（2）8—20人　　　　　（3）21—35人

（4）36—50人　　　　　（5）50人以上

C8. 组织成员是否缴纳会费，

（1）是，＿＿＿元　　　　　（2）否

C9. 组织是否有商演？

（1）是，每年营利＿＿＿元　　　　　（2）否

C10. 组织成员是否有分红，

（1）是，每年＿＿＿元　　　　　（2）否

C11. 您参与的农村文化组织的活动经费来源是

（1）成员会费　　　　　（2）成员凑份子　　　　　（3）商演收入

（4）工资收入　　　　　（5）政府及相关部门支持

C12. 您参与的农村文化组织自筹投入的年度（2017年）经费为：

（1）500元及以下　　　　　（2）500—1000（含）元

（3）1000—2000（含）元　　　　　（4）2000元以上

C13. 您参与的农村文化组织大部分的活动参与方式是：

（1）参与政府安排或邀请的活动

（2）参与政府主管部分的招标

（3）群众在主管部门的菜单下单

（4）农村居民亲自邀请

（5）企业邀请

（6）根据农村居民的需求主动安排

C14. 您参与的乡村文化自组织的活动内容来源于：

（1）老一辈的口耳相传

（2）政府部门辅导人员的传授

（3）组织成员从视频上学来的

（4）组织成员创作的

C15. 您参与的乡村文化自组织活动地点为：

（1）村文化活动室、活动中心、广场（2）有专门的活动场地

（3）组织成员家中　　　　　　（4）租借场地

C16. 您参与的乡村文化自组织活动范围为：

（1）活动范围在本村（社区）　（2）跨邻村参加活动

（3）跨乡镇参加活动　　　　　（4）超出本县市范围参加活动

（5）出省参加活动　　　　　　（6）出国参加活动

C17. 您参与的乡村文化自组织在运行和管理过程中面临的主要问题有（多选）

（1）资金来源单一，资金短缺　（2）人员不稳定流动性较大

（3）内部管理机制不完善　　　（4）团队专业人才与能力不足

（5）整合社会资源能力弱　　　（6）影响力弱、宣传倡导不够

（7）力量太小缺乏同行交流平台（8）活动场地设备缺乏

（9）政府支持力度小

（10）政府购买机制不成熟、服务不延续

（11）服务对象参与力高不高　（12）其他

C18. 您参与的乡村文化自组织对政府的诉求有哪些？

（1）开放发展环境　　　　　　（2）提供资金支持

（3）提供活动场地　　　　　　（4）开展专业人才培训

（5）社会组织培育孵化　　　　（6）组织社会组织交流平台

（7）加强政策指导　　　　　　（8）提供宣传支持

（9）提供项目信息　　　　　　（10）加大政府采购力度

（11）其他

问卷二　农村居民参与乡村文化自组织意愿调查问卷

亲爱的农村居民朋友，您好！

我们正在做一项关于乡村文化自组织的课题研究，目的是了解农村居民对乡村文化自组织（农村村民自发组织的各种文艺队，如花灯队、舞蹈队、传统曲艺戏曲社、舞龙队，等等）的参与意愿和影响因素，并为乡村文化自组织丰富农村文化生活、参与乡村公共文化服务的提出具体策略和建议。

谢谢您的配合与支持，祝您生活愉快！

问卷编号：＿＿＿＿＿　　　　访问时间：＿＿＿＿＿

＿＿＿＿省＿＿＿＿市＿＿＿＿县＿＿＿＿乡（镇）＿＿＿＿＿＿村

A. 个人基本情况

A1. 您的性别：

（1）男　　　　　　　　（2）女

A2. 您的年龄：

（1）18 岁以下　　　　（2）18—29 岁　　　　（3）30—44 岁

（4）45—65 岁　　　　（5）66 岁及以上

A3. 您的职业：

（1）学生　　　　　　　（2）公务员、事业单位职员

（3）企业员工　　　　　（4）农民

（5）个体工商户　　　　（6）离退休人员

A4. 您的文化程度：

（1）小学及以下　　　　（2）初中　　　　　　（3）高中、中专

（4）大专、本科　　　　（5）研究生及以上

A5. 您家庭 2016 年收入是（含农业和非农业收入）：＿＿＿＿＿＿。

（1）没有收入　　　　　　　　　（2）12000 元及以下

（3）12000—24000（含）元　　（4）24000—50000（含）元

（5）50000 元以上

A6. 您 2017 年全年用于文化消费（购买书籍、看电影、接受现场技能培训、看表演、购买演出服饰、乐器等）方面的消费支出大约是：

（1）100 元及以下　　　　　　　（2）100—500（含）元

（3）500—1000（含）元　　　　（4）1000—2000（含）元

（5）2000 元以上

B. 农村社区特征

B1. 您们村的经济发展水平为

（1）贫困村　　　　　（2）一般　　　　　　（3）发展较好

B2. 您们村的文化资源富集情况为；

（1）有丰富的文化资源　　　　　（2）有一点文化资源

（3）缺乏文化资源

B3. 您参与农村文化组织的意愿程度

（1）不愿意　　　　　（2）非常愿意

（3）提供培训及活动设备愿意参与

（4）提供经济补偿愿意参与

B4. 公共设施覆盖率为：_____（村居委会填写）

C. 对乡村文化自组织认知情况

C1. 您认为有必要参与社区文化生活吗？

（1）完全没有必要　　（2）有点必要

（3）有必要　　　　　（4）完全有必要

C2. 您了解文化组织的性质和功能吗？

（1）完全不了解　　　（2）不了解

（3）了解一些　　　　（4）非常了解

C3. 您了解文化组织成员应承担的义务和享有的权利吗？

（1）完全不了解　　　（2）不了解

（3）了解一些　　　　（4）非常了解

C4. 您对本地乡村文化自组织的数量、场所以及活动信息等基本情况的了解程度：

（1）完全不了解　　　（2）不了解

（3）了解一些　　　　（4）非常了解

C5. 您觉得参与文化组织在您日常生活中的重要程度如何

（1）没兴趣、完全不重要

（2）可有可无，不太重要

（3）感兴趣，但并非不可少

（4）非常感兴趣，不可或缺

D. 外部环境引导

D1. 您认为基层政府支持力度如何？

（1）阻碍反对　　　　（2）不太支持

（3）比较支持　　　　（4）非常支持

D2. 您对周围人群推荐乡村文化自组织的力度如何？

（1）阻碍反对　　　　（2）不太推荐

（3）偶尔推荐　　　　（4）经常推荐

D3. 当地对乡村文化自组织宣传力度

（1）没有宣传　　　　（2）偶尔宣传　　　　（3）经常宣传

E. 意见或建议

E1. 您认为目前农村文化自组织开展的活动,哪些方面令您不满意(多选)

（1）开展活动次数太少
（2）活动信息能难及时了解
（3）文化展演的内容单一、缺乏吸引力
（4）组织成员的文艺水平较低
（5）影响力弱、宣传倡导不够　　（6）其他

E2. 您认为还有哪些因素影响您参与乡村文化自组织?

问卷三　乡村文化自组织的服务质量调查问卷

问卷编号：

亲爱的农村居民朋友,您好!

我们正在做一项关于乡村文化自组织的课题研究,目的是了解农村居民对乡村文化自组织（农村村民自发组织的各种文艺队,如花灯队、舞蹈队、传统曲艺戏曲社、舞龙队,等等）的文化服务质量评价,并为提升农村文化组织的服务质量,提出具体对策和建议。

谢谢您的配合与支持,祝您生活愉快!

问卷编号：　　　　　　　　　访问时间：

＿＿＿＿省＿＿＿＿市＿＿＿＿县＿＿＿＿乡（镇）＿＿＿＿＿＿村

A. 个人基本情况

A1. 您的性别是?

（1）男　　　　　　　　（2）女

A2. 您的年龄段是?

（1）18 岁以下　　（2）18—29 岁　　（3）30—44 岁
（4）45—65 岁　　（5）66 岁及以上

A3. 您从事的事业是：

（1）全日制学生　　　　　　（2）公务员/事业单位职员
（3）企业员工　　　　　　　（4）农林渔劳动者

（5）个体工商户　　　　　　（6）离退休人员

A4. 您的教育程度是

（1）小学及以下　　　　　　（2）初中

（3）高中、中专　　　　　　（4）大专、本科

（5）研究生及以上

A5. 您参与乡村文化自组织的频次是

（1）每次都参与　　　　　　（2）经常参与

（3）偶尔参与　　　　　　　（4）很少参与

B. 乡村文化自组织服务质量评价

在评价乡村文化自组织的服务质量时请您对各项指标打分（1 为最低，7 为最高，在相应的数字上打√）

您认为的理想水平：您在参与乡村文化组织的文化活动时，您所期望的理想水平

您能接受的最低标准：您能接受的最低标准，低于该标准则不能接受

目前实际水平：目前的实际感受

B1. 乡村文化自组织活动所需的装备齐全

您认为的理想水平：　　1　2　3　4　5　6

您能接受的最低标准：　1　2　3　4　5　6

目前实际水平：　　　　1　2　3　4　5　6

B2. 乡村文化自组织成员穿着得体精神、精神面貌佳

您认为的理想水平：　　1　2　3　4　5　6

您能接受的最低标准：　1　2　3　4　5　6

目前实际水平：　　　　1　2　3　4　5　6

B3. 乡村文化自组织的活动现场环境及氛围有吸引力

您认为的理想水平：　　1　2　3　4　5　6

您能接受的最低标准：　1　2　3　4　5　6

目前实际水平：　　　　1　2　3　4　5　6

B4. 乡村文化自组织的活动场地宽敞整洁

您认为的理想水平：　　1　2　3　4　5　6

您能接受的最低标准：　1　2　3　4　5　6

目前实际水平：　　　　1　2　3　4　5　6

B5. 乡村文化自组织成员有一定的文艺技能

您认为的理想水平：　　　　1　2　3　4　5　6

您能接受的最低标准：　　　1　2　3　4　5　6

目前实际水平：　　　　　　1　2　3　4　5　6

B6. 乡村文化自组织有一定的创新创作能力

您认为的理想水平：　　　　1　2　3　4　5　6

您能接受的最低标准：　　　1　2　3　4　5　6

目前实际水平：　　　　　　1　2　3　4　5　6

B7. 乡村文化自组织成员有提供文化服务的使命感

您认为的理想水平：　　　　1　2　3　4　5　6

您能接受的最低标准：　　　1　2　3　4　5　6

目前实际水平：　　　　　　1　2　3　4　5　6

B8. 乡村文化自组织开展活动的频次能满足您的需求

您认为的理想水平：　　　　1　2　3　4　5　6

您能接受的最低标准：　　　1　2　3　4　5　6

目前实际水平：　　　　　　1　2　3　4　5　6

B9. 乡村文化自组织是值得信赖的组织

您认为的理想水平：　　　　1　2　3　4　5　6

您能接受的最低标准：　　　1　2　3　4　5　6

目前实际水平：　　　　　　1　2　3　4　5　6

B10. 乡村文化自组织具有良好的群众口碑

您认为的理想水平：　　　　1　2　3　4　5　6

您能接受的最低标准：　　　1　2　3　4　5　6

目前实际水平：　　　　　　1　2　3　4　5　6

B11. 乡村文化自组织的活动形式和内容是大家喜闻乐见、积极向上的

您认为的理想水平：　　　　1　2　3　4　5　6

您能接受的最低标准：　　　1　2　3　4　5　6

目前实际水平：　　　　　　1　2　3　4　5　6

B12. 乡村文化自组织成员亲切友好

您认为的理想水平：　　　　1　2　3　4　5　6

您能接受的最低标准：　　　1　2　3　4　5　6

目前实际水平：　　　　　　1　2　3　4　5　6

B13. 乡村文化自组织建立了组织管理规章制度

您认为的理想水平：　　　　1　2　3　4　5　6

您能接受的最低标准：　　　1　2　3　4　5　6

目前实际水平：　　　　　　1　2　3　4　5　6

B14. 乡村文化自组织能积极配合村里的活动需要

您认为的理想水平：　　　　1　2　3　4　5　6

您能接受的最低标准：　　　1　2　3　4　5　6

目前实际水平：　　　　　　1　2　3　4　5　6

B15. 乡村文化自组织能在村民需要时提供文化服务（如婚丧嫁娶、生辰寿诞等）

您认为的理想水平：　　　　1　2　3　4　5　6

您能接受的最低标准：　　　1　2　3　4　5　6

目前实际水平：　　　　　　1　2　3　4　5　6

B16. 乡村文化自组织乐意为村民提供文化服务

您认为的理想水平：　　　　1　2　3　4　5　6

您能接受的最低标准：　　　1　2　3　4　5　6

目前实际水平：　　　　　　1　2　3　4　5　6

B17. 乡村文化自组织乐意采纳村民的意见建议

您认为的理想水平：　　　　1　2　3　4　5　6

您能接受的最低标准：　　　1　2　3　4　5　6

目前实际水平：　　　　　　1　2　3　4　5　6

B18. 您能方便联系到乡村文化自组织成员

您认为的理想水平：　　　　1　2　3　4　5　6

您能接受的最低标准：　　　1　2　3　4　5　6

目前实际水平：　　　　　　1　2　3　4　5　6

B19. 乡村文化自组织了解村民的文化需求

您认为的理想水平：　　　　1　2　3　4　5　6

您能接受的最低标准：　　　1　2　3　4　5　6

目前实际水平：　　　　　　1　2　3　4　5　6

B20. 乡村文化自组织能根据不同的需求提供文化服务

您认为的理想水平：　　　　1　2　3　4　5　6

您能接受的最低标准： 1 2 3 4 5 6

目前实际水平： 1 2 3 4 5 6

B21. 乡村文化自组织具有志愿性和公益性

您认为的理想水平： 1 2 3 4 5 6

您能接受的最低标准： 1 2 3 4 5 6

目前实际水平： 1 2 3 4 5 6

B22. 乡村文化自组织能关注村民的文化权益和乡村文化发展

您认为的理想水平： 1 2 3 4 5 6

您能接受的最低标准： 1 2 3 4 5 6

目前实际水平： 1 2 3 4 5 6

B23. 乡村文化自组织的活动时间满足大部分村民的需求

您认为的理想水平： 1 2 3 4 5 6

您能接受的最低标准： 1 2 3 4 5 6

目前实际水平： 1 2 3 4 5 6

B24. 乡村文化自组织传承传播了本土文化

您认为的理想水平： 1 2 3 4 5 6

您能接受的最低标准： 1 2 3 4 5 6

目前实际水平： 1 2 3 4 5 6

B25. 乡村文化自组织有助于营造良好的乡村氛围

您认为的理想水平： 1 2 3 4 5 6

您能接受的最低标准： 1 2 3 4 5 6

目前实际水平： 1 2 3 4 5 6

B26. 乡村文化自组织丰富了乡村日常生活有利村民身心健康

您认为的理想水平： 1 2 3 4 5 6

您能接受的最低标准： 1 2 3 4 5 6

目前实际水平： 1 2 3 4 5 6

B27. 乡村文化自组织给予村民精神依靠增进文化获得感

您认为的理想水平： 1 2 3 4 5 6

您能接受的最低标准： 1 2 3 4 5 6

目前实际水平： 1 2 3 4 5 6

B28. 乡村文化自组织有利于促进邻里和睦

您认为的理想水平： 1 2 3 4 5 6

您能接受的最低标准： 1 2 3 4 5 6
目前实际水平： 1 2 3 4 5 6
B29. 乡村文化自组织宣传了社会主义核心价值观和国家政策
您认为的理想水平： 1 2 3 4 5 6
您能接受的最低标准： 1 2 3 4 5 6
目前实际水平： 1 2 3 4 5 6

C. 总体评价和意见建议
C1. 总体而言你对乡村文化自组织服务质量的评价是
1   2   3   4   5   6   7
C2. 您对提升乡村文化自组织的服务水平还有哪些意见和建议

问卷四　乡村文化自组织服务质量的权重赋值专家问卷

问卷编号：　　　　　　　　专家姓名：

一　问题描述

此调查问卷的目的在于确定"乡村文化自组织服务质量"各影响因素之间相对权重。乡村文化自组织的服务质量指标体系和层次分析模型图如下：

二　问卷说明

调查问卷根据层次分析法（AHP）的形式设计。这种方法是在同一个层次对影响因素重要性进行两两比较。衡量尺度划分为9个等级，其中9，7，5，3，1的数值分别对应绝对重要、十分重要、比较重要、稍微重要、同样重要，8，6，4，2表示重要程度介于相邻的两个等级之间。靠左边的等级单元格表示左列因素重要比右列因素重要，靠右边的等级单元格表示右列因素重要与左列因素。根据您的看法，点击相应的单元格即可。

三　问卷内容

1. 评估"乡村文化自组织服务质量"一级指标的相对重要性

附 录 / 177

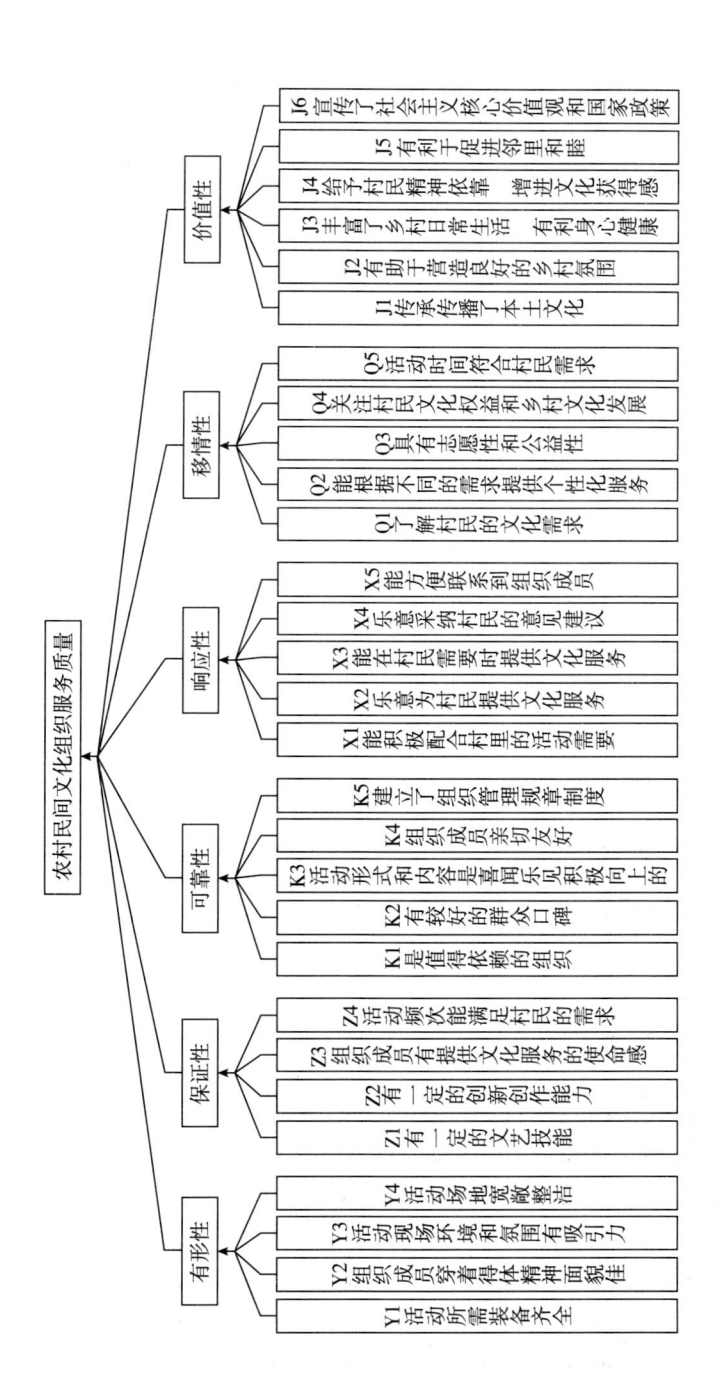

农村民间文化组织服务质量指标体系

价值性
- J6 宣传了社会主义核心价值观和国家政策
- J5 有利于促进邻里和睦
- J4 给予村民精神依靠，增进文化获得感
- J3 丰富了乡村日常生活，有利身心健康
- J2 有助于营造良好的乡村氛围
- J1 传承传播了本土文化

移情性
- Q5 活动时间符合村民需求
- Q4 关注村民文化权益和乡村文化发展
- Q3 具有志愿性和公益性
- Q2 能根据不同的需求提供个性化服务
- Q1 了解村民的文化需求

响应性
- X5 能方便联系到组织成员
- X4 乐意采纳村民的意见建议
- X3 能在村民需要时提供文化服务
- X2 乐意为村民提供文化服务
- X1 能积极配合村里的活动需要

可靠性
- K5 建立了组织管理规章制度
- K4 组织成员亲切友好
- K3 活动形式和内容是喜闻乐见积极向上的
- K2 有较好的群众口碑
- K1 是值得依赖的组织

保证性
- Z4 活动频次能满足村民的需求
- Z3 组织成员有提供文化服务的使命感
- Z2 有一定的创新创作能力
- Z1 有一定的文艺技能

有形性
- Y4 活动场地宽敞整洁
- Y3 活动现场环境和氛围有吸引力
- Y2 组织成员穿着得体精神面貌佳
- Y1 活动所需装备齐全

有形性	有形性是农村居民对乡村文化自组织提供公共文化服务所拥有的有形物质基础，包括服务设施设备，服务人员的穿着及精神面貌等有形物质
可靠性	可靠性是农村居民与乡村文化自组织在长期的互动中所形成的信赖关系的体现，主要表现在文化组织是值得信赖的组织；具有良好的群众口碑；活动形式及内容是喜闻乐见积极向上的；组织成员亲切友好；建立了组织管理规章制度5个方面
响应性	响应性是乡村文化自组织对农村居民文化服务需求的及时满足程度和反馈的体现，主要表现在能积极配合村里的活动需要；能在村民需要时提供文化服务；组织乐意为村民提供文化服务；组织乐意采纳村民的意见建议和能方便联系到组织成员5个方面
保证性	保证性是乡村文化自组织为农村居民提供文化服务所具备专业性能力以保证提供高质量的服务，主要表现在文艺技能、创作能力、所展现出的服务使命感和活动开展频次4个方面
移情性	移情性是乡村文化自组织在服务中所表现出的同理心和行动性，主要表现在了解村民的文化需求；能根据不同的需求提供个性化服务；组织具有志愿性和公益性；关注村民的文化权益和乡村文化发展；活动时间符合大部分村民需求5个方面
价值性	价值性是民间文化组织对社会及其利益相关者应负的责任与义务是否传承传播了本土文化；是否有助于营造良好的乡村氛围；是否丰富了乡村日常生活有利身心健康；是否给予村民精神依靠增进文化获得感，是否有利于促进邻里和睦；是否宣传了社会主义核心价值观和国家政策

下列各组两两比较要素，对于"乡村文化自组织服务质量"的相对重要性如何？

X	重要性比较	Y
有形性	◀9 ◀8 ◀7 ◀6 ◀5 ◀4 ◀3 ◀2 1 2▶ 3▶ 4▶ 5▶ 6▶ 7▶ 8▶ 9▶	可靠性
有形性	◀9 ◀8 ◀7 ◀6 ◀5 ◀4 ◀3 ◀2 1 2▶ 3▶ 4▶ 5▶ 6▶ 7▶ 8▶ 9▶	响应性
有形性	◀9 ◀8 ◀7 ◀6 ◀5 ◀4 ◀3 ◀2 1 2▶ 3▶ 4▶ 5▶ 6▶ 7▶ 8▶ 9▶	保证性
有形性	◀9 ◀8 ◀7 ◀6 ◀5 ◀4 ◀3 ◀2 1 2▶ 3▶ 4▶ 5▶ 6▶ 7▶ 8▶ 9▶	价值性
有形性	◀9 ◀8 ◀7 ◀6 ◀5 ◀4 ◀3 ◀2 1 2▶ 3▶ 4▶ 5▶ 6▶ 7▶ 8▶ 9▶	移情性
可靠性	◀9 ◀8 ◀7 ◀6 ◀5 ◀4 ◀3 ◀2 1 2▶ 3▶ 4▶ 5▶ 6▶ 7▶ 8▶ 9▶	响应性
可靠性	◀9 ◀8 ◀7 ◀6 ◀5 ◀4 ◀3 ◀2 1 2▶ 3▶ 4▶ 5▶ 6▶ 7▶ 8▶ 9▶	保证性
可靠性	◀9 ◀8 ◀7 ◀6 ◀5 ◀4 ◀3 ◀2 1 2▶ 3▶ 4▶ 5▶ 6▶ 7▶ 8▶ 9▶	价值性
可靠性	◀9 ◀8 ◀7 ◀6 ◀5 ◀4 ◀3 ◀2 1 2▶ 3▶ 4▶ 5▶ 6▶ 7▶ 8▶ 9▶	移情性
响应性	◀9 ◀8 ◀7 ◀6 ◀5 ◀4 ◀3 ◀2 1 2▶ 3▶ 4▶ 5▶ 6▶ 7▶ 8▶ 9▶	保证性
响应性	◀9 ◀8 ◀7 ◀6 ◀5 ◀4 ◀3 ◀2 1 2▶ 3▶ 4▶ 5▶ 6▶ 7▶ 8▶ 9▶	价值性
响应性	◀9 ◀8 ◀7 ◀6 ◀5 ◀4 ◀3 ◀2 1 2▶ 3▶ 4▶ 5▶ 6▶ 7▶ 8▶ 9▶	移情性
保证性	◀9 ◀8 ◀7 ◀6 ◀5 ◀4 ◀3 ◀2 1 2▶ 3▶ 4▶ 5▶ 6▶ 7▶ 8▶ 9▶	价值性

续表

X	重要性比较																		Y
保证性	◀9	◀8	◀7	◀6	◀5	◀4	◀3	◀2	1	2▶	3▶	4▶	5▶	6▶	7▶	8▶	9▶		移情性
价值性	◀9	◀8	◀7	◀6	◀5	◀4	◀3	◀2	1	2▶	3▶	4▶	5▶	6▶	7▶	8▶	9▶		移情性

- 二级指标的相对重要性

2. 评估"有形性"的相对重要性

A. 活动所需的装备齐全

B. 组织成员穿着得体精神面貌佳

C. 活动现场环境及氛围有吸引力

D. 活动场地宽敞整洁

下列各组两两比较要素，对于"有形性"的相对重要性如何？

X	重要性比较																		Y
A	◀9	◀8	◀7	◀6	◀5	◀4	◀3	◀2	1	2▶	3▶	4▶	5▶	6▶	7▶	8▶	9▶		B
A	◀9	◀8	◀7	◀6	◀5	◀4	◀3	◀2	1	2▶	3▶	4▶	5▶	6▶	7▶	8▶	9▶		C
A	◀9	◀8	◀7	◀6	◀5	◀4	◀3	◀2	1	2▶	3▶	4▶	5▶	6▶	7▶	8▶	9▶		D
B	◀9	◀8	◀7	◀6	◀5	◀4	◀3	◀2	1	2▶	3▶	4▶	5▶	6▶	7▶	8▶	9▶		C
B	◀9	◀8	◀7	◀6	◀5	◀4	◀3	◀2	1	2▶	3▶	4▶	5▶	6▶	7▶	8▶	9▶		D
C	◀9	◀8	◀7	◀6	◀5	◀4	◀3	◀2	1	2▶	3▶	4▶	5▶	6▶	7▶	8▶	9▶		D

3. 评估"保证性"的相对重要性

A. 文化组织有一定的文艺技能

B. 文化组织有一定的创新创作能力

C. 组织成员有提供文化服务的使命感

D. 开展活动频次满足村民需求

下列各组两两比较要素，对于"可靠性"的相对重要性如何？

X	重要性比较																		Y
A	◀9	◀8	◀7	◀6	◀5	◀4	◀3	◀2	1	2▶	3▶	4▶	5▶	6▶	7▶	8▶	9▶		B
A	◀9	◀8	◀7	◀6	◀5	◀4	◀3	◀2	1	2▶	3▶	4▶	5▶	6▶	7▶	8▶	9▶		C
A	◀9	◀8	◀7	◀6	◀5	◀4	◀3	◀2	1	2▶	3▶	4▶	5▶	6▶	7▶	8▶	9▶		D

续表

X	重要性比较	Y
B	◀9 ◀8 ◀7 ◀6 ◀5 ◀4 ◀3 ◀2 1 2▶ 3▶ 4▶ 5▶ 6▶ 7▶ 8▶ 9▶	C
B	◀9 ◀8 ◀7 ◀6 ◀5 ◀4 ◀3 ◀2 1 2▶ 3▶ 4▶ 5▶ 6▶ 7▶ 8▶ 9▶	D
C	◀9 ◀8 ◀7 ◀6 ◀5 ◀4 ◀3 ◀2 1 2▶ 3▶ 4▶ 5▶ 6▶ 7▶ 8▶ 9▶	D

4. 评估"可靠性"的相对重要性

A. 文化组织是值得信赖的组织

B. 具有良好的群众口碑

C. 活动形式及内容是喜闻乐见积极向上的

D. 组织成员亲切友好

E. 建立了组织管理规章制度

下列各组两两比较要素，对于"响应性"的相对重要性如何？

X	重要性比较	Y
A	◀9 ◀8 ◀7 ◀6 ◀5 ◀4 ◀3 ◀2 1 2▶ 3▶ 4▶ 5▶ 6▶ 7▶ 8▶ 9▶	B
A	◀9 ◀8 ◀7 ◀6 ◀5 ◀4 ◀3 ◀2 1 2▶ 3▶ 4▶ 5▶ 6▶ 7▶ 8▶ 9▶	C
A	◀9 ◀8 ◀7 ◀6 ◀5 ◀4 ◀3 ◀2 1 2▶ 3▶ 4▶ 5▶ 6▶ 7▶ 8▶ 9▶	D
A	◀9 ◀8 ◀7 ◀6 ◀5 ◀4 ◀3 ◀2 1 2▶ 3▶ 4▶ 5▶ 6▶ 7▶ 8▶ 9▶	E
B	◀9 ◀8 ◀7 ◀6 ◀5 ◀4 ◀3 ◀2 1 2▶ 3▶ 4▶ 5▶ 6▶ 7▶ 8▶ 9▶	C
B	◀9 ◀8 ◀7 ◀6 ◀5 ◀4 ◀3 ◀2 1 2▶ 3▶ 4▶ 5▶ 6▶ 7▶ 8▶ 9▶	D
B	◀9 ◀8 ◀7 ◀6 ◀5 ◀4 ◀3 ◀2 1 2▶ 3▶ 4▶ 5▶ 6▶ 7▶ 8▶ 9▶	E
C	◀9 ◀8 ◀7 ◀6 ◀5 ◀4 ◀3 ◀2 1 2▶ 3▶ 4▶ 5▶ 6▶ 7▶ 8▶ 9▶	D
C	◀9 ◀8 ◀7 ◀6 ◀5 ◀4 ◀3 ◀2 1 2▶ 3▶ 4▶ 5▶ 6▶ 7▶ 8▶ 9▶	E
D	◀9 ◀8 ◀7 ◀6 ◀5 ◀4 ◀3 ◀2 1 2▶ 3▶ 4▶ 5▶ 6▶ 7▶ 8▶ E	E

5. 评估"响应性"的相对重要性

A. 能积极配合村里的活动需要

B. 能在村民需要时提供文化服务

C. 组织乐意为村民提供文化服务

D. 组织乐意采纳村民的意见建议

E. 能方便联系到组织成员

下列各组两两比较要素，对于"保证性"的相对重要性如何？

X	重要性比较																	Y
A	◀9	◀8	◀7	◀6	◀5	◀4	◀3	◀2	1	2▶	3▶	4▶	5▶	6▶	7▶	8▶	9▶	B
A	◀9	◀8	◀7	◀6	◀5	◀4	◀3	◀2	1	2▶	3▶	4▶	5▶	6▶	7▶	8▶	9▶	C
A	◀9	◀8	◀7	◀6	◀5	◀4	◀3	◀2	1	2▶	3▶	4▶	5▶	6▶	7▶	8▶	9▶	D
A	◀9	◀8	◀7	◀6	◀5	◀4	◀3	◀2	1	2▶	3▶	4▶	5▶	6▶	7▶	8▶	9▶	E
B	◀9	◀8	◀7	◀6	◀5	◀4	◀3	◀2	1	2▶	3▶	4▶	5▶	6▶	7▶	8▶	9▶	C
B	◀9	◀8	◀7	◀6	◀5	◀4	◀3	◀2	1	2▶	3▶	4▶	5▶	6▶	7▶	8▶	9▶	D
B	◀9	◀8	◀7	◀6	◀5	◀4	◀3	◀2	1	2▶	3▶	4▶	5▶	6▶	7▶	8▶	9▶	E
C	◀9	◀8	◀7	◀6	◀5	◀4	◀3	◀2	1	2▶	3▶	4▶	5▶	6▶	7▶	8▶	9▶	D
C	◀9	◀8	◀7	◀6	◀5	◀4	◀3	◀2	1	2▶	3▶	4▶	5▶	6▶	7▶	8▶	9▶	E
D	◀9	◀8	◀7	◀6	◀5	◀4	◀3	◀2	1	2▶	3▶	4▶	5▶	6▶	7▶	8▶	E	E

6. 评估"移情性"的相对重要性

A. 了解村民的文化需求

B. 能根据不同的需求提供个性化服务

C. 组织具有志愿性和公益性

D. 关注村民的文化权益和乡村文化发展

E. 活动时间符合大部分村民需求

下列各组两两比较要素，对于"价值性"的相对重要性如何？

X	重要性比较																	Y
A	◀9	◀8	◀7	◀6	◀5	◀4	◀3	◀2	1	2▶	3▶	4▶	5▶	6▶	7▶	8▶	9▶	B
A	◀9	◀8	◀7	◀6	◀5	◀4	◀3	◀2	1	2▶	3▶	4▶	5▶	6▶	7▶	8▶	9▶	C
A	◀9	◀8	◀7	◀6	◀5	◀4	◀3	◀2	1	2▶	3▶	4▶	5▶	6▶	7▶	8▶	9▶	D
A	◀9	◀8	◀7	◀6	◀5	◀4	◀3	◀2	1	2▶	3▶	4▶	5▶	6▶	7▶	8▶	9▶	E
B	◀9	◀8	◀7	◀6	◀5	◀4	◀3	◀2	1	2▶	3▶	4▶	5▶	6▶	7▶	8▶	9▶	C
B	◀9	◀8	◀7	◀6	◀5	◀4	◀3	◀2	1	2▶	3▶	4▶	5▶	6▶	7▶	8▶	9▶	D
B	◀9	◀8	◀7	◀6	◀5	◀4	◀3	◀2	1	2▶	3▶	4▶	5▶	6▶	7▶	8▶	9▶	E
C	◀9	◀8	◀7	◀6	◀5	◀4	◀3	◀2	1	2▶	3▶	4▶	5▶	6▶	7▶	8▶	9▶	D
C	◀9	◀8	◀7	◀6	◀5	◀4	◀3	◀2	1	2▶	3▶	4▶	5▶	6▶	7▶	8▶	9▶	E
D	◀9	◀8	◀7	◀6	◀5	◀4	◀3	◀2	1	2▶	3▶	4▶	5▶	6▶	7▶	8▶	E	E

7. 评估"价值性"的相对重要性

A. 传承传播了本土文化
B. 有助于营造良好的乡村氛围
C. 丰富了乡村日常生活有利身心健康
D. 给予村民精神依靠增进文化获得感
E. 有利于促进邻里和睦
F. 宣传了社会主义核心价值观和国家政策

下列各组两两比较要素，对于"价值性"的相对重要性如何？

X	重要性比较	Y
A	◀9 ◀8 ◀7 ◀6 ◀5 ◀4 ◀3 ◀2 1 2▶ 3▶ 4▶ 5▶ 6▶ 7▶ 8▶ 9▶	B
A	◀9 ◀8 ◀7 ◀6 ◀5 ◀4 ◀3 ◀2 1 2▶ 3▶ 4▶ 5▶ 6▶ 7▶ 8▶ 9▶	C
A	◀9 ◀8 ◀7 ◀6 ◀5 ◀4 ◀3 ◀2 1 2▶ 3▶ 4▶ 5▶ 6▶ 7▶ 8▶ 9▶	D
A	◀9 ◀8 ◀7 ◀6 ◀5 ◀4 ◀3 ◀2 1 2▶ 3▶ 4▶ 5▶ 6▶ 7▶ 8▶ 9▶	E
A	◀9 ◀8 ◀7 ◀6 ◀5 ◀4 ◀3 ◀2 1 2▶ 3▶ 4▶ 5▶ 6▶ 7▶ 8▶ 9▶	F
B	◀9 ◀8 ◀7 ◀6 ◀5 ◀4 ◀3 ◀2 1 2▶ 3▶ 4▶ 5▶ 6▶ 7▶ 8▶ 9▶	C
B	◀9 ◀8 ◀7 ◀6 ◀5 ◀4 ◀3 ◀2 1 2▶ 3▶ 4▶ 5▶ 6▶ 7▶ 8▶ 9▶	D
B	◀9 ◀8 ◀7 ◀6 ◀5 ◀4 ◀3 ◀2 1 2▶ 3▶ 4▶ 5▶ 6▶ 7▶ 8▶ 9▶	E
B	◀9 ◀8 ◀7 ◀6 ◀5 ◀4 ◀3 ◀2 1 2▶ 3▶ 4▶ 5▶ 6▶ 7▶ 8▶ 9▶	F
C	◀9 ◀8 ◀7 ◀6 ◀5 ◀4 ◀3 ◀2 1 2▶ 3▶ 4▶ 5▶ 6▶ 7▶ 8▶ 9▶	D
C	◀9 ◀8 ◀7 ◀6 ◀5 ◀4 ◀3 ◀2 1 2▶ 3▶ 4▶ 5▶ 6▶ 7▶ 8▶ 9▶	E
C	◀9 ◀8 ◀7 ◀6 ◀5 ◀4 ◀3 ◀2 1 2▶ 3▶ 4▶ 5▶ 6▶ 7▶ 8▶ 9▶	F
D	◀9 ◀8 ◀7 ◀6 ◀5 ◀4 ◀3 ◀2 1 2▶ 3▶ 4▶ 5▶ 6▶ 7▶ 8▶ 9▶	E
D	◀9 ◀8 ◀7 ◀6 ◀5 ◀4 ◀3 ◀2 1 2▶ 3▶ 4▶ 5▶ 6▶ 7▶ 8▶ 9▶	F
E	◀9 ◀8 ◀7 ◀6 ◀5 ◀4 ◀3 ◀2 1 2▶ 3▶ 4▶ 5▶ 6▶ 7▶ 8▶ 9▶	F

问卷结束，谢谢合作！

参考文献

一 中文文献

（一）中文著作

［美］巴兹尔：《产权的经济分析费方域》，段毅才译，上海人民出版社2006年版。

陈威：《公共文化服务体系研究》，深圳报业集团出版社2006年版。

陈晓萍、徐淑英、樊景立：《组织与管理研究实证方法（第二版）》，北京大学出版社2012年版。

陈振明：《公共管理》，中国人民大学出版社2003年版。

戴言：《制度建设与浙江公共文化服务》，浙江大学出版社2013年版。

［加］丹尼尔·西尔、［美］特里·克拉克：《场景：空间品质如何塑造社会生活》，祁述裕、吴军等译，社会科学文献出版社2018年版。

董礼胜：《中国公共物品供给》，中国社会出版社2007年版。

郭佳：《文化馆的职能探索》，阳光出版社2014年版。

国家发改委：《2017年中国居民消费发展报告》，人民出版社2018年版。

国家统计局：《中国文化及相关产业统计年鉴（2017）》，中国统计出版社2017年版。

［德］H.哈肯：《信息与自组织：复杂系统的宏观方法》，郭治安译，四川教育出版社1988年版。

［德］哈贝马斯：《公共领域的结构转型》，曹卫东等译，学林出版社1999年版。

韩经纶、董军：《顾客感知服务质量评价与管理》，南开大学出版社2006年版。

解学芳、臧志彭：《中国文化社会组织发展报告》，上海交通大学出版社 2017 年版。

金才汉、耿志红：《浙江省农村文化队伍建设研究》，浙江大学出版社 2014 年版。

［美］凯文·马尔卡希：《公共文化、文化认同与文化政策：比较的视角》，何道宽译，商务印书馆 2017 年版。

［美］库尔特·勒温：《拓扑心理学原理》，高觉敷译，商务印书馆 2011 年版。

李强：《文化产业统计的建立与发展·文化统计框架 2009》，中国统计出版社 2009 年版。

李雪萍：《社区参与在路上》，中国社会科学出版社 2015 年版。

梁漱溟：《乡村建设理论》，上海人民出版社 2011 年版。

罗俐琳、胡扬名编著：《农村组织创新之策》，国家行政学院出版社 2012 年版。

穆平潮主编：《陕西省群众文化论文集》，太白文艺出版社 2014 年版。

全球治理委员会：《我们的全球伙伴关系》，吉林人民出版社 2001 年版。

仝志辉：《农村民间组织与中国农村发展：来自个案的经验》，社会科学文献出版社 2005 年版。

王永章、胡惠林主编：《中国文化发展指数报告》，上海人民出版社 2016 年版。

吴福平：《文化测量：原理与方法》，浙江大学出版社 2014 年版。

吴理财：《公共性的消解与重建》，知识产权出版社 2013 年版。

尤建新、周文泳、武小军、邵鲁宁：《质量管理学（第三版）》，科学出版社 2014 年版。

［美］约翰·布鲁德斯·华生：《行为主义》，李维译，浙江教育出版社 1998 年版。

［美］詹姆斯·罗西瑙：《没有政府的治理》，张胜军等译，江西人民出版社 2001 年版。

张震：《公共文化服务供给》，科学出版社 2018 年版。

朱立恩：《现代服务质量管理基础教程》，机械工业出版社 1997 年版。

（二）中文论文

安壮、董浩、孙守相：《文化养老视角下老年大学的发展路径研究——以 T 市老年大学为例》，《社科纵横》2017 年第 5 期。

边晓红、段小虎、王军、刘亚玲、闫小斌：《"文化扶贫"与农村居民文化"自组织"能力建设》，《图书馆论坛》2016 年第 2 期。

蔡长昆：《制度环境、制度绩效与公共服务市场化：一个分析框架》，《管理世界》2016 年第 4 期。

陈波、耿达：《城镇化加速期我国农村文化建设：空心化、格式化与动力机制——来自 27 省（市、区）147 个行政村的调查》，《中国软科学》2014 年第 7 期。

陈波、侯雪言：《公共文化空间与文化参与：基于文化场景理论的实证研究》，《湖南社会科学》2017 年第 2 期。

陈波、刘波：《农村内生公共文化资源优化聚合与服务创新研究——基于场景理论的分析》，《艺术百家》2016 年第 6 期。

陈建：《超越结构性失灵：农村公共文化服务供给侧改革研究》，《图书馆建设》2017 年第 9 期。

陈建：《乡村振兴中的农村公共文化服务功能性失灵问题》，《图书馆论坛》2019 年第 7 期。

陈前恒、方航：《打破"文化贫困陷阱"的路径——基于贫困地区农村公共文化建设的调研》，《图书馆论坛》2017 年第 6 期。

陈钦春：《社区主义在当代治理模式的定位与展望》，《中国行政评论》1999 年第 1 期。

陈剩勇、于兰兰：《网络化治理：一种新的公共治理模式》，《政治学研究》2012 年第 2 期。

陈世香、王余生：《基层治理现代化：社区公共文化服务的社会化研究——基于三个社区文化活动中心的比较分析》，《辽宁大学学报》（哲学社会科学版）2017 年第 4 期。

陈燕芽、郑永君：《公共文化供给如何改善农民生活——基于 267 村 3445 户农民调查数据的分析》，《图书馆》2018 年第 4 期。

陈叶烽、叶航、汪丁丁：《信任水平的测度及其对合作的影响——来自一组实验微观数据的证据》，《管理世界》2010 年第 4 期。

陈嫒、刘鑫淼：《农村民间文化社团的意识形态功能探析》，《学术论坛》2012 年第 12 期。

邓伟志、陆春萍：《合作主义模式下农村民间组织的培育和发展》，《南京社会科学》2006 年第 11 期。

范柏乃、金洁：《公共服务供给对公共服务感知绩效的影响机理——政府形象的中介作用与公众参与的调节效应》，《管理世界》2016 年第 10 期。

范倩文、王礼力：《基于 SERVQUAL 的农民专业合作社服务质量评价》，《水土保持研究》2018 年第 4 期。

范如国：《复杂网络结构范型下的社会治理协同创新》，《中国社会科学》2014 年第 4 期。

范悦谦：《新信息环境下我国高校图书馆服务质量评价与提升研究》，博士学位论文，江苏大学，2015 年。

傅才武、侯雪言：《当代中国农村公共文化空间的解释维度与场景设计》，《艺术百家》2016 年第 6 期。

傅才武、刘倩：《"社会企业"能否成为深化国有文艺院团改革的方向?》，《江汉论坛》2019 年第 2 期。

傅才武、许启彤：《基层文化单位的效率困境：供给侧结构问题还是管理技术问题——以 5 省 10 个文化站为中心的观察》，《山东大学学报》（哲学社会科学版）2017 年第 1 期。

傅才武、余川：《我国农村文化建设中农村民间力量参与的价值及其实现路径——基于湖北省的农村文化调查》，《江汉论坛》2011 年第 2 期。

高丙中：《社团合作与中国公民社会的有机团结》，《中国社会科学》2006 年第 3 期。

高秉雄、张江涛：《公共治理：理论缘起与模式变迁》，《社会主义研究》2010 年第 6 期。

耿达、傅才武：《公共文化服务体系建构：内涵与模式》，《天津行政学院学报》2015 年第 6 期。

耿达：《公共文化空间视角下农村公共文化服务体系建设研究》，《思想战线》2019 年第 5 期。

顾昕、王旭、严洁：《公民社会与国家的协同发展——农村民间组织的自主性、民主性和代表性对其公共服务效能的影响》，《开放时代》

2006 年第 5 期。

管兵：《竞争性与反向嵌入性：政府购买服务与社会组织发展》，《公共管理学报》2015 年第 3 期。

管宁：《导入产业意识　激活乡村文化——关于农村文化产业发展的一个视角》，《东岳论丛》2009 年第 10 期。

郭红东、蒋文华：《影响农户参与专业合作经济组织行为的因素分析——基于对浙江省农户的实证研究》，《中国农村经济》2004 年第 5 期。

郭凯钧：《乡村文化振兴视角下文化社会组织与政府合作互动机制研究——基于杭州市萧山区瓜沥镇农村民间艺术团发展的实证调研》，《创意城市学刊》2019 年第 1 期。

郭玉兰：《发展农村文化产业的三维思考》，《贵州社会科学》2007 年第 10 期。

韩兆柱、翟文康：《西方公共治理理论体系的构建及对我国的启示》，《河北大学学报》（哲学社会科学版）2016 年第 6 期。

何翔舟、金潇：《公共治理理论的发展及其中国定位》，《学术月刊》2014 年第 8 期。

胡税根、李幼芸：《省级文化行政部门公共文化服务绩效评估研究》，《中共浙江省委党校学报》2015 年第 1 期。

黄海：《用新乡贤文化推动乡村治理现代化》，《人民日报》2015 年 9 月 30 日第 7 版。

黄浩明：《加强农村民间组织能力建设的有效途径》，《杭州师范学院学报》（社会科学版）2003 年第 5 期。

黄雪丽：《我国农村公共文化服务"悬浮化"的阐释——基于历史制度主义的分析视角》，《图书馆论坛》2018 年第 2 期。

黄源协：《社区意识及其影响因素之探索性研究》，《社会政策与社会工作学刊》2007 年第 2 期。

霍强、王丽华：《农村贫困地区公共文化服务的满意度及供需偏差研究——基于云南农村贫困地区 239 户家庭的调查》，《江苏农业科学》2019 年第 5 期。

姜似海：《艺术的社会结构：农村文艺队发展的社会人类学考察——以云南省元阳县良心寨村为例》，《贵州师范学院学报》2018 年第 1 期。

蒋建梅：《政府公共文化服务体系绩效评价研究》，《上海行政学院学报》2008 年第 4 期。

蒋琴：《县级社区、农村文艺团队情况及今后繁荣发展的想法》，《大众文艺》2016 年第 4 期。

焦德武：《公共文化服务体系的绩效评价》，《安徽农业大学学报》（社会科学版）2011 年第 1 期。

解学芳：《公共文化产品供给绩效与文化消费生态研究——以上海为例》，《统计与信息论坛》2011 年第 7 期。

柯平：《建立社会组织参与公共文化服务的有效机制》，《图书馆杂志》2015 年第 11 期。

李凤新：《农村民间体育社团组织在中国体育结构转型中的作用》，《山东体育科技》2006 年第 4 期。

李明宇、付艳丽：《城乡发展一体化背景下农村文化产业的功能定位及发展路径探析》，《江苏大学学报》（社会科学版）2014 年第 1 期。

李宁：《农村公共文化服务绩效评估机制构建研究》，《宁夏大学学报》（人文社会科学版）2009 年第 6 期。

李强：《创新社会治理体制》，《前线》2014 年第 1 期。

李少惠、崔吉磊：《论我国农村公共文化服务内生机制的构建》，《经济体制改革》2007 年第 5 期。

李少惠：《甘南藏区农村公共文化服务的主体困境分析》，《图书与情报》2015 年第 4 期。

李少惠、王苗：《农村公共文化服务供给社会化的模式构建》，《国家行政学院学报》2010 年第 2 期。

李少惠、余君萍：《公共治理视野下我国农村公共文化服务绩效评估研究》，《图书与情报》2009 年第 6 期。

李燕凌：《农村公共产品供给侧结构性改革：模式选择与绩效提升——基于 5 省 93 个样本村调查的实证分析》，《管理世界》2016 年第 11 期。

李永萍：《论乡村建设的主体、路径与方向——基于湖北省官桥村老年人协会的分析》，《中国农村观察》2019 年第 2 期。

李元：《农村文化消费的提升之道》，《人民论坛》2018 年第 21 期。

梁立新：《公共文化服务多元参与机制创新研究》，《学术交流》2014

年 2 期。

廖石：《从地方治理的思想变迁探讨社区赋权在乡村发展政策中的定位与课题》，《城市与设计学》2003 年第 16 期。

林岩：《城乡一体化下农村社区文化内生机制研究——基于社会资本的视角》，《东岳论丛》2014 年第 7 期。

卢玮静、赵小平：《两种价值观下社会组织的生命轨迹比较——基于 M 市草根组织的多案例分析》，《清华大学学报》（哲学社会科学版）2016 年第 5 期。

鲁守东：《关于服务质量及相关理论研究的述评》，《山西财经大学学报》2012 年第 S4 期。

罗家德：《自组织——市场与层级之外的第三种治理模式》，《比较管理》2010 年第 2 期。

罗晓光、张宏艳：《政府服务质量 SERVQUAL 评价维度分析》，《行政论坛》2008 年第 3 期。

［澳］欧文·E. 休斯、沈卫裕：《新公共管理的现状》，《中国人民大学学报》2002 年第 6 期。

庞春雨、李鼎淳：《场景理论视角下社区老年文化建设探索》，《学术交流》2017 年第 10 期。

彭益民：《农村公共文化服务评价指标体系的探讨》，《湖南行政学院学报》2013 年第 6 期。

彭永庆：《社区营造与民族地区乡村文化建设》，《华南农业大学学报》（社会科学版）2017 年第 3 期。

钱文荣、应一道：《农户参与农村公共基础设施供给的意愿及其影响因素分析》，《中国农村经济》2014 年第 11 期。

施国洪、王晓燕、岳江君：《基于 SERVQUAL 的非营利性组织服务质量评价模型研究》，《华东经济管理》2011 年第 2 期。

施教裕：《社区参与的理论与实务》，《社会福》1997 年第 129 期。

史传林：《农村公共服务社会化的模式构建与策略探讨》，《中国行政管理》2008 年第 6 期。

史普原、李晨行：《派生型组织：对中国国家与社会关系形态的组织分析》，《社会学研究》2018 年第 4 期。

睢党臣、张朔婷、刘玮：《农村公共服务质量评价与提升策略研究——基于改进的 Servqual 模型》,《统计与信息论坛》2015 年第 4 期。

孙浩:《农村公共文化服务有效供给的体制性障碍研究》,《甘肃行政学院学报》2011 年第 6 期。

谭志云:《农村文化产业的功能定位及发展路径》,《南京社会科学》2007 年第 12 期。

汤慧莹:《基于 SERVQUAL 模型的公共文化服务满意度研究——以长沙市居民为例》,《文化创新比较研究》2019 年第 18 期。

唐文玉:《行政吸纳服务——中国大陆国家与社会关系的一种新诠释》,《公共管理学报》2010 年第 1 期。

唐有财、王天夫:《社区认同、骨干动员和组织赋权:社区参与式治理的实现路径》,《中国行政管理》2017 年第 2 期。

佟德志:《治理吸纳民主——当代世界民主治理的困境、逻辑与趋势》,《政治学研究》2019 年第 2 期。

万林艳:《公共文化及其在当代中国的发展》,《中国人民大学学报》2006 年第 1 期。

王名:《非营利组织的社会功能及其分类》,《学术月刊》2006 年第 9 期。

王琦:《论农村公共文化内生机制的构建》,《农业考古》2012 年第 6 期。

王世强:《"社会企业"概念解析》,《武汉科技大学学报》(社会科学版)2012 年第 5 期。

王向京:《浅谈新农村建设背景下业余文艺队的发展困境及化解策略》,《大众文艺》2015 年第 1 期。

王学琴、陈雅:《公共文化服务绩效评估基本理论辨析》,《图书馆》2015 年第 7 期。

吴军:《场景理论:利用文化因素推动城市发展研究的新视角》,《湖南社会科学》2017 年第 2 期。

吴军:《城市社会学研究前沿:场景理论述评》,《社会学评论》2014 年第 2 期。

吴理财、刘磊:《改革开放以来乡村社会公共性的流变与建构》,《甘肃社会科学》2018 年第 2 期。

伍治良:《我国非营利组织内涵及分类之民法定位》,《法学评论》

2014 年第 6 期。

向勇、喻文益:《公共文化服务绩效评估的模型研究与政策建议》,《现代经济探讨》2008 年第 1 期。

辛秋水:《走文化扶贫之路——论文化贫困与贫困文化》,《福建论坛》(人文社会科学版) 2001 年第 3 期。

熊文靓、王素芳:《公共文化服务的公众获得感测度与提升研究——以辽宁为例》,《图书馆论坛》2020 年第 2 期。

徐双敏、宋元武:《当前农村公共文化服务供需契合状况实证研究》,《学习与实践》2015 年第 5 期。

徐宗阳:《资本下乡的社会基础——基于华北地区一个公司型农场的经验研究》,《社会学研究》2016 年第 5 期。

许沃伦:《民族文化传承中的无意识因素——以大理白族农村地区自发性文艺团体为中心》,《思想战线》2011 年第 S1 期。

闫小斌、段小虎、贾守军、荆皓:《超越结构性失衡:农村公共文化服务供给驱动与需求引导的结合》,《图书馆论坛》2018 年第 6 期。

杨帆、曹艳春、刘玲:《我国老年长期护理服务质量评价指标体系构建与评估——基于 AHP 方法对顾客感知服务质量模型的修正》,《社会保障研究》2019 年第 4 期。

杨贵华:《自组织与社区共同体的自组织机制》,《东南学术》2007 年第 5 期。

杨宏郝、陈媛:《依托农村民间文化社团推动当代中国马克思主义大众化的思考——以南宁市邕宁区为例》,《经济与社会发展》2011 年第 11 期。

叶敏、曹芳:《乡村文化自组织与乡村治理——基于湖南省桃源县九溪乡农民文化艺术协会的个案分析》,《湖南行政学院学报》2015 年第 4 期。

叶侨健:《论系统自组织机制——耗散结构机理图的诠释》,《系统辩证学学报》1994 年第 2 期。

应小丽:《乡村振兴中新乡贤的培育及其整合效应——以浙江省绍兴地区为例》,《探索》2019 年第 2 期。

俞可平:《引论:治理与善治》,《马克思主义与现实》1999 年第 5 期。

喻寅昀、徐伟：《考虑顾客容忍区间的服务质量测评》，《统计与决策》2019年第13期。

袁方成：《增能居民：社区参与的主体性逻辑与行动路径》，《行政论坛》2019年第1期。

[美]珍妮特·V.登哈特、罗伯特·B.登哈特：《公共服务服务，而不是掌舵》，丁煌译，中国人民大学出版社2004年版。

曾莉、李佳源、李民政：《公共服务绩效评价中公众参与的效度研究——来自Z市基层警察服务的实证分析》，《管理评论》2015年第3期。

张笃勤：《从非物质文化遗产特点看乡村文化自组织参与的重要性》，《学习与实践》2005年第7期。

张海军：《"社会组织"概念的提出及其重要意义》，《社团管理研究》2012年第12期。

张靖娜、陈前恒：《草根组织发育与农民幸福感》，《南方经济》2019年第1期。

张楠：《农村公共文化服务绩效评估缺失及其改进——基于江苏乡镇文化站的考察》，《湖南农业大学学报》（社会科学版）2012年第3期。

张青：《农村公共文化服务需求表达流程设计》，《北京行政学院学报》2017年第3期。

张新安、田澎：《应用SERVQUAL标尺的若干问题及改进》，《系统工程理论与实践》2006年第6期。

张志胜：《农村公共文化服务的农民自主供给》，《科学社会主义》2016年第5期。

章晓懿、刘帮成：《社区居家养老服务质量模型研究——以上海市为例》，《中国人口科学》2011年第3期。

赵军义、李少惠：《文化福利的基层样态：农民弱参与及其治理图景》，《图书馆建设》2019年第5期。

郑恒峰：《农村公共文化服务体系构建中农民参与的价值分析——基于行政参与的视角》，《中共福建省委党校学报》2012年第11期。

周业安、连洪泉、陈叶烽、左聪颖、叶航：《社会角色、个体异质性和公共品自愿供给》，《经济研究》2013年第1期。

周云逸：《中国农村文化产业发展的破局之策》，《河北学刊》2010

年第 6 期。

朱旭光、王莹：《公共文化服务绩效评估体系研究：基本框架与政策建议》，《中国出版》2016 年第 21 期。

（三）中文网络文献

新华社：《中共中央国务院关于实施乡村振兴战略的意见》，新华网，http：//www.xinhuanet.com，2018 年 2 月 4 日。

中共中央国务院：《乡村振兴战略规划（2018—2022 年）》，http：//www.gov.cn/zhengce/2018-09/26/content_5325534.htm，2018 年 9 月 26 日。

中国非物质文化遗产网：《国家级非物质文化遗产代表性项目名录》https：//www.ihchina.cn/project.htm，2023 年 2 月 16 日。

中华人民共和国民政部：《2021 年民政事业发展统计公报》，https：//images3.mca.gov.cn/www2017/file/202208/2021mzsyfztjgb.pdf，2022 年 2 月 1 日。

《中华人民共和国公共文化服务保障法》，中华人民共和国中央人民政府网，http：//www.gov.cn/xinwen/2016-12/26/content_5152772.htm，2016 年 12 月 26 日。

中华人民共和国国家统计局：《国家数据》，http：//data.stats.gov.cn/easyquery.htm？cn=C01。

二 英文文献

（一）外文著作

Burns DP, Taylor M, *Auditing Community Participation*. Bristol：Joseph Rowntree Foundation and Policy Press, 2000.

Elinor Ostrom, *Crafting Institutions for Self-Governing Irrigation Systems*, San Francisco, CA：ICS Press, 1992.

John P. Robinson, Phillip R. Shaver, Lawrence S. Wrightsman, *Criteria for Scale Selection and Evaluation*. London；San Diego, CA：Academic Press, 1991.

Joseph F Hair Jr, William C Black, Barry J. Babin, Rolph E. Anderson, *Multivariate Data Analysis*, 7/E, Prentice Hall, 2010.

Kooiman Jan, *Modern Governance：New Government-Society Interactions*, London：Sage, 1993.

Langsteda Jorn, *Strategies: Studies in Modern Cultural Policy*, Aarhus: Aarhus University Press, 1990.

Mideley J, *Community Participation, Social Development, and the State*, London: Methuen and co. ltd. 1986.

Moore, Mark H, *Recognizing Public Value. Cambridge*, MA and London, England: Harvard University Press, 2013.

Patrick Dunleavy, Helen Margetts, Simon Bastow, Jane Tinkler, *Digital Era Governance: IT Corporations, the State, and E-Governance*, New York: Oxford University Press, 2008.

Perri 6, Leat Diana, Seltzer Kimberly, Stoker Gerry, *Towards Holistic Governance: The New Reform Agenda*, London: Palgrave Macmillan, 2002.

Plummer Janelle, Taylor G John, *Community Participation in China*, London: Routledge, 2004.

Wolf Thomas, *Managing a Nonprofit Organization*, NewYork: Prentice Hall Press, 1990.

（二）外文论文

Ahire S L, Golhar D Y, and Waller M A, "Development and validation of TQM implementation constructs", *Decision Scision Sciences*, Vol. 27, No. 1, 1996.

Alexandria Brysland, Adrienne Curry, "Service Improvements in Public Services Using SERVQUAL", *Managing Service Quality: An International Journal*, Vol. 11, No. 6, Dec 2001.

Averin A V, Grigorieva V V, "Tools for Evaluating the Quality of Public Services in the Sphere of Small and Medium-Sized Business Support and Promotion", Proceedings of the International Scientific Conference "Far East Con", 2018.

Barzel Yoram, "The Market for a Semipublic Good: The Case of the American Economic Review", *The American Economic Review*, Vol. 61, No. 4, 1971.

Boettke Peter J, Marciano Alain, "The Distance between Buchanan's 'An Economic Theory of Clubs' and Tiebout's 'A Pure Theory of Local Public Expenditures', New Insights Based on an Unpublished Manuscript", *The*

European Journal of the History of Economic Thought, Vol. 24, No. 2, 2017.

Brady Michael K, Cronin Jr Joseph, "Some New Thoughts on Conceptualizing perceived service quality: A hierarchical approach", *American Marketing Journal*, Vol. 65, No. 3, 2001.

Chen Kuan-Yu, "Improving Importance-performance Analysis: The Role of the Zone of Tolerance and Competitor Performance. The Case of Taiwan's Hot Spring Hotels", *Tourism Management*, Vol. 40, February 2014.

Christopher Hood, "A public management for all seasons", *Public Administration*, Vol. 69, No. 1, 1991.

Christopher Ray, "Towards a Theory of the Dialectic of Local Rural Development within the European Union", *Sociologia Ruralis*, Vol. 37, No. 3, 1997.

David A. Garvin, "What does 'Product Quality' really mean?" *Sloan management Review*, Vol. 26, No. 1, September 1984.

David Baldock, Janet Dwyer, Philip Lowe, Jan-Erik Petersen and and Neil Ward, "The Nature of Rural Development: Towards a Sustainable Integrated Rural Policy in Europe", A Ten-Nation Scoping Study for WWF and the GB Countryside Agencies, Jan, 2001.

De H, Ruth H, David L, William E L, "Citizen satisfaction with local government: A tests of individual, jurisdictional and city-specific explanation", *The Journal of Politics*, Vol. 52, No. 3, 1990.

Denzau A T, North D C, "Shared Mental Models: Ideologies and Institutions" Economic History, No. 1, 1993.

Don Bacon, "A comparison of Approaches to Importance-performance Analysis", *International Journal of Market Research*, Vol. 45, No. 1, 2003.

Duelund Peter, "Nordic Cultural Policies: A Critical View", *International Journal of Cultural Policy*, Vol. 14, Issue 1, 2008.

European Commission, The Leader Approach: A Basic Guide, Luxembourg: Office for Official Publications of the European Commission, May 7, 2006.

Fornell C, Larcker D F, "Evaluating Structural Equation Models with Unobservable Variables and Measureme Error", *Journal of Marketing Research*,

Vol. 18, No. 1, 1981.

Gilbert A. Churchill, Carol Surprenant, "An Investigation into the Determinants of Customer Satisfaction", *Journal of Marketing Research*, Vol. 19, No. 4, 1982.

Gunilla Bjärås, Bo J A Haglund, Susan B Rifkin, "A New Approach to Community Participation Assessment", *Health Promotion International*, Vol. 6, Issue 3, 1991: 199-206.

Gunjan Saxena, Gordon Clark, Tove Oliver, Brian Ilbery, "Conceptualizing Integrated Rural Tourism", *Tourism Geographies*, Vol. 9, No. 4, 2007.

Heather Fraser, "Four Different Approach to Community Participation", *Community Development Journal*, Vol. 40, Issue 3, July 2005.

Hu Kai-Chieh, "Evaluating City Bus Service Based on Zone of Tolerance of Expectation and Normalized Importance", *Transport Reviews*, Vol. 30, No. 2, 2010.

Jenkins T N, "Putting Postmodernity into Practice: Endogenous Development and the Role of Traditional Cultures in the Rural Development of Marginal Regions", *Ecological Economics*, Vol. 34, No. 3, 2000.

Jennifer Craik, Libby McAllister, Glyn Davis, "Paradoxes and Contradictions in Government Approaches to Contemporary Cultural Policy: An Australian Perspective1", *International Journal of Cultural Policy*, Vol. 9, No. 1, 2003.

Jim Walker, Julie Baker, "An Exploratory Study of A Multi-expectation Framework for Services", *Journal of Services Marketing*, Vol. 14, No. 5, 2000.

John O. Ledyard, "Public Good: A Survey of Experimental Research, in Kagel", in *The Handbook of Experimental Economics*, Princeton University Press, 1995.

Johnson William C, "Citizen Participation in Local Planning in the U. K. and U. S. A.: A Comparative Study", *Progress in Planning*. Vol. 21, 1984.

Julie Battilana, Matthew Lee, John Walker, Cheryl Dorsey, "In Search of the Hybrid Ideal", *Stanford Social Innovation Review*, 2012.

Kelly Janet M, "The Dilemma of the Unsatisfied Customer in a Market Model of Public Administration", *Public Administration Review*, Vol. 65, Issue. 1, 2005.

Lanndon Ocampo, Jovir Alinsub, Ruselle Anne Casul, Germellie Enquig, Mitzi Luar, Noche Panuncillon, Miriam Bongo, Christine Omela Ocampo, "Public Service Quality Evaluation with SERVQUAL and AHP-TOPSIS: A Case of Philippine Government Agencies", *Socio-Economic Planning Sciences*, Vol. 68, December 2019.

Lisa J. Morrison Coulthard, "Measuring Service Quality: A Review and Critique of Research Using SERVQUAL", *International Journal of Market Research*, Vol. 46, No. 4, 2004.

Marcel Guenoun, Kiane Goudarzi, Jean-Louis Chandon, "Construction and Validation of a Hybridmodel to Measure Perceived Public Service Quality (PSQ)", *International Review of Adminis-trative Sciences*, Vol. 26, No. 4, 2015.

Maro Navarrom, Pedraja Iglesias M, Vinzon L, "Development and Validation of the Measurement Instruments of the Determinant Elements of Integrated Rural Tourism", *Journal of Hospitality & Tourism Research*, Vol. 40, No. 4, 2016.

Mary Cawley, Jean-Bernard Marsat, Desmond A. Gillmor, "Promoting Integrated Rural Tourism: Comparative Perspectives on Institutional Networking in France and Ireland", *Tourism Geographies*, Vol. 9, No. 4, 2007.

Mike Donnelly, Mik Wisniewski, John F. Dalrymple, Adrienne C. Curry, "Measuring Service Quality in Local Government: The SERVQUAL Approach", *International Journal of Public Sector Management*, Vol. 8 No. 7, 1995.

Moynihan Donald P, Pandey Sanjay K, "The Big Question for Performance Management: Why Do Managers Use Performance Information?" *Journal of Public Administration Research and Theory*, Vol. 20, Issue. 4, October 2010.

Mulcahy Kevin V, "The Public Interest in Public Cultural", *Journal of arts management, Law and society* Vol. 21, 1991.

Oliver L, "A Cognitive Model of the Antecedents and Consequences of Satisfaction Decisions", *Journal of Marketing Research*, Vol. 17, No. 4, 1980.

Parasuraman A Parsu, Zeithaml Valarie A, Berry Leonard L, "A Conceptual Model of Service Quality and Its Implications for Future Research", *Journal of Marketing*. Vol. 49 (Fa), 1985.

Parasuraman A Parsu, Zeithaml Valarie A, Berry Leonard L, "Alternative Scales for Measuring Service Quality: A Comparative Assessment Based on Psychometric and Diagnostic Criteria", *Journal of Retailing*, Vol. 70, No. 3, 1994: 193–194.

Parasuraman A Parsu, Zeithaml Valarie A, Berry Leonard L, "Refinement and Reassessment of the SERVQUAL Scale", *Journal of Retailing*, Vol. 67, No. 4, 1991.

Raymond B. Cattell, "The Scree Test for the Number of Factors", *Multivariate Behavioral Research*, Vol 1, Issue 2, 1966.

Rhodes Roderick Arthur William, "The New Governance: Governing without Government?" *Political Sciences*, Vol. 44, No. 4, 1996.

Sally Shortall, Mark Shucksmith, "Rural Development in Practice: Issues arising in Scotland and Northern Ireland", *Community Development Journal*, Vol. 36, NO. 2, 2001.

Samuelson Paul A, "The Pure Theory of Public Expenditure." *View of Economics and Statistics*, Vol. 36, No. 4, 1954.

Sharma Subhash, Soumen Mukherjee, Ajith Kumar, Dillon William R, "A Simulation Study to Investigate the Use of Cutoff Values for Assessing Model Fit in Covariance Structure Models", *Journal of Business Research*, Vol. 58, No. 7, 2005.

Tversky A, Kahneman D, "The Framing of Decisions and the Psychology of Choice", *Science*, Vol. 211, No. 4481, 1981.

Urs Fischbacher, Simon Gachter "Social Preferences, Beliefs, and the Dynamics of Free Riding in Public Good Experiments", *American Economic Review*. Vol. 100, No. 1, 2010.

Wossink G A A, Wenum J H V, "Biodiversity Conservation by Farmers: Analysis of Actual and Contingent Partici-pation", *European Review of Agricul-*

tural Economics, Vol. 30, No. 4, 2003.

Yan Chen, Sherry Xin Li, "Group Identity and Social Preferences", *American Economic Review*, Vol. 99, No. 1, 2009.

Yang Gangqiang, Xue, Yongyu, Ma Yuxi, "Social Organization Participation, Government Governance and the Equalization of Basic Public Services: Evidence from China", *International Journal of Environmental Research and Public Health*, Vol. 16, No. 16, 2019.

Yuan Q, Gao Q, "Is SERVQUAL Reliable and Valid? A Review from the Perspective of Dimensions in Different Typical Service Industries", In: Rau, PL. (eds), Cross-Cultural Design. Methods, Tools and User Experience, HCII 2019, Lecture Notes in Computer Science, Vol 11576, 2019.

Zeithaml Valarie A, Berry Leonard L, Parasuraman A Parsu, "The Nature and Determinants of Customer Expectations of Service", *Journal of the Academy of Marketing Science*, Vol. 21, No. 1, 1993.